Jimei's
Cultural Heritage

集美
文物

厦门市集美区文化和旅游局 编

厦门大学出版社
XIAMEN UNIVERSITY PRESS
国家一级出版社
全国百佳图书出版单位

图书在版编目（CIP）数据

集美文物 / 厦门市集美区文化和旅游局编. -- 厦门：
厦门大学出版社，2023.9
  ISBN 978-7-5615-8897-0

  Ⅰ．①集… Ⅱ．①厦… Ⅲ．①文物-介绍-厦门
Ⅳ．①K872.573

  中国版本图书馆CIP数据核字(2022)第237402号

出 版 人　郑文礼
责任编辑　薛鹏志　林　灿
美术编辑　张雨秋
技术编辑　朱　楷

出版发行　厦门大学出版社
社　　址　厦门市软件园二期望海路 39 号
邮政编码　361008
总　　机　0592-2181111　0592-2181406(传真)
营销中心　0592-2184458　0592-2181365
网　　址　http://www.xmupress.com
邮　　箱　xmup@xmupress.com
印　　刷　厦门市明亮彩印有限公司

开本　787 mm×1 092 mm　1/16
印张　28.25
字数　560 千字
版次　2023 年 9 月第 1 版
印次　2023 年 9 月第 1 次印刷
定价　268.00 元

本书如有印装质量问题请直接寄承印厂调换

厦门大学出版社
微信二维码

厦门大学出版社
微博二维码

《集美文物》编委会

顾　　问：李云丽　张　岩

主　　编：吴吉堂

编　　委：彭献龙　陈　娜　黄克现　喻　婷
　　　　　靳维柏　林火荣　郑　东　谢志源

编　　著：郑　东

摄　　影：郑　东　黄克现

制　　图：王　蒙　王振扬

审　　订：陈新杰

编　　务：陈文杰

序

　　集美古称"浔尾""尽尾",现今还会用"极美"来称赞她。在集美这方美丽而富饶的土地上,在由"尽尾"到"极美"的历史长河里,我们的先辈在此开荒耕种,以海为田,打拼出一方让子孙后代引以为豪的广阔天地。他们辛勤劳作,集思聚智,发明和创造出各种物质财富,留下了丰富的历史遗存,如今成为可贵的文化遗产。2009年根据国家统一部署,集美区组织开展第三次全国文物普查,经实地调查、鉴定、评估和筛选,将辖区内具有较高历史、艺术、科学价值的历史遗存记录在册,其中除了已公布的全国重点和省、市、区级文物保护单位外,还包括大量新发现的文物点,现已成为受保护的不可移动文物。

　　"四水朝江,五龙戏珠"典故是集美人文的起源。古集美常指集美半岛最南端尽尾处曾经较为闭塞的小渔村,但如果从现在的大集美来看,前有浔江、银江、鳌江、文江四水,后靠天马、大帽、岩内、白虎、天竺五山。相传五山地脉即为五条蛟龙,五龙曾为了海上"翡翠之珠球"(宝珠屿)而相互争抢,俗称"五龙夺珠",最终以集美龙胜出,而集美龙为守护宝珠,在宝珠屿对面筑宫而栖,此宫便是今天的集美社龙王宫。古往今来,藏风得水的地理形势孕育了集美悠久而灿烂的文明,演绎着无数传奇动人的故事。

　　集美先人活动的时间可溯及考古学上的青铜时代,即相当于中原商周时期,当时人们以渔猎生活方式为主,使用石锛、石斧等生产工具,同时也开始烧制陶器。唐末五代至清末,集美逐渐得到开发和发展,人口逐步增多,农业、手工业、商贸经济和交通运输等全面发展。现今集美辖区内保留着丰富的文化遗存和历史古迹,包括先秦时期先民生活和活动的遗迹,各历史时期的名人故居和名人墓葬,传统佛寺道观、民间信仰宫庙和外来宗教礼拜场所,多种姓氏祠堂祖厝、独特的闽南古民居和近代华侨建筑,以及各式古桥、古塔、古井、古碑刻与革命旧址等。林林总总的各种文化遗存中最著名的当属中国近代教育第一村——集美学村;而集美鳌园内的毛泽东等党和国家领导人及各界名人的题刻,与具有世界文化遗产潜质的集美学村嘉庚风格建筑群则堪称集美文物之双绝。

　　文物传承历史,维系民族精神,承载着民族的基因和血脉,不仅属于我们这一代人,也属于子孙万代。我们要敬畏历史,崇尚文化,保护好历史文化遗产,筑牢文物安全底线,守护好前人留给我们的宝贵财富,更好地传承优秀传统文化。集美学村的创建者陈嘉庚

1

 集美文物

先生生前始终具有高度民族文化自觉自信，他既是文化遗产的建造者，又是历史文物的保护者。早在兴建集美小学教学楼之时，他就修复了倒塌的郑成功兵寨城门及国姓井，"敬保存之，以示后生纪念"。20世纪50年代初，他巡视厦门大学建设工地，发现了被日寇轰炸后仅存的一小段白城城垣（鸦片战争时为抗击英国侵略者而修筑的炮台遗址），他强调不许拆除，要将这段城垣作为帝国主义的侵略罪证和我国人民抵御外国侵略者的见证妥善保护好。在成智楼工地，他看到"建盖大小担山寨城碑记"石碑和石亭东倒西歪，有碍楼房建设及校园观瞻，本应拆除，却让工人扶正修复，并设置保护区，要求学校保护好，使得该古迹在1961年就被列为第一批市级文物保护单位。1955年还就陕西黄帝陵的保护向中央提出整修建议。现今，集美区每处不可移动文物都已立碑、挂牌，明确了保护标志，得到了全社会的重视和保护，但仍需进一步挖掘其历史文化价值，提高文物的科学保护、有效利用以及内涵宣传、价值展示等，为集美新时代文化发展和提升发挥更大作用。

几页文章看似浅，事非经过不知难。1987年，厦门市文化局文物普查组在集美灌口、后溪两地开展专项文物调查。1989年10月20日，集美区文物管理委员会成立，随后组织人员对辖区进行文物调查，在此基础上申报并经区政府批准公布两批区级文物保护单位共11处，其中3处升格为市级文物保护单位。规模最大、最全面的是2007—2011年开展的第三次全国文物普查，由市、区组成文物普查队，主要集中在2009年6—12月对集美区进行为期半年多连续的全面调查，共普查登记不可移动文物224处（最后核定为221处），其中复查82处（2009年之前已发现），新发现142处。《集美文物》即以此普查资料为基础，整理归类，编纂成集。

《集美文物》是近年来市、区文物工作者辛勤工作的结晶，较全面地展示了我区文物普查成果和文物资源状况。该书的出版是我区文化史上的一件盛事，也是我区坚定文化自信、开展社会主义精神文明建设的又一硕果。值此书稿付梓之际，谨向参与其事的文物工作者和文史研究者，向关心支持集美区文物工作的各级领导和专家学者，表示衷心的感谢！

佳作问世，乐为之序。

吴吉堂
2022年11月
（序者为厦门市集美区文化和旅游局局长、一级调研员）

目 录

集美历史文物概述 / 001

一、集美学村早期校园建筑 / 004

钟 楼 / 008　　　　　　养正楼 / 041

尚忠楼群 / 009　　　　　集美龙舟池 / 044

允恭楼群 / 014　　　　　南侨楼群 / 046

南薰楼群 / 022　　　　　西校门旧址 / 055

科学馆 / 032　　　　　　图书馆旧址 / 056

科学馆南楼 / 034　　　　东岑楼、西岑楼 / 057

植物园工房旧址 / 035　　福建省航海俱乐部旧址 / 058

八音楼 / 036　　　　　　福东楼 / 060

诚毅楼 / 037　　　　　　海通楼 / 062

集美农林学校旧址 / 039

二、名人邸宅 / 064

陈嘉庚先生故居 / 065　　杜四端故居 / 078

高浦"李衙" / 066　　　　孙秀妹故居 / 080

郑彩、郑联故居 / 068　　张家两故居 / 082

田厝王骥良故居 / 070　　陈水成与陈占梅故居 / 085

李林陈国瑞故居 / 072　　陈文确和陈六使故居 / 087

锦园林碧湖故居 / 073　　孙炳炎祖居 / 089

李林"中宪第" / 075　　　王鼎昌祖居 / 091

李林"通奉第" / 076

三、近现代史迹及代表性建筑 / 092

陈嘉庚墓（鳌园） / 094
归来园与归来堂 / 099
宝珠塔 / 101
陈敬贤墓塔 / 103
厦门地区第一个共青团支部诞生地旧址（"三立楼"） / 104
集美试验乡村师范学校旧址 / 106
李林纪念园 / 107
同安起义二十三烈士墓 / 109
兑山革命烈士陵园 / 110
蔡林"凤翔楼" / 112

乐安学校旧址 / 114
后垵"红楼" / 115
西滨"安居"楼 / 118
西滨"六角楼" / 120
陈井"红砖楼" / 122
西亭陈三皇宅 / 124
西亭陈为笔宅 / 127
高浦天主堂 / 129
后溪基督教礼拜堂 / 130
高浦基督堂 / 132

四、祠堂家庙 / 134

集美陈氏大祠堂 / 136
颍川世泽堂 / 139
兑山李氏家庙 / 141
锦园林氏宗祠 / 143
碗窑王氏宗祠 / 145
珩山王氏支祠 / 146
珩山王氏长房祖祠 / 147
珩山王氏家庙 / 148
高浦高氏宗祠 / 150
鹤浦郑氏家庙 / 152
鹤浦大观郑氏家庙 / 153
马銮杜氏家庙 / 154
西滨陈氏宗祠 / 157
英村平阳汪氏家庙 / 158
陈井陈氏家庙 / 160
西亭陈氏前祖厝 / 162
西亭陈氏后祖厝 / 163
孙厝孙氏宗祠 / 165

孙厝孙氏小宗祠堂 / 167
叶厝板桥张氏宗祠 / 168
刺林内谢氏宗祠 / 170
仑上黄氏家庙 / 171
曾营登瀛陈氏家庙 / 172
曾营曾氏家庙 / 174
曾营霞祖曾氏家庙 / 176
草仔市陈氏祠堂 / 177
顶许许氏祖厝 / 179
顶许许氏季房祠堂 / 180
田厝王氏祖厝 / 182
溪西杨氏家庙 / 183
下庄杨氏小宗祠 / 185
苏营陈氏宗祠 / 186
杏林周氏家庙 / 187
前场周氏家庙 / 189
蔡林林氏宗祠 / 191
后尾角六路陈氏祠堂 / 192

黄地刘氏祖厝　/ 193　　　　　銮美王氏家庙　/ 197

黄庄杜氏祠堂　/ 194　　　　　銮美王氏小宗祠堂　/ 199

銮井陈氏家庙　/ 196　　　　　西井陈氏祖祠　/ 200

五、寺庙宫观　/ 202

圣果院　/ 204　　　　　　　　排前山峰宫　/ 255

坂头琁琳院　/ 207　　　　　　大岭头安泰宫　/ 258

集美社龙王宫　/ 209　　　　　高浦西竺寺　/ 259

兑山金鞍山寺　/ 212　　　　　深青泽深宫　/ 260

板桥智门院　/ 213　　　　　　坑内昭灵宫　/ 262

白虎岩　/ 214　　　　　　　　皇帝井与皇渡庵　/ 264

石兜真德殿　/ 216　　　　　　坑内灵山宫　/ 268

东辉山口庙　/ 217　　　　　　马銮昭应宫　/ 269

孙厝云龙岩宫　/ 219　　　　　铁山忠惠宫　/ 271

英村南岳祖庙　/ 221　　　　　马銮天后宫　/ 273

田头万寿宫　/ 223　　　　　　陈井定光堂　/ 275

双岭大伯公庵　/ 226　　　　　李林徽善堂　/ 277

西滨大明庵　/ 227　　　　　　后溪观音寺　/ 279

西滨清惠宫　/ 229　　　　　　内林永济宫　/ 282

灌口凤山祖庙　/ 231　　　　　鹤浦西安宫　/ 283

前场广利庙　/ 235　　　　　　深青保灵宫　/ 285

西亭朝旭宫　/ 237　　　　　　仑上极山岩宫　/ 286

上塘瑞塘宫　/ 238　　　　　　浦林东亭宫　/ 288

东宅玉石宫　/ 239　　　　　　浦林龙西宫　/ 289

深青茂林庵　/ 240　　　　　　马銮忠惠庙　/ 291

城内城隍庙　/ 242　　　　　　马銮銮美宫　/ 293

顶许净心堂　/ 244　　　　　　黄庄福寿宫　/ 294

姜屿铁炉宫　/ 246　　　　　　杏林朝元宫　/ 296

锦园宫　/ 248　　　　　　　　杏林固元宫　/ 299

大岭万安宫　/ 250　　　　　　双观潮海宫　/ 300

高浦鳌江宫　/ 252　　　　　　柴场上帝宫　/ 302

集美文物

六、传统民居 / 303

东辉"九十九间" / 304　　　　后浦中路郭家老宅 / 322

双岭"九十九间" / 306　　　　后浦郭永来宅 / 325

宅内51号李氏民居 / 308　　　上头亭里60号民居 / 327

城内117号民居 / 309　　　　松山98号古民居 / 328

林坑社48、49号民居 / 312　　锦园"新大厝" / 329

后溪街49、50号民居 / 313　　黄庄217号民居 / 332

后浦郭文钻宅 / 315　　　　　后垵张水群故居 / 335

后浦"汾阳大厝" / 317

七、古道、古桥和海堤 / 338

苎溪桥 / 339　　　　　　　　集美"国姓井" / 350

黄庄桥 / 340　　　　　　　　后溪古码头示禁碑 / 350

塔仔塘遗址 / 341　　　　　　前场古码头遗址及商业老街 / 351

大岭古道 / 343　　　　　　　灌口"白水泉"井 / 353

越尾山古道 / 344　　　　　　集杏海堤 / 353

深青驿遗址 / 345　　　　　　马銮海堤 / 355

深青桥 / 348

八、古石碑、古石刻和古牌坊 / 357

蔡虚台筑堤功德碑 / 358　　　曾营陈氏贞节牌坊 / 362

寿石岩摩崖石刻群 / 358　　　李林仑峰宫重修碑 / 364

许庄"奉宪"示禁摩崖石刻 / 361　坂头"第一山"摩崖石刻 / 365

灌口柯氏贞寿坊 / 361

九、古墓葬 / 366

陈煜墓 / 367　　　　　　　　陈守吾墓 / 374

陈基墓 / 368　　　　　　　　康尔韫墓 / 375

张守庸墓 / 369　　　　　　　坂头石兜明墓 / 376

张俊明墓 / 371　　　　　　　郑德墓 / 377

张晖墓 / 372　　　　　　　　卢经墓 / 378

周果斋墓 / 373　　　　　　　杨惕轩墓道碑 / 379

田头黄青云夫妇墓　/ 381　　　　杜四端墓　/ 385

李林黄青云墓　/ 382　　　　陈如松墓　/ 386

孙秀妹墓　/ 383

十、古城址和古寨址　/ 388

笔架山寨址　/ 389　　　　顶许破寨仔古寨址　/ 410

大岭头山寨　/ 391　　　　寨内古寨址　/ 411

高浦城遗址　/ 393　　　　河南山山寨　/ 412

马銮城遗址　/ 397　　　　苏营古寨址　/ 413

嘉福寨遗址　/ 399　　　　垅尾铳楼　/ 414

井城古城址　/ 401　　　　刺林内铳楼　/ 415

集美寨遗址　/ 403　　　　文山铳楼　/ 416

后溪城内城遗址　/ 405　　　　徐厝后铳楼　/ 417

前山"土楼"　/ 407

十一、古文化遗址和古窑址　/ 418

临石寨山遗址　/ 420　　　　碗窑窑址　/ 426

虎崆山遗址　/ 421　　　　垄仔尾窑址　/ 429

李林变电站山遗址　/ 422　　　　磁窑窑址　/ 430

荷山遗址　/ 423　　　　旗杆山窑址　/ 431

面前山遗址　/ 425　　　　鲎壳帽窑址　/ 432

狗肚山遗址　/ 425

参考文献　/ 434

后　记　/ 436

集美历史文物概述

集美区位于我国东南沿海，地处厦门地理区位几何中心和厦、漳、泉三角地带中心位置。陆地上西部和北部为丘陵山区，南部和东南部为沿海地带，南部滨临厦门港内港，整体自然地形呈背山面海之势，由西北部山区向东南部丘陵和滨海平原及海岸地带递降。集美南部三面环海，凸出两个半岛，港湾曲折，内有杏林湾和马銮湾，外可通过厦门西港和东咀港、浔江港，连通外海；集美街道所在半岛的南端海岬与厦门岛北端的高崎之间，隔海最近距离仅2公里，在1956年厦门海堤建成后至1999年海沧大桥落成前的40多年间，集美一直是进出厦门市区（厦门岛）的唯一公路和铁路的必经之地。

集美区是厦门市下辖的6个行政区之一，共有6个街、镇，包括集美、侨英、杏林、杏滨4个街道和后溪、灌口2个镇，辖区面积276平方公里。历史上集美属于泉州府同安县，古称"浔尾"。古同安的两条重要河流——西溪和东溪发轫于同安北部山区，水系发达，流域广阔，是古同安的交通动脉，也是孕育古同安的母亲河。西溪和东溪流经大同（同安县城）汇合后形成双溪干流，由北向南经石浔注入厦门港北部海湾——东咀港和浔江港，这条河海交融、潮起潮落的宽广水流古称"浔江""浔港"。浔江北岸南端便是"浔尾""尽尾"，也成为"集美"地名的来源。据出土的明代墓志铭，至晚在明代嘉靖、万历时期已出现了与"浔尾""尽尾"谐音且文字上雅化的"集美"的名称。1984年集美大祠堂修缮时出土的"癸未年"买地券上已刻有"集美"二字。

集美历史悠久，人文昌盛。据考古发现，境内最早的人类活动至少可溯及3000多年前青铜时代，相当于中原的商周时期。迄今已发现这一时期先民活动的遗迹和遗物主要分布在集美中部（今灌口、后溪）的临溪小丘陵山坡上。人们以渔猎生活方式为主，使用磨制的石锛、石斧等石器以及轮制的夹砂或泥质陶器和印纹硬陶等日常器皿，其中灌口临石寨遗址是厦门境内发现时间最早、文物标本最为丰富的青铜时代文化遗址。

唐末至五代，集美逐渐得到开发。唐末石姓由安徽寿州随军入闽，先由同安小西门迁徙到芝溪石兜，再迁高浦（古称"鹤浦"），子孙繁衍，人文蔚起，与同安金柄黄姓合称"东黄西石"，并与厦门岛"南陈北薛"同为最早开发厦门的四大望族。五代后唐天成三年（928年）石琚成为同安首位进士，科举登第时间早于大同场升格为同安县

的长兴四年（933年）。其时，随着集美不断得到开发和定居人口增加，多地香火兴起，圣果院、龙王宫、琔琳院等寺庙已成为人们生产生活中祈求平安的精神寄托场所。

两宋时期，集美农业经济、交通已较为发达。后溪苏营皇帝井、皇渡庵相传是唐代大中年间唐宣宗云游入闽，由苎溪过后溪苏营时留下的历史古迹；塔仔塘水坝遗址则是古代灌口当地百姓抵御洪水、充分利用水资源灌溉农田的重要水利遗迹。宋代的集美由于地理位置上介于东面泉州府与西面漳州府之间，并处于北部山区向南部滨海的过渡交接地带，因此造就了较为发达的水陆及海陆联运的相互交错的交通网络。集美中部以横贯东西的古道为主要交通干线（324国道前身），古道西段有向北延伸到长泰山区的大岭古道、越尾山古道，向南有小路可通往马銮海湾北岸的贞岱、前场和陈井等古渡头；古道东段又与南北向、长达20公里的苎溪相交汇。苎溪由北向南流经后溪古渡口注入杏林海湾，自古便形成后溪渡口与厦门港码头之间的航运线路。集美发达的交通网络为货物交易和商品经济繁荣发展创造了有利条件，许多交通路口、运输码头及中转枢纽附近逐渐形成商品交易的墟圩、集市、村落和集镇，灌口镇、后溪镇便是如此发展形成的。

宋代随着生产力的发展和抵御自然风险能力的增强，人们逐渐拓展至滨海地带生产、生活，并在定居地择址烧造和生产日常生活必需的陶瓷器。碗窑窑址、垄仔尾窑址、磁窑窑址规模较大，不仅体现了当时较成熟的陶瓷手工业技术，而且表明陶瓷产品需求量很大，在满足当地需要之余，还通过内河水运、海洋航运方式销往海外，这与宋元时期泉州港海外贸易繁荣的时代背景相吻合。2022年7月，文物部门在杏林湾宝珠屿附近水下考古中发现的宋代沉船及其装载的大批瓷器等船货，很可能就包括集美境内古窑址的产品，为研究我国陶瓷外销历史和厦门作为"海丝"重要物源基地提供了可靠依据。

集美地理位置独特。明清时期，随着大航海时代西方殖民扩张和明清政府不断加强海防，厦门海防军事地位凸显，集美南部沿海的高浦、浔江西岸成为军事要塞。明初洪武年间在高浦设立的福建都司永宁卫下辖的高浦守御千户所城，与嘉禾屿（今厦门岛）上的中左守御千户所城和金门守御千户所城互为犄角，由此共同组成厦门沿海的海防链环，并在集美沿海设置了快速传递敌情的东、西两座烟墩。南明时期，集美南部也是郑成功军队与清军相互攻防拉锯的区域，郑成功部将于集美浔江西岸南端点屯兵扎寨，抗击清军水师，至今仍留下集美寨、国姓井等文物遗迹；与此同时，清军为围困郑成功军队而实施沿海坚壁清野和"迁界"封锁，作为界城遗址的后溪城内城见证了这段特殊历史。

　　集美是爱国华侨领袖陈嘉庚先生的故乡和著名侨乡、风景旅游胜地。这里的人文古迹不仅有名闻遐迩的集美学村和鳌园，还保存着集美大社陈氏宗祠、马銮杜氏家庙、陈井陈氏家庙、溪西杨氏宗祠、兑山李氏家庙、归来堂等，它们成为海外华侨和台湾同胞回乡缅怀校主和寻根问祖的重要场所。

　　集美学村早期校园建筑是集美辖区内最具特色的历史文物。其中以南薰楼群、允恭楼群、南侨楼群和养正楼、科学馆、图书馆等为代表的数十座校舍建筑，涵盖了从幼儿园、小学、中学、师范、专科学校以及各类教育、教学配套设施，是嘉庚精神和集美学村历史、人文的重要载体，体现了陈嘉庚先生科教富民强国、勤俭创新办学、服务社会的崇高理念和务实作风，是中国近现代校园建筑的典范和珍贵的建筑文化遗产，具有极高的历史、艺术、科学、社会和文化价值。

　　集美文物古迹丰富，历史底蕴厚重，人文璀璨绚丽，从不同角度反映了集美各时期社会、经济、军事和乡土民情、风俗信仰等多方面历史，见证了先民和先辈们在这片土地上生产和生活的状况，也凝聚着他们的辛勤劳动成果和聪明才智，是珍贵的历史文化遗产。本书以2009年至2010年初第三次全国文物普查实地调查资料为基础，汇集了现场调查的文字记录、图片、测绘数据、采访资料以及文献史料、出版资料等，着重以文物和实物呈现历史，客观反映集美区现存不可移动文物资源的概貌和特色，以期成为一本可供查阅和参考的资料性文物图书。

一、集美学村早期校园建筑

1913年，爱国侨领陈嘉庚在厦门集美创办新式小学校"乡立集美两等小学"，此后相继创办了幼稚园、女子小学、中学、师范及水产航海、商业、农林等职业教育学校，统称"集美学校"。学校校舍分布在渔村的各个角落，形成了校在村中、村在校中的学村。1923年，军政当局承认集美学村为永久和平学村，"集美学村"名称从此启用。至1933年陈嘉庚创办新学20周年时，集美学村已建成各类校舍建筑及配套设施34座（以建筑名称统计）。抗战期间，集美学校遭到日寇飞机、火炮数次轰炸，1949年秋又遭受国民党蒋军飞机轰炸，校舍损毁严重。1949年底，陈嘉庚回到集美，主持修复校舍，扩建学村，又兴建了大批新校舍。1961年陈嘉庚病逝后隔月的9月17—18日，周恩来总理委托华侨事务委员会召开落实陈嘉庚遗愿的会议，会议决定之一是陈嘉庚生前计划但未建和停建的建筑，按其生前所定的实施。至1964年，共新建校舍面积16万平方米，相当于1949年之前4.5万平方米的3倍多。至此，由各类教学楼、科学馆、图书馆、美术馆、体育馆、游泳池、龙舟池、礼堂、植物园和宿舍楼、教员厝、教工新村、医院等配套的教学、生活设施及管理机构组成的集美学村规模最终完备，主要校舍建筑达55座以上（仅以建筑名称统计）。20世纪60年代以后，集美学村各校分属政府部门主管。80年代后，学村实行现代办学体制，并建造了大批现代新型校舍建筑。现存集美学村早期校园建筑主要分布于集美街道浔江社区和岑东社区，本部分内容包括全国重点文物保护单位"集美学村和厦门大学早期建筑"中的南薰楼群（延平楼、南薰楼、黎明楼、道南楼）、允恭楼群（即温楼、允恭楼、崇俭楼、克让楼）、尚忠楼群（尚忠楼、诵诗楼、敦书楼）和养正楼、科学馆、南侨十三至十六，以及集美学村其他重要的教学、生活、校园设施等。

集美学村早期校园建筑在前后50多年的建造过程中，由于社会、经济、文化等因素的影响，形成了独特的建筑风格和建筑语言。在1913—1918年初创阶段，由于建筑图纸从新加坡带回，建筑风格、屋面及装饰基本承袭了南洋的殖民地外廊式建筑及西洋古典建筑风格，采用拱券柱外廊、琉璃宝瓶栏杆、百叶窗，以及双坡嘉庚瓦屋面和带有小尖塔的半圆形或三角形山头，外墙面为色彩淡雅的灰泥抹面风格。在1918—1926年扩大阶段，西式古典建筑风格及中西合璧的嘉庚建筑风格同时并行，除部分建筑仍延续以西式门楼为中心的样式，出现了中式宫殿屋顶与西式拱券柱廊相结合的中西混合建筑形式，清水红砖墙面和绿色琉璃筒瓦屋面的建筑增多。这些建筑除了红墙绿瓦中西合璧的外观造型，更重要的是吸收了中式屋顶夏天透气、避暑降温和西式楼体节约用地、封闭性好、门窗多且采光通风好的功能优点。其间，1920年之后在校园规划上注重校舍组团布局并突出建筑整体气势。到1950—1964年发展阶段，更加重视各校校舍相对独立的教学与生活的配套，中式宫殿式大屋顶与创新外券廊相结合、清水红砖墙及出砖入石"蜈蚣脚"柱式相搭配的嘉庚建筑主要特征基本成熟、定型，民族化内涵和闽南建筑特色进一步凸显。

集美学村早期建筑典型格局通常为"一"字形横排、前置西式连续拱券柱廊形式，以正中凸出的西式门楼为中心，两翼展开，至两端为纵向凸出角楼，平面呈"山"字形、"凹"字形或"H"字母形对称布局；中部屋顶大多为中式宫殿式翘脊绿色琉璃筒瓦大屋面，两侧翼楼为西式平脊两坡嘉庚瓦屋面，形成典型的中西合璧的嘉庚建筑结构造型和风貌特色。集美早期校园建筑的鲜明个性和建筑艺术，还体现在装饰的形式、色彩、题材、内容及技法上，呈现出传统中式、闽南本土与西方建筑文化、南洋殖民地文化的相互交融运用，以及实用与美观的结合。其中，屋顶露台正中的西式大山头，嘉庚瓦屋面中凸出的老虎窗，屋顶四周的灰塑宝瓶，山墙上卷曲的山花图案，外廊的各式罗马柱、拱券造型以及红砖拼缝的窗套、窗楣等，具有明显的西式风格；而屋面的卷草式戗脊、梁架木雕垂花栱、檐口泥塑彩绘和廊道上的几何纹拼砖墙堵等，又体现出典型的闽南传统建筑装饰特色。嘉庚建筑在材料上大量运用白色花岗岩和红色胭脂砖，尤其是结合西式建筑砖石混砌的角柱和闽南清初民居建筑墙体"出砖入石"的特点而形成的廊柱、壁柱"蜈蚣脚"砌法，成为嘉庚建筑外观的明显特点。由细密黏土模制后烧成的红色机平瓦在嘉庚建筑中大量运用，这种在顺水条、挂瓦条骨架上悬系和铺设的机平瓦屋面，结构设计合理，铺设时凹凸线槽咬合严密，防雨防漏抗风极佳，并且适合于坡度较陡的屋顶，而且因瓦件重厚坚固有系挷结构，具有很好的抗台风性能，耐久性良好。这种洋瓦不同于闽南本土习用的传统板瓦（俗称"本瓦"），又称"番仔瓦""改良瓦"，因其制作技术由陈嘉庚引进改造后广泛运用于校园建筑，而被称为"嘉庚瓦"。此外，集美校园建筑的外廊都设置了清一色成排的白色花岗岩压顶石和绿色琉璃宝瓶栏杆的护栏，如同建筑上的彩带，是陈嘉庚又一创新和嘉庚建筑的特色。

陈嘉庚先生在主持规划和建造集美学村过程中，始终坚持因地制宜及以经济、实用和满足主要使用功能为目的，反映了他的建筑思想和勤俭办学理念，其许多精辟独到的见解至今仍值得我们借鉴。1922年6月，他在致叶渊校长信中建议：集美学校校舍外观不取华丽，而取朴素与一律，可仿厦大之建筑（指没用钢筋水泥），虽不及西式用料，但至少也可支持百余年；校舍平面上多取"一"字形布局，较不占地，前可作运动场或举行纪念日大会。他认为建造大楼以选址和格局为重，因此许多校舍依山傍海，建于高阜之处，利用山坡坚实原生土层，基础不必深挖或回填，可省许多成本。打地基也可就山势或依地形，不必追求整体一致，能节约平整费用，因此校舍中出现不少基础为错层的建筑，如敦书楼、诵诗楼、南薰楼、黎明楼、海通楼等。在校舍格局设计方面，将东南亚殖民地国家的骑楼的"五脚去"（five feet away）或"五脚基"（five feet base）以及西式建筑外廊式格局引入校园建筑中，在校舍大楼各层正面设计出与建筑几乎同等长度的外廊（有的还增加背面廊道），廊道一般宽5英尺约1.5米，不仅可遮阳避雨，避免闽南湿热天气的侵袭，还可作为学生活动的半户外空间，便于看书、纳凉和散步、透气，也方便晾晒衣物。早期校园建筑甚至在楼与楼之间还建有连通的风雨廊，大大方便了师生在校园内通行。许多建筑正中有半圆形或矩形凸出的"突规"（出龟），空间较宽敞，源自西式门楼，常有罗马柱拱券，是建筑主要出入门厅和通道，而建筑两端的纵向西式角楼，则设计为上下楼梯的梯位和杂物间。这种南北通透、廊道宽敞、门窗对流的布局，采光、通风、遮阳效果很好，又使建筑平、立面及屋面富有变化，既适合教学也适宜作为宿舍。嘉庚校园建筑尤其重视教学与生活功能的配套建设，如黎明楼曾是南薰楼的配套宿舍楼，道南楼和南侨楼群也是教学楼与宿舍楼相互配套，各楼群建有膳厅、厨房、水房、厕所、浴室等设施。在20世纪50年代末建成岑东路北坡顶路旁的高大水塔之前，为解决师生生活用水和提水时拥挤问题，在每栋宿舍楼旁都开挖了直径3～4米的大水井（原有小水井保留），包括延平楼东北坡下和黎明楼前各有一口，团结楼（道南楼后的宿舍楼）东、西侧各有一口，福东楼东侧（作为宿舍楼跃进楼配套）和南侨楼群前各有一口以及约礼楼（女生宿舍楼）东南侧一口。新水塔启用后，这些大水井方先后被填。对于带家眷的教职员的住宅，还充分考虑配套的厅、房及厨房、杂物间甚至天井、"五脚去"等功能，尽量考虑舒适性。

陈嘉庚先生对校园建造材料、费用开支、工匠招聘也是亲自计划和选定，精打细算，力求节约和合理。他在漳州龙海的九龙江出海口的平宁村严溪头专门置办砖瓦厂，制造砖瓦，生产壳灰。他认为洋人建筑费时费工且费用高，他说："我已建之屋，不求千百年之计，为（不）求过大过坚固（指没用钢筋水泥），但若论坚固，二百年尚可保有余；若言坚固耐久，则有三五十年足矣，不嫌粗、不嫌陋，不求能耐数百年，中（只）求间格（空间格局）相适应，光线足用，卫生无缺，外观稍过得去。"因此，1953年之前各楼主体皆为砖石木结构。他主张石木材料就近采办，仅进口少量钢筋、洋灰及玻璃，工匠采取分项招募督造，不采用承包制度，使建筑费用更为节省。他交代采用铁网（钢筋）填入进口的乌灰（即洋灰、水泥）与砂、石混合的"三合土"（即钢筋混凝土），只可用于面积较小的屋面砖棚（露台）或易水湿之处，反对用于大面积的楼枋（楼板）或全屋。抗战胜利后修复大量校舍时，他考虑到困难时期工料较贵，为省俭而交代校舍非必要不修，玻璃奇贵以纸代之。而在解放初国家经济艰难时，新建楼舍还采用就地取材的红色黏土掺入稻草、人工模制的土坯砖砌建墙体，又以灰浆戳孔仿制出外墙上的蘑菇石，甚至发明了竹筋替代钢筋的"竹筋水泥"楼板浇铸技术，为国家节省了大量购买钢材和水泥的外汇。在近年的修缮勘察中，这些建筑并未发现明显的结构安全隐患。

集美校园早期建筑同厦门大学早期校园建筑一样，建筑命名是学村的一大特色，体现了陈嘉庚的民族精神与其对中华传统文化和伦理价值的尊崇，以及重视培养南洋学子的办学理念。如三立楼是励志向上的昭示，允恭楼群是培养优秀人品的劝勉，尚忠楼群包含着知书达理的启迪。许多建筑楼名带有"南"字，其中包含着陈嘉庚对办学募捐渠道、学校生源的深谋远虑以及怀念南洋创业的情愫。1919年他决意倡办厦门大学时，就设想自己先认捐开办费，等略具规模时即向南洋富侨募捐；同时考虑厦门与南洋关系密切，南洋侨胞子弟多在厦门附近居住生活，将来学生众多，大学范围必然扩大。他在1949年的信函中写道："本校（集美）地点为南洋侨生回国求学最适宜之区域……教育事业原无止境，以吾闽及南洋人民之众，将来发展无量，百年树人基本伟大，更不待言，校界划定须费远虑。"如今，陈嘉庚先生的办学思想和理念均得以实现。

可以说，集美学村早期校园建筑是陈嘉庚先生留给我们的宝贵物质遗产和精神财富，是近现代闽南文化、华侨文化和海洋文化相互融合的产物，为研究我国近现代建筑史和教育史提供了重要实物资料，它所具备成为世界文化遗产的潜质正等待人们进一步挖掘和加以展示宣传。

钟 楼

位于厦门市集美区集美街道岑东社区集美小学操场西侧。原为三层自来水塔，1918年由陈嘉庚胞弟陈敬贤督建，同时另建宿舍立功楼、大会堂（今敬贤堂）和电灯厂、膳厅、温水房、浴室、大操场，作为集美师范学校学习生活配套设施。最初水塔底层为给水机房，二层为管理用房，三层为蓄水池。1921年在上部加建八角亭和穹顶，悬挂大铜钟报时，统一集美各校上下课和作息时间。1933年为纪念集美学校建校20周年，改建加层为六层结构，呈欧式小钟楼风格，在五层挂铜钟，并将集美小学原木质校舍屋顶的大时钟移装于六层圆窗，塔顶搭建"集美学校廿周纪念"铁架。1933年8月，学校还在钟楼旁建造浴室，将井水抽入塔内经铁炉加温，每日可供200余人洗浴。学村抗战期间遭日机炮击，1949年又遭蒋军飞机轰炸，钟楼岿然不动。20世纪50年代加装防空警报器，1956年开始，钟声只作为建筑员工上下班信号。1961年，钟楼停止使用。1983年，为迎接集美学校70周年校庆进行修整，庆典当日敲钟70响以示庆祝。

◎ 钟楼旧照（1921年）

◎ 钟楼（从东南向西北拍摄，2009年）

现钟楼坐西朝东，为长方柱体，底层宽4.5米，进深5.5米，通高25米。钟楼分为六层，由下向上逐层收分，第一、二层均隔成小房间和前部小拱廊两部分；第三层隔出后半间为蓄水房；第四、五层为四柱通透形式，架设楼梯；第六层为八角形钟房，开设大圆窗孔，分别嵌着大时钟和集美学校校徽。

此钟楼曾作为集美学村内中学、小学、幼稚园、航海学校、财经学校等上下课、作息报时、对时之用，如今历经岁月沧桑和数次修缮，虽已停用，却保留着不同时期的历史信息，见证了集美学校100多年的发展过程，是集美学村具有纪念性的建筑。

尚忠楼群

位于厦门市集美区集美大学财经学院内，由尚忠楼、诵诗楼和敦书楼组成，坐北朝南的横向尚忠楼居中，东、西两侧连接纵向的诵诗楼（东楼）和敦书楼（西楼），平面呈"门"字形。敦书楼及尚忠楼西半

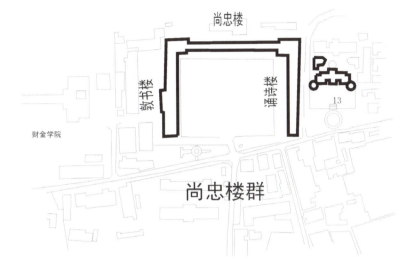

◎ 尚忠楼群分布示意图

部建于20世纪20年代，诵诗楼和尚忠楼东半部建于20世纪50年代。3座楼楼名出自中国古代经典著作，体现了陈嘉庚先生热爱中华传统文化的深深情愫和办学理念，是集美学村早期校园建筑的重要组成部分。尚忠楼群的原尚忠楼、原诵诗楼、原文学楼、原敦书楼在20世纪20年代落成后，陈嘉庚将其划为女子教学区，先后开办女子师范、女子小学、女子中学及幼师等，因此这一楼群在集美当地也被称为"女学"。根据2006年国家文物局公布的第六批全国重点文物保护单位"集美学村和厦门大学早期建筑"划分，"尚忠楼群"3栋建筑为其中重要组成部分。

尚忠楼

建成于1921年2月，楼名出自《论语》"夫子之道，忠恕而已矣"。1939年抗战时被日机炸毁，1946年修葺。1947年大修。1949年又被蒋军炮击损坏，1951年修复。1954年大楼扩建，增建正中门楼和东半部翼楼，整体形成以门楼居中的对称外观。1998年全面维修，并在建筑北面（背部）扩建凸出的一排宿舍卫生间。

该楼坐北朝南，原为砖木结构，现为砖混结构，呈主体三层、局部

◎ 尚忠楼正面（从南向北拍摄，2009年）

◎ 尚忠楼背面

◎ 尚忠楼山尖上"女子师范"校名

◎ 尚忠楼群大门（建于1965年学村校舍大调整
之后）

四层横排式前廊建筑，面宽111.5米，进深14.2米，高21.8米。建筑以正中四层门楼为中心、两侧三层翼楼对称分布呈"一"字形排开，两侧楼端为凸出的纵向四层角楼。正中门楼和两端角楼为楼梯位置。建筑正面为清水红砖外墙和红砖柱廊，前廊有连续交替的大、小拱券和绿色琉璃宝瓶栏杆、花岗岩压顶条石护栏。20世纪50年代增建的正中门楼和东半部翼楼的廊柱、拱券及背部格局、开窗等外观细节与西半部原有风格略有不同。屋顶为前、后两坡铺设红色嘉庚瓦，角楼第四层为阁楼，正面设一门两窗，楼顶三角形山墙上设一圆形气窗。正面门楼楼顶女墙上有"尚忠楼"楼匾，东侧角楼屋顶正面山尖保留"1954年"标识，西侧角楼背面山尖保留早年"女子师范"标识。

20世纪20年代尚忠楼西半部建成后，与同时期建成的原诵诗楼为集美学校女子师范部和附属

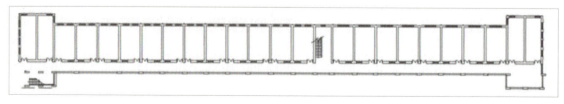

◎ 尚忠楼一层建筑平面示意图（厦门市城市规划设计院绘制，2007年）

◎ 尚忠楼

女子小学校的教学楼和宿舍楼。尚忠楼一层为课室，二层有学生住室、课室和图书室，三层为教员住室和学生寝室，最高的四层为教员住室。开办女学和培养女子教师是陈嘉庚实现教育强国、解放妇女及有教无类、提高国民素质的办学理念的具体实践。

敦书楼

位于厦门市集美区集美大学财经学院内，处在尚忠楼西侧，又称"西楼"。敦书楼为原诵诗楼、原文学楼、原敦书楼的合称，始建于20世纪20年代的不同时间。"敦书"楼名出自《左传》"说礼乐而敦诗书"，"诵诗"楼名出自《论语》"不学诗，无以言"。3座楼均坐西朝东，相互连通呈"一"字形排开，居中的是三层宫殿式建筑——原文学楼，北侧为原二层诵诗楼，南侧为原二层敦书楼。原文学楼一、二层前廊与左、右的

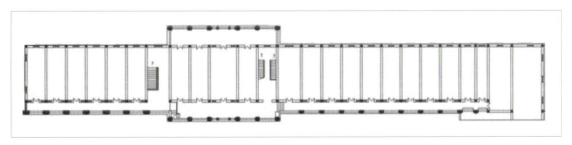

◎ 敦书楼一层建筑平面示意图

原诵诗楼、原敦书楼的前廊连通。3座楼共面宽95.6米，进深17.2米，高22.5米。抗战期间，1938年和1941年遭日机轰炸而受损，1946年修葺完工。20世纪60年代，改造原诵诗楼和原敦书楼，将两楼的双坡顶改为水泥花格围栏大露台，露台与原文学楼三层的宫殿式回廊衔接。1998年进行全面维修。

◎ 敦书楼远景（从东南向西北拍摄，2009年）

原诵诗楼建成于1921年2月，坐西朝东，为二层砖木结构横排前廊式建筑，位于同时建成的坐北朝南的尚忠楼西侧，两楼相连，平面构成曲尺形。建筑前廊形式与尚忠楼基本相同，有连续交替的大、小拱券和花岗岩条石压顶及绿色琉璃宝瓶栏杆的护栏，屋顶为前、后两坡嘉庚瓦屋面，两侧三角形大山墙。建成时与尚忠楼同为集美学校女子师范部和附属女子小学校的教学楼和宿舍楼，一层为栉沐室、商店、庶务室、教员住室、成绩室、会客室，二层为游艺室、舍务室、调养室和学生寝室。

原文学楼于1925年8月落成。为三层前、后外廊式建筑，面阔五大开间。一、二层为前、后拱券的西式外廊，古罗马柱式挑高廊柱，正中拱券为两小尖拱夹一半圆拱，外墙为浅黄色水泥抹面；三层为重檐歇山顶闽南大型宫殿式建筑，四周环绕大回廊，廊道外围20根圆形檐柱承接屋面木结构梁架体系，廊道内墙为承重的红砖清水墙，回廊四周有绿釉宝瓶和花岗岩压条石护栏。此楼是一座融合中、西建筑风格于一体的典型建筑。墙体上正、背立面壁柱和转角粗大方柱上饰有5道凹槽直线，柱头雕饰涡卷纹和繁复花叶，具有古罗马建筑混合柱式特征，门廊火焰形小尖拱具有巴洛克装饰风格。

三楼宫殿式建筑沿用闽南常见的传统建造形式，回廊顶部为卷棚顶天花，檐柱使用坚实稳固的砖柱但表面抹灰漆红仿造朱红木柱，每根檐柱通过廊道上方木构通梁与内墙相连、拉接，形成屋面结构的整体性；木梁上的各式通随、坐斗、束木、垂花栱及狮兽座斗、瓜形斗抱等，造型及雕饰繁复，木构件上又施以闽南常见的多种彩绘花卉图案；正脊是闽南传统宫殿的"三川式"大脊和燕尾式翘脊，垂脊和戗脊为闽南特有的花草脊，屋面铺设明媚的绿色琉璃筒瓦。该建筑建成时一层为女子中学校办公室，二层为公会厅，三层为女师部图书馆。此楼是集美学校至今保存最好的早期中西合璧风格建筑，因壮观的宫殿式外形，而被师生们称为"小天安门"。

◎ 敦书楼建筑正立面示意图（厦门市城市规划设计院绘制，2007年）

原敦书楼顺接原文学楼的南侧而建，1925年12月竣工。建筑造型、结构及屋面形式、高度与原文学楼北侧的原诵诗楼相同，只因该处地势较低，向下加建负一层作为底层，形成三层结构，因此，整体构成了原文学楼居中、原诵诗楼和原敦书楼为辅的主从格局，凸显居中的原文学楼的雄伟气势。原敦书楼建成时，一、二层为附属女子小学校课室及办事处，上层为男教员寝室。当年3座楼前有大运动场，面积数十方丈，

◎ 敦书楼北翼近景

◎ 敦书楼南翼近景

楼后另建有厨房、水房、膳厅和浴室、厕所及后花园，花园中砌有大船舫。校园周围以木栅栏围挡为界，门房设于东南角，校园内分布着"什植桃梅玉兰、相思十数树，春季红白竞放，颇为悦目。有网球场四，篮球场二，至各种运动器若秋千、浪桥、轩轻板、浪船、巨人步等皆备"，具备学习、活动、休憩、赏玩的良好环境和学习条件。

诵诗楼

位于厦门市集美区集美大学财经学院内，处在尚忠楼东侧，又称"东楼""新诵诗楼"，建成于1954年10月。因早年（1921年）所建的原诵诗楼已合并于现敦书楼中，因此将原诵诗楼的楼名移于此楼，故称"新诵诗楼"。该楼坐东朝西，与现敦书楼相对面，为三至四层横排前廊式砖混结构建筑，整体呈"一"字形排开，大部分为三层，南侧地势较低，加建四开间的负一层，这种局部错层建造形式使建筑整体楼层和楼顶外观达到和谐统一。建筑外观和装饰较简朴，前廊形式与现尚忠楼相似，为正面黄色粉墙和清水红砖柱拱廊，拱廊有连续交替的大、小拱券和花岗岩压顶条石、绿色琉璃宝瓶栏杆的护栏。屋顶为平脊，前、后两坡红色嘉庚瓦屋面，两端三角形大山墙收边。

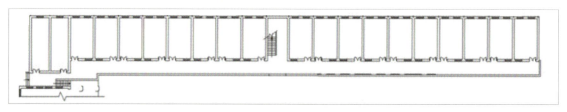

◎ 诵诗楼一层建筑平面示意图（厦门市城市规划设计院绘制，2007年）

允恭楼群

允恭楼群由即温楼、明良楼、允恭楼、崇俭楼、克让楼组成，从东向西依次建成于1921年、1921年、1923年、1926年以及1952年。5座楼建于烟墩山小山顶，以允恭楼居中为主楼，平面基本呈"一"字形排列。各楼以楼名第二字顺序组合连成儒家所倡导的伦理道义"温、良、恭、俭、让"，表现出陈嘉庚对中华民族传统文化的

◎ 允恭楼群分布示意图（厦门市城市规划设计院绘制，2007年）

尊崇，体现了其对学校师生做人、做事的期望，寓意深长，用心良苦。根据2006年国家文物局公布的第六批全国重点文物保护单位"集美学村和厦门大学早期建筑"划分，"允恭楼群"为其中重要组成部分，包括即温楼、允恭楼、崇俭楼和克让楼（明良楼因被改建而未被列入）。

即温楼

1921年4月落成。1921年4月6日，厦门大学因校舍尚未兴建，暂借此楼举办开学式，陈嘉庚手书"民国十年四月六日厦门大学假此开幕"纪念匾曾立于楼顶。1922年2月，厦门大学师生迁入厦门岛内演武场新址，此楼作为"（集美）中学员生宿舍"。抗战胜利后改为高级水产航海学校教学楼，现为集美大学航海学院教学楼。

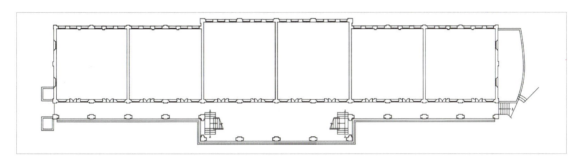

◎ 即温楼一层建筑平面示意图（北京市文物建筑保护设计所绘制，2018年）

原建筑为主体三层、局部二层的横排前廊式砖混结构，坐北朝南偏西。正立面正中为三层四开间凸出的门楼，门内两侧为上楼梯位，两翼分别为二层四开间前廊形式，廊道有各式大、小拱券，造型华丽。而又以屋顶造型最为繁复，中部主体和两翼为十字交叉的双坡屋脊，建筑两侧山墙呈直线或弧线相互交错的多种轮廓线，装饰着卷曲的西式灰塑花卉山花，前、后屋面分布着多组三角形山尖并在两侧饰以西

◎ 即温楼西北侧

◎ 即温楼（1921年）

式宝瓶，该建筑被认为是集美学村最华丽的早期西式建筑之一。1933年10月、1936年2月两次修缮。1941年和1949年先后遭日机、蒋军飞机轰炸损坏，1946年和1950年分别修竣，1952年再翻修。1959年"8·23"特大台风时倒塌，当年10月重建，改为二层楼，平面仍基本保持原有格局，但建筑造型和装饰大为简化，最终建筑面宽62.4米，进深16.3米，高12.4米。现内、外墙以清水红砖墙为主，正立面为大跨度拱券柱廊，浅黄色拱券与清水红砖柱相互映衬。屋顶为三段式平脊嘉庚瓦屋面，两侧三角形山墙收边，正中外凸二层门楼楼顶改为简约的琉璃宝瓶护栏露台。此楼因清水红砖墙面略呈暗红色，又称"乌楼"，区别于明良楼"红楼"和允恭楼"白楼"。

明良楼

位于允恭楼东侧，与允恭楼西侧的崇俭楼相对称，坐西北朝东南，1921年6月竣工。原建筑形式与崇俭楼基本相同，为三层横排前廊式建筑，面阔12间，正中凸出门楼，楼顶有半圆形西式山头，两端各有三层六边形角楼，内设楼梯。正立面除门楼和角楼为白色外墙，墙面及廊柱均为清水红砖墙。廊道一、二层为梁柱式，三层为券柱式，屋顶为闽南宫殿五段式"三川脊"，脊端呈燕尾式翘脊，绿色琉璃瓦屋面。此楼建成时为商业学校学生宿舍和集美中学水产教职员宿舍。1929年后成为商业学校学生和集美中学、水产、商业三校教职员宿舍。1937年大修，1940年和1949年分别遭受日机和蒋军飞机

◎ 1923年的明良楼（右）和允恭楼（左）

◎ 2013年按原貌重建的明良楼（陈新杰拍摄，2023年）

轰炸，1950年、1951年重修。1982年被拆除改建平顶楼，作为航海学院图书馆。2013年在原址按原貌重建，现为航海学院学生宿舍楼，已被公布为厦门市历史风貌建筑。

允恭楼

建成于1923年8月，坐西北朝东南，因局部造型风格略似美国白宫，整个外墙面施以粉白色，俗称"白楼"。此楼原为三层横排前廊式砖石结构建筑，楼顶为通长的"一"字形平脊、前后两坡嘉庚瓦屋面，两侧三角形西式大山墙，山墙顶立西式灰塑宝瓶。正立面为三层正中门楼和两翼前廊，正中门楼为敞开式半圆形"突规"形式，即陈嘉庚当时在致集美学校校长叶渊的信函中提到的"仿鼓浪屿林家之宅建一半圆形骑楼"。"突规"式门楼有6根罗马式大圆柱直通三层楼顶，一层为敞开式，二、三层以铁艺栏杆围护，楼顶为半圆形露台并以城垛式矮墙围护，如同船舰上指挥塔台；两翼前廊的一、二层为半圆拱券罗马柱式廊道，三层为平梁方柱式廊道。两翼末尾的楼房开间较大，其前廊采用特殊的拱券形式增强承载受力，其中一、二层为两小尖拱夹一半圆拱，三层在单跨平梁中增加两根小圆柱。二、三层前廊有成排的绿色琉璃宝瓶栏杆与白色花岗岩压顶条石组成的护栏。

1938年5月22日，此楼遭日机轰炸，1945年9月3日修葺。1959年遭"8·23"特大台风袭击，楼顶受损严重，灾后修复。1964年前后，于楼顶中部加建一层面阔三开间的前廊式"驾驶台"，两翼楼顶为平脊双坡顶。1982年，两翼加高为四层，与正中的

◎ 恢复原貌后的允恭楼（陈新杰拍摄，2023年）

"驾驶台"衔接，其正立面为平梁式柱廊，屋顶仍保持平脊双坡嘉庚瓦屋面，同时在大楼两侧加设户外楼梯，门楼顶增设三角形山头和灰塑匾额，装饰有红色五角星图案和时任全国人大常委会副委员长廖承志手书的"乘风破浪"题字。该建筑面阔19间，面宽72.8米，进深11.1米，高18.7米。2018年为重现20世纪60年代初建时的历史风貌，拆除大楼两翼加盖的四层，恢复到原有三层结构和两坡平脊嘉庚瓦屋顶形式。

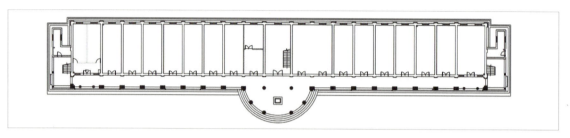

◎ 允恭楼一层建筑平面示意图（北京市文物建筑保护设计所绘制，2018年）

　　该楼建成之初为集美水产科、商科教学楼和宿舍楼，一层为水产办公室、商业办公室、陈列室、书记室，二层为水产、商业教室，三层为水产学生宿舍。1927年经调整，仍基本为两校校舍。现为集美大学航海学院办公楼。

　　"白楼"是航海学院的标志，也是航海人心中的圣地，她见证了航海学院近一个世纪以来的发展历史。1920年，陈嘉庚先生创办集美学校实业部水产科，1927年改称集美高级水产航海学校，1941年又称私立集美高级水产航海职业学校。1952年与厦门大学航务专修科合并成立福建航海专科学校，1953年与大连海运学院合并，但保留中专水产航海学校。1958年分建水产、航海两校。1961年，福建省厦门市私立集美航海学校改为福建集美航海学校，1964年更名为集美航海学校，1970年并入厦门大学航海专业。1973年又复办集美航海学校，1978年升格为集美航海专科学校，1989年再升为集美航海学院。1994年，集美航海学院、厦门水产学院、福建体育学院、集美财经高等专科

◎ 集美高级水产航海学校学员于允恭楼前测天留影
（1948年）

学校和集美师范高等专科学校五校合并组建集美大学。集美大学办学以航海、水产学科为特色，是国内历史最悠久的航海类教育高等院校，为国家海洋事业发展培养了大量高精尖和综合素质优秀的实用人才，被誉为"中国航海家的摇篮"。

崇俭楼

位于允恭楼西侧，与允恭楼东侧的明良楼相对称。建成于1926年2月，1937年曾重修，抗战期间遭受日机轰炸，1946年修复，1949年再度修缮。坐西北朝东南，为三层横排前廊式砖木结构建筑，正中为三层门楼，两端各有六边形三层角楼，建筑两侧外墙有上二楼的悬挑石阶楼梯。建筑面阔12间，面宽50.4米，进深10.6米，高15.5米。此建筑构造及装饰极为讲究。正立面主体为三层清水红砖的廊柱和墙体，衬托出白色的门楼和角楼，从开阔的远方眺望极为醒目。正中门楼呈长方形外凸的"突规"门廊形式，门楼正面为罗马柱拱券造型，两小尖拱夹一大圆拱，楼顶有半圆形西式山头。两侧角楼为六边形，六面罗马柱拱券，楼顶有六边形小露台，内有二楼上三楼的折角楼梯（原为木楼梯）。建筑正面一、二层廊道为花岗岩檐梁的梁柱式廊道，三层廊道为红砖拱券的券柱式廊道，红砖与白石的结构和装饰相得益彰；廊道内墙采用优质细腻的清水胭脂红砖，三楼拱廊内还可见到成排对称的残拱，其构造特殊，有待考证。红砖廊柱也以高质量胭脂油标砖砌成，轮廓线条刚劲硬挺，柱身两侧边沿纵向长直线与柱身横向的密集短平线相

◎ 崇俭楼正面（从东向西拍摄，2009年）

◎ 崇俭楼近景（2020年拍摄）

◎ 崇俭楼门楼

◎ 崇俭楼东侧角楼及楼梯

互组合，增加了装饰变化又不失柱体稳重。廊道及角楼的长排绿色宝瓶栏杆和花岗岩压顶条石护栏，以及各楼层檐口叠涩出檐的复杂线脚，甚至二、三层檐口线还嵌入绿色琉璃筒瓦装饰条，都透露出闽南工匠的细腻工艺。屋顶为闽南宫殿式风格，五段式"三川脊"造型和燕尾形翘脊，屋面铺设绿色琉璃筒瓦，两侧山墙饰垂幔式灰塑山花。

　　崇俭楼建成时初为集美商科学校教学楼，后为高级水产航海学校教学楼，现为集美大学航海学院学生宿舍。2000年增加宿舍内部卫浴设施，在建筑后部拓宽进深1间，背面为清水红砖外墙，两侧为白灰面外墙，转角壁柱采用砖石混砌的"蜈蚣脚"技法。

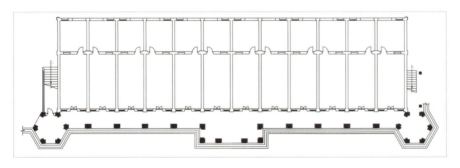

◎ 崇俭楼一层建筑平面示意图（北京市文物建筑保护设计所绘制，2018年）

克让楼

位于崇俭楼西侧，建成于1952年。20世纪20年代规划建设集美学校中学部时，该楼计划与即温、明良、允恭、崇俭同时建造，但1926年2月崇俭楼建成后，由于陈嘉庚在东南亚的企业受到世界经济危机影响，经营困难，致使集美学校和厦门大学的工程建筑经费无法延续，该楼停建。直至新中国成立后，才纳入建设计划，弥补了当年的缺憾。

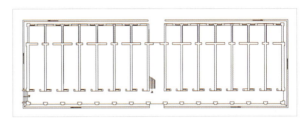

◎ 克让楼一层建筑平面示意图（北京市文物建筑保护设计所绘制，2018年）

此楼为三层横排前廊式砖木结构建筑，坐西北朝东南，面阔15间，楼道位居中轴线，设有折向双跑楼梯。建筑面宽49.5米，进深12.2米，高14.6米。正立面为连续拱券前廊，廊道有绿色琉璃宝瓶栏杆和花岗岩压顶条石护栏，东端有后期增建的天桥连接相邻的崇俭楼的角楼和廊道。建筑两侧为花岗岩条石清水墙，屋顶为两坡嘉庚瓦平脊屋面，两端三角形抹灰大山墙收边，山尖饰圆圈形花卉灰塑山花。此楼建于解放初经济困难时期，廊柱正面采用水泥仿蘑菇石饰面和平直的勾缝纹理，外观涂刷浅黄色装饰。建成后为集美水产航海学校教学楼，现为集美大学航海学院学生宿舍楼。2000年增加校舍内部卫浴设施，于建筑后部拓宽进深1间，背面仍为仿蘑菇石黄色墙面，两侧外墙采用与旧墙相同的花岗岩条石墙体，达到外观风貌和谐。

◎ 克让楼前廊（从西向东拍摄，2009年）

◎ 克让楼东侧

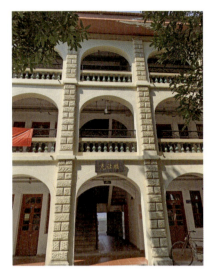

◎ 克让楼正中楼道和楼梯
（2020年拍摄）

◎ 克让楼三楼廊道（2022年拍摄）

南薰楼群

　　由延平楼、南薰楼、黎明楼和道南楼组成，其中延平楼、黎明楼分别位于南薰楼的东、西两侧，道南楼位于龙舟池北畔，4座建筑均为集美中学校舍。根据2006年国家文物局公布的第六批全国重点文物保护单位"集美学村和厦门大学早期建筑"划分，"南薰楼群"4栋建筑为其中重要组成部分。

延平楼

　　位于厦门市集美区鳌园路27号集美中学内。建筑坐北朝南，始建于1921年，翌年9月落成。因建于明末清初郑成功军队"国姓寨"遗址南门旁，并为纪念"延平郡王"郑成功抗清历史和"表示我汉族独立之精神"，取名"延平楼"。一层角楼内墙上原嵌有民国十年（1921年）冬陈嘉庚先生亲自撰写的《集美

◎ 延平楼屋顶俯瞰（2021年拍摄）

◎ 延平楼（从西南向东北拍摄，2009年）

◎ 翻建前的延平楼背面（陈新杰提供）

小学记》奠基石碑。建成之初为集美小学校舍，1965年调整为集美中学教学楼。

　　一个世纪以来，延平楼历经沧桑，数次修缮。原为砖木结构三层横排五段前廊式建筑，平面略呈横向"工"字形，共30间教室。建筑正中为三层主座楼，闽南宫殿式重檐歇山顶绿色琉璃瓦屋面，正立面为外凸式门廊；主座两翼为横排三层楼，歇山顶绿色琉璃瓦屋面；两翼末端为三层纵向角楼，东角楼后部还有地下室，屋顶为西式两坡红色嘉庚瓦屋面和西式三角形大山墙。1938年抗日战争中遭日机轰炸，损毁严重。1951年，陈嘉庚亲自主持重建，1953年按原平面修复，背面连建一座单层双坡顶"延平礼堂"，礼堂又接食堂平屋，而呈"工"字形。中座门楼增高为四层，楼顶由重檐歇山顶改为单檐歇山顶，两端角楼楼顶由西式机平瓦双坡屋面改为中式歇山顶三段式燕尾脊琉璃瓦屋面。正中楼顶小露台护栏上嵌有"延平楼"楼匾。

　　1959年"8·23"特大台风登陆厦门，礼堂严重损坏，1961年重修。2003年改造时，将原砖石木及局部钢筋混凝土梁板建筑结构，改造加固为钢筋混凝土结构的屋架、楼板，并拆除背面礼堂。现延平楼面宽65.65米，进深16.62米，高19.7米，建筑面积约3078平方米，仍保持原有平面布局和建筑风格。

　　延平楼建造考究，虽历经多次修缮至今风采依旧。正立面的清水红砖墙和外廊的红、绿、白三色搭配最为精彩。一、二层前廊方柱和三层拱券廊柱以及外墙壁柱均采用红砖与白石嵌砌的"蜈蚣脚"砌法，红砖拱券也以白石嵌饰点缀；艳丽的胭脂红墙面衬托出白色的檐口石梁、廊柱檐帽和方框窗套，极为显眼，兼具结构和装饰功能，而外廊上长长的护栏则标配着绿色琉璃宝瓶栏杆和白色压顶条石，屋面是清一色的绿色琉璃瓦。此外，建筑中大量运用闽南传统红砖建筑装饰工艺，楼体两侧和背面的抹灰白墙上，用红砖装饰

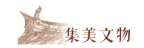

出垂幔纹窗楣、窗套和楼层墙腰线；角楼一层红砖墙堵以“磨砖对缝”技法拼砌出严丝合缝的万字锦、龟背锦等各种吉祥图案和几何花纹，墙上嵌饰的“垒基维旧”“黉宇重新”砖雕文字体现出窑前雕的特殊工艺。此建筑融汇了中式宫殿建筑、闽南红砖建筑和西式建筑等不同建筑风格，是嘉庚建筑风格的典型代表。

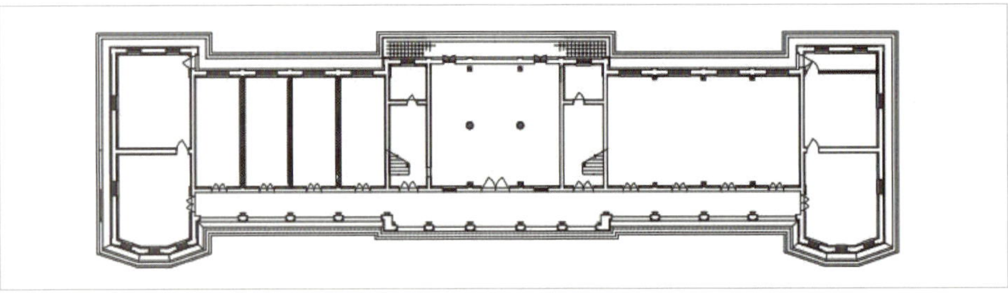

◎ 延平楼一层建筑平面示意图（北京华宇星园林古建设计有限公司绘制，2021年）

南薰楼

位于集美学村东南隅的延平楼西侧，坐北朝南，由主楼及东、西两侧翼楼组成，依东高西低地势而建，1955年动工。1957年两翼落成，其中东翼作为集美小学校舍的补充，主楼于1959年落成。现整体建筑平面呈“个”字形，正中主楼高十五层共53.767米，东

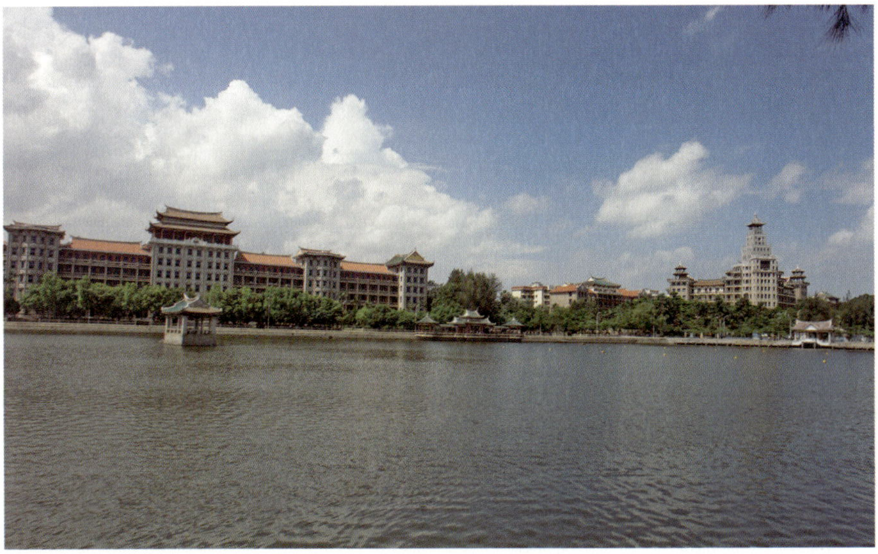

◎ 龙舟池畔的道南楼、黎明楼和南薰楼（从左至右）

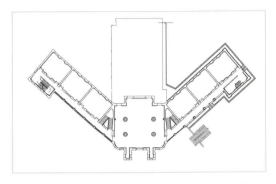

◎ 南薰楼一层建筑平面示意图（20世纪70年代之后）

◎ 南薰楼建筑正立面示意图（北京华宇星园林古建设计有限公司绘制，2021年）

翼四层（角楼为五层），西翼五层（角楼为六层），建筑基础为东高、西低的错层形式；两侧翼楼呈60°夹角与正中主楼相连接，如同飞机两翼。主楼面宽19.24米，进深45.5米（含后座），两侧翼展各面宽34.05米，进深12.2米，整体翼展达87.8米，总建筑面积约8527平方米。主楼顶部为四角形风亭，亭盖由12根圆柱支撑，仿中式古建筑四坡翘脊，铺设绿色琉璃筒瓦；亭盖上四角有西式小尖塔，中部为半圆状穹顶及八角形塔尖。主楼后座为两层楼，是1987年集美中学建造的接待侨生的侨光楼的配套厨房和餐厅，于全楼落成后附建，其三面环形砖柱外廊，楼顶有围栏大露台。东、西两侧翼楼屋顶为五开间歇山顶、中式宫殿琉璃瓦屋面，两翼尾端角楼楼顶正面为露台，建有八角形攒尖顶双层亭，后部为西式两坡

◎ 南薰楼西面（从西南向东北）

◎ 南薰楼东南面

◎ 南薰楼正面

◎ 南薰楼背面

◎ 南薰楼东面

◎ 南薰楼一楼檐口横梁"薰风南来"匾额

屋顶和西式大山墙背面。此楼为砖石、混凝土混合结构，建筑外墙统一的花岗岩白石清水墙，钢筋混凝土楼板。建筑外廊廊柱和转角壁柱采用红砖嵌白石的"蜈蚣脚"砌法，廊柱柱头和出檐悬挑小牛腿上装饰大量水泥彩塑花卉图案，廊道及露台等护栏则采用拼花红砖柱、绿色琉璃宝瓶栏杆和花岗岩压顶条石，中西合璧，精彩绝伦。

南薰楼名出自先秦古籍《乐记》中虞舜《南风歌》："南风之薰兮，可以解吾民之愠兮；南风之时兮，可以阜吾民之财兮。"南薰楼是集美学村最高建筑和标志性建筑，也是20世纪80年代之前福建省最高的大楼。早在1921年陈嘉庚先生建造延平楼时，就规划在此建造"百尺钟楼，以为入境标志"，因此，在1955年南薰楼开建之初，便依照集钟楼、灯塔、教学楼于一体的综合大楼功能进行设计，顶端风亭原拟安装千瓦强光灯作为航标灯，楼顶大圆窗计划安置报时大时钟，但1957年底因集中财力物力人力修建太古海潮发电站而一度停工，1958年下半年续建，直至1959年大楼完工。1961年，福建省轻工业厅为建筑物安装了避雷针，但此后在楼顶装灯、安钟一直未实现。南薰楼不仅是一座因地势而建造和建筑风格独特的标志性建筑，而且在工程建造技术上创新发明，尤其在混凝土楼板浇铸中，首创

◎ 南薰楼楼顶方亭顶部

◎ 南薰楼柱头水泥彩塑装饰

"竹筋混凝土"做法，将毛竹剖成2.5厘米宽的长条，经过海水浸泡、晾干、涂抹沥青等防虫防腐技术处理后，用来替代钢筋，即在钢筋铺设中穿插竹筋代替钢筋，共同配置浇铸成钢筋混凝土楼板。"竹筋混凝土"创新技术在集美学村道南楼、黎明楼等楼板浇铸中均有采用，这一创新在当年国家经济困难时期和强调海防前线以国防建设为重的情况下，为国家节省了钢铁建材，节约了国家外汇，体现了陈嘉庚勤俭办学的可贵精神。至今这些建筑在修缮和使用过程中，尚未发现因这些特殊材料而出现明显的结构安全问题。

黎明楼

位于厦门市集美区集美中学内、南薰楼西北侧，原设计为宿舍楼。建筑坐北朝南，依地势而建，1957年6月落成。原为砖石与局部钢筋混凝土结构，2003年进行加固改造，屋架、楼板改为钢筋混凝土结构。

该楼为四至六

◎ 龙舟池畔的黎明楼（左）与南薰楼（右）（从南向北拍摄，2009年）

◎ 黎明楼（从东南向西北拍摄，2009年）

◎ 黎明楼俯瞰（2017年）

◎ 黎明楼一隅

层、横排五段式前廊建筑，由中座、两翼及两端纵向凸出角楼组成，平面略呈反向"凹"字形，楼层形式为东部四层，西部五层（含负一层），中座六层（含负一层）。建筑正立面的负一层及一、二层为红砖方柱外廊，三、四层为红砖拱券外廊，一层以上各层廊道有花岗岩压顶条石和绿色琉璃宝瓶护栏。两侧角楼正立面从下到上为花岗岩条石墙体，外窗饰以红砖窗楣、窗套，廊道砖柱及转角壁柱采用红砖与白石混砌的"蜈蚣脚"砌法。建筑两侧山墙是清一色的花岗岩条石清水墙，背面外墙是楼层交替的花岗岩墙面和砖砌抹灰墙面，各层开设成排的大方窗。楼顶屋面分成五段：最高的中座六楼是闽南官殿式歇山顶燕尾脊绿色琉璃瓦屋顶，楼前有栏杆围护的长条形露台；东、西两翼为西式平脊红色嘉庚瓦双坡屋面，翘脊上装饰变体的传统夔龙纹灰塑；两端角楼为纵向西式平脊红色嘉庚瓦双坡屋面，正立面为花岗岩条石的西式三角形大山尖。主座楼顶露台护栏嵌有"黎明"青石楼匾，两侧配饰雄鸡报晓灰塑图案，角楼山尖上装饰古钟花纹，寓意闻鸡起舞、珍惜光阴。此楼建于20世纪50年代经济困难时期，也采用了"竹筋混凝土"楼板浇铸法。

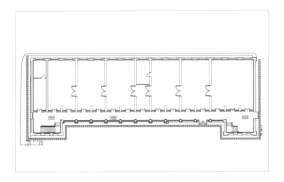

◎ 黎明楼二层建筑平面示意图

◎ 黎明楼建筑正立面示意图（北京华宇星园林古建设计有限公司绘制，2021年）

道南楼

位于厦门市集美区集美中学内。始建于1954年。1957年建成西翼；1958年，中座和东翼因集中财力建设海潮发电厂而停建，1962年续建，1964年竣工。1991年，屋架改为钢筋混凝土结构，2003年进行加固性整体维修。1957年至1965年春季为集美财经学校校舍，1965年秋季始为集美中学教学楼。

建筑坐北朝南，砖石和钢筋混凝土混合结构，外观为五至七层、"一"字形横排九段式前廊建筑，总面阔25间（原19间），面宽达176.1米，进深18.3米。正中主座高七

◎ 道南楼（左）与南薰楼（右）远眺（2009年）

◎ 道南楼近景

◎ 道南楼背面

层，正面凸出长方形宽大门廊，一层中间是前后贯通楼道；东、西两翼各有对称4座楼体，依次为翼楼、"突规"楼、翼楼、角楼，其中翼楼为横排式五层，"突规"楼为半圆形前凸六层楼，两端是纵向凸出的六层角楼。该建筑楼顶相应楼体构成9个大屋面，造型各异，正中主座为宫殿式重檐歇山顶燕尾脊绿色琉璃瓦屋面，两侧翼楼和角楼均为中式歇山顶燕尾脊屋顶，但翼楼铺设红色嘉庚瓦，角楼铺设绿色琉璃筒瓦，而"突规"楼楼顶则较为复杂，前部是少见的盝顶式露台（双层凉亭未建而成为露台），后部是中式歇山顶燕尾脊嘉庚瓦屋面。道南楼楼顶的中式传统屋面造型多样、高低错落，在蓝天下映衬出飞檐翘脊、红绿交映，尤为绚丽多姿，是嘉庚建筑中西

◎ 龙舟池畔的道南楼（从南向北拍摄，2009年）

合璧特点的典型实例。为节省钢筋建材，当年各层都采用了"竹筋混凝土"现浇楼板。

道南楼在建筑装饰上既奢华又不失典雅。建筑外墙为清一色的花岗岩条石清水墙，正面大量嵌饰精细的青石雕，包括青石窗罩、窗楣、窗沿和门框、门楣、柱头花叶等，长廊的廊柱、转角壁柱又采用白石、青石和红砖混砌的"蜈蚣脚"；一楼廊道上红砖墙壁堵上运用闽南传统红砖民居特有的"磨砖对缝"技法，拼砌出各种精细繁复的方形、菱形、圆形、海棠形等几何形吉祥图案，并点缀和嵌饰细微的几何形彩色玻璃和彩绘玻璃；主楼门厅梁柱、楼梯以及天花、灯盘上饰有各种华丽的水泥彩塑花卉，楼顶正脊、戗脊、山尖以及屋檐斗仿木挑檐斗栱等施以各种艳丽色彩，百余米长廊上醒目的依然是长长的白色花岗岩廊柱石梁及典型的绿色琉璃宝瓶栏杆与白色压顶条石护栏。主楼楼顶阳台护栏嵌有"道南"青石楼碑。据说楼名出自《宋史·杨时传》：宋时闽人杨时潜心经史，熙宁九年（1076年）考中进士后，赴中原洛阳拜程颢为师学习孔孟绝学，当杨时学成南归时，程颢目送之曰"吾道南矣"，意指程氏之学说从此将传往南方。陈嘉庚先生以"道南"为楼名，寓意深远。

道南楼矗立于龙舟池北畔，体量庞大，楼前视野开阔，海景一览无余，建筑更显恢宏。其独特的建筑造型和精湛的建造技艺独树一帜，是嘉庚建筑的精品，也是陈嘉庚生前亲自规划和主持兴建的代表性建筑。美国前总统尼克松参观时曾说，"集美学村是所见过的最美的校园"；郭沫若先生称赞道："鹭江集美中学，万人共仰千秋。"

◎ 道南楼一楼中间楼梯（2015年拍摄）

◎ 道南楼一楼中间门厅天花彩塑

◎ 道南楼一楼中间门厅柱头水泥彩塑

◎ 道南楼一楼中间门厅柱头彩塑

◎ 道南楼一楼廊道墙壁拼砖
纹样

◎ 道南楼一楼廊道墙壁拼砖
嵌彩绘玻璃纹样

◎ 道南楼一楼廊道墙壁拼砖
纹样细部

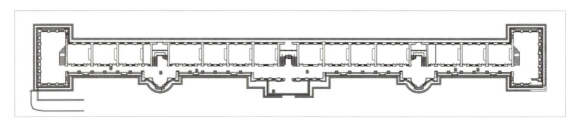

◎ 道南楼一层建筑平面示意图（北京华宇星园林古建设计有限公司绘制，2021年）

科学馆

位于厦门市集美区集美街道岑东社区集岑路2号集美大学内。于1921年春开建，1922年9月竣工，与北侧的植物园同是集美学校自然科学教学的配套设施。原一楼为理化实验室、庋藏室及暗室，二楼为实验室、生物科教室、陈列室、标本室（20世纪70年代前在楼道上还悬挂着1922年由外地购买来的2米多长的鳄鱼标本），三楼为学校办公室和教职员休息室。20世纪70—90年代，曾作为厦门师范学校、集美师范专科学校办公楼，90年代后为集美大学的学院办公楼和教学楼。

该楼建筑坐北朝南，为三至四层五段式前、后廊建筑，原为砖木结构，现为砖混结构。居中是横排三层主楼，正中有外凸四层门楼，两端为纵向凸出的四层角楼，整体平面略呈"工"字形。建筑原为三层，1932年

◎ 科学馆南面（从南向北拍摄，2009年）

翻修，增建中部四层单间塔楼为气象台。1935年、1937年修缮局部屋面天花和墙体。1938年、1939年抗战时被日机轰炸，楼体和设备毁损严重。1946年修葺竣工。1949年遭蒋军轰炸（"双十一"浩劫），三楼屋顶全部损坏，1951年修复原貌。2000年再次维修。建筑总面宽43.7米，进深22.5米，高20.7米。

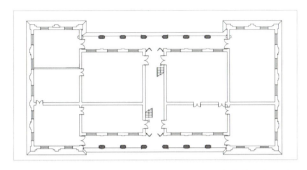

◎ 科学馆一层建筑平面示意图（北京文物建筑保护设计所绘制，2015年）

◎ 科学馆东南侧

◎ 科学馆北面

该建筑居中主楼一至三层均有前、后廊，一层为拱券形式，二层为西式方柱与细小圆柱交替形式，三层为露台式外廊。一层正中正、背大门门楣上有"科学馆"水泥

◎ 科学馆角楼屋顶南面楼顶山尖

◎ 科学馆三楼南露台（2020年拍摄）

◎ 科学馆角楼屋顶北面楼顶山尖

楼匾，门内是前后贯通楼道，设有独特的双向双跑式楼梯。该建筑楼顶别具特色，在主楼横向平脊两坡嘉庚瓦屋面与两侧纵向角楼两坡嘉庚瓦屋面上，形成了正、背两面各三组山尖造型。正中是楼顶塔楼的正、背面单间阁楼式山尖，阁楼开有一门两窗，门上方是弧线轮廓的西式山尖；两侧角楼一、二层为拱券外窗，三层为大方窗，正、背面楼顶均为阁楼式西式三角形山尖，设有一门两窗，但正面山尖轮廓曲折繁复、灰塑山花华丽，而背面山尖为简洁平直的三角形。该建筑还在外墙、廊道及山尖等大量装饰古罗马式壁柱、花式柱头、灰塑花草纹等，三楼外廊檐口下满饰一圈密集的兽首形雕塑，建筑白色的水泥面外墙模印出几何形大方格纹，在外观和装饰上具有浓郁的欧式古典建筑巴洛克装饰风格，是集美学村至今保存最好的一座早期西式建筑。

科学馆南楼

位于科学馆南侧约30米，原为科学馆自然科学试验教学配套教室，又称"科学馆教学楼"或"科学馆前楼"、"科学馆教室"。1956年1月建成，坐南朝北，三层横排式前廊建筑，为砖石及混凝土混合结构。初为三层15间，现为三层24间，东侧负一层地势较低，正中有露天"八"字形双向石阶，搭建于一层主入口。建筑正立面为大、小拱券交替的外廊，一、二层廊前有绿色琉璃宝瓶栏杆、花岗岩条石压顶护栏，屋顶为四坡红色嘉

◎ 科学馆南楼（从北向南拍摄，2009年）

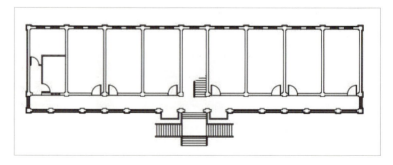

◎ 科学馆南楼一层建筑平面示意图（中科院建筑设计研究院有限公司绘制，2015年）

庚瓦屋面，朱红色外挑屋檐。建筑背面及两侧为花岗岩条石清水墙面，墙体壁柱、转角柱及廊柱均为水泥灰面仿蘑菇石饰面，正立面外墙及所有窗套、壁柱涂饰黄色，俗称"小黄楼"。1980年集美师专复办后，此楼一度作为女生宿舍和校办工厂用房，之后曾相继作为继续教育学院、工程技术学院学生宿舍，现为美术学院办公楼。

◎ 科学馆南楼侧面

◎ 科学馆南楼背面（2022年拍摄）

植物园工房旧址

位于厦门市集美区集美街道岑东社区岑东路70号。植物园是科学馆配套的植物标本种植园，始建于1923年，1925年启用，配有工房1座。现植物园内有后建的管理楼1座和工房1座。管理楼为二层砖石及混凝土结构，为20世纪60年代集美学校委员会下属的园林管理处在原工房旧址上新建的办公楼，坐北朝南，面阔4间15米，进深8.5米，由横向楼体与纵向楼体相交，平面布局呈横向"T"字母形，花岗岩条石清水外墙，前部为檐廊，红砖廊柱，两坡红色嘉庚瓦挑檐屋面。工

◎ 在原工房旧址翻建的植物园管理楼（从南向北拍摄，2009年）

◎ 植物园管理楼背面

◎ 植物园工房（从西北向东南拍摄，2009年）

房在管理楼东南约30米处，为20世纪50年代所建，坐东朝西，为长方形二层楼石构形式，面阔3间13米，进深5米，花岗岩条石墙体，硬山顶两坡红色嘉庚瓦屋面。管理楼和工房之间为空地，种植少量灌木和存放盆花。

1922年，集美学校科学馆落成后，为加强植物学教学和标本研究，学校就近购地20余亩建成植物园，从国外引进和种植105科、500多种植物种苗。园区内以草本植物为主，灌木次之，还有少数稀有树种。全园按照植物分科及物种的习性进行分区，每种植物都标出科名、种名等，园内建有温室以保护热带植物越冬。园区内中央还建有喷水池、五彩灯、环形小道等，既用于教学，又成为师生的休闲花园。抗战期间曾遭日寇炮击，成为废墟，后重新修整。20世纪60年代后因周边建设占用，植物园面积缩小，至今因多种原因始终未能恢复原貌。该旧址是集美学校早期教学和科研的配套设施，后期作为集美学校园林、树木及苗圃等绿化管理机构办公场所，具有一定的历史意义和文物价值。

八音楼

位于厦门市集美区集美街道岑东社区岑东路149号（八音楼6号）。1925—1926年，陈嘉庚先生在集美岑头山（原岑头社北部）建造肃雍楼、三才楼和八音楼作为集美学校教职员的住宅区，称"教员厝"，其中八音楼（别墅）是高级职员及其眷属居住楼，1926年8月建成。八音楼共有2排4座8套，按古代乐器制

◎ 八音楼侧面

◎ 八音楼（从西向东拍摄，2009年）

作的八类材料——金、石、丝、竹、匏、土、革、木分别命名，故名"八音楼"。由于历经抗战破坏和后期改建，现存2座，为1997年集美校友会按原样翻建。

建筑坐东北朝西南，为二层楼西式别墅风格，带独立小庭院，前有院墙及院门，总阔18米，进深19米。建筑外观屋顶为欧式尖顶，铺设嘉庚瓦，大门前门廊立有两根罗马柱，后部设边门，门柱亦为古罗马柱风格。校董陈村牧先生曾居住于此。该建筑风格独特，虽为复建，仍保留了集美学村早期西式别墅的身影，具有历史纪念意义。

诚毅楼

位于厦门市集美区集美街道岑东社区嘉庚路1号，集美大学航海学院东门旁。1920年，陈嘉庚聘请叶渊为集美学校校长，1925年特建此楼作为校长办公楼，故此楼称"校长厝"；1927年，集美学校改为校董制，各部主任改为校长，集美学校校长改称集美学校校董，此楼也称为"校董厝"。1950年9月，陈嘉庚先生回集美定居

◎ 诚毅楼正面（从东北向西南拍摄，2009年）

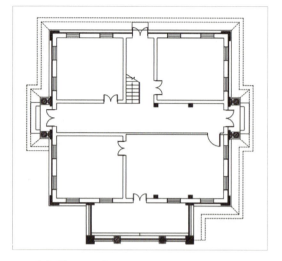

◎ 诚毅楼一层建筑平面示意图（中科院建筑设计研究院有限公司绘制，2015年）

◎ 诚毅楼北侧面

◎ 诚毅楼西面

后与集美学校校董（委）会一同在此办公，并居住生活长达8年。在此，他先后与陈毅、邓子恢、张鼎丞、陶铸、罗荣桓、刘亚楼、吕正操等领导共商国是，并多次与福建省、厦门市的领导商讨地方工作；在这里，他促成了厦门十里长堤和福建铁路的建设，亲自主持集美学校校董会（校委会）、集美学校建筑部及厦门大学建筑部的工作。1958年，陈嘉庚和集美学校校委（董）会迁到已修复好的嘉庚路149号"校主厝"（现陈嘉庚先生故居）后，此楼一直归集美航海学校管理。1949年曾因屋顶渗漏、椽桷蛀蚀而全面修缮，20世纪80年代再次进行加固维修，楼板改为钢筋混凝土，并以校训命名"诚毅楼"。

该建筑坐西朝东，为长方形二层清水红砖楼，面宽14米，进深13米。一楼前部正中有外凸的长方形阳台，门廊之下为地下室，阳台屋顶为露台；一、二层平面以中部的"T"形通道划分，东、西、北三面均有小门通往户外，一楼北门上方门楣嵌有"诚毅"石匾（2014年6月嵌）；屋面为前、后两坡红色嘉庚瓦屋面，两端形成花形大山墙；东面一层阳台栏杆和二层露台护栏饰以绿色琉璃栏杆，楼顶山墙和露台转角多处立有西式灰塑宝瓶。此建筑是集美学村早期建筑中具有代表性的欧式风格建筑，也是陈嘉庚校主人生后期为新中国倾心办学、鞠躬尽瘁的纪念旧址，至今二楼仍保留有陈嘉庚居住时的生活场景。

集美农林学校旧址

位于厦门市集美区侨英街道同集南路天马山东南麓的福建省天马种猪场内，建于1926年。学校旧址由前、后两组校舍组成，前为主体建筑务本楼，后部是建于地势略高的5栋相连的别墅形式的建筑，均坐西北朝东南，两组建筑之间由风雨廊连接，建筑占地面积约1300平方米。务本楼为二层横排砖混结构前廊式建筑，正中楼道前有二层外凸长方形门楼，两翼平直楼体，两端为前凸纵向角楼，建筑平面呈三段式"山"字形布局，共面阔13间，面宽约62米，进深约8.5米。一层正面开拱券大窗内廊，二层为敞开梁柱式外廊，采用柱身凹槽线的古罗马柱式廊柱。门楼两侧的两根并立方柱和正中两根对称圆柱通达楼顶，楼顶小露台前有三角形大山头，于灰面双勾框内墨彩题写"集美农林部"校名和"民国十五年春季"大楼落成时间。大楼正中门道前、后贯通，可连接后部的风雨廊及校舍，门道内设双合式木楼梯。务本楼屋顶为前、后两坡红色嘉庚瓦平脊

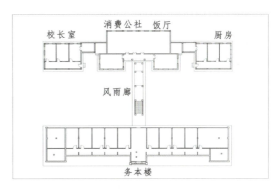

◎ 集美农林学校旧址一层建筑平面示意图

◎ 集美农林学校旧址务本楼（2022年1月拍摄）

◎ 集美农林学校旧址务本楼正立面

◎ 集美农林学校旧址务本楼西北面

◎ 集美农林学校旧址后部校舍西南侧
（2009年拍摄）

屋面，两端与角楼屋脊交错呈"丁"字形，角楼楼顶山尖开半圆形百叶窗。务本楼后部是5栋连体别墅式校舍，空间较大的厅堂居中，曾作为饭厅和消费公社，东、西两侧对称两间小楼房，东侧是厨房，西侧是校长室，小楼之间有廊道相互连通，东、西两端房舍设有地下隔潮层。该校舍下部为石块墙裙，上为红砖柱与白灰墙体，屋顶有前后两坡和四坡攒尖两种形式，均铺设红色嘉庚瓦。1938年、1941年抗战期间，学校曾遭日机轰炸，1949年又遭蒋军轰炸炮击，损毁严重，均修复。

1919年6月，陈嘉庚回到集美，筹备集美学校的扩办和厦门大学创办，其中集美学校主要是增办职业教育，包括计划开办集美农林大学（高等专科）。但因各种原因，至1925年方购置到同安洪塘乡天马山山麓附近约2000亩山地，于1926年创办集美农林学校。同年10月邀请著名经济学家马寅初到校演讲。农林学校在办校中除兴建校舍，还在四周开垦大范围的农作地、山林地、农林实验场等，并购买德国农林器具，引进国内外优良树籽，聘请农业大学教授授课，开辟畜牧场，开办农林专科和高级农科、林科等，设置较先进的近代农林学科课程，开展"课堂与田间实习并重"的教学方式。农林试验场设有园艺、农艺、森林、畜牧四个系，教学内容丰富、实用。1947年起因设备、师资、生源及经费困难等原因，停止招生而改为农场。1954年，陈嘉庚将农林场及其所属学校建筑全部捐献给国家，福建省农业厅在此成立天马种猪场。农林学校在20多年间培养了357名毕业生，成为国家经济建设中实用的技术人员，为福建和厦门的农林业发展发挥了很大作用。

◎ 集美农林学校旧址后部校舍东南侧（2009年拍摄）

◎ 集美农林学校旧址后部校舍前廊（2009年拍摄）

养正楼

  位于厦门市集美区集岑路3号集美幼儿园。1919年，集美幼稚园创办于集美渡头角的两栋民房，是我国最早的平民幼儿园。1920年并入集美学校，始称"集美学校附属幼稚园"。1926年9月，陈嘉庚择集美乡东北隅建造新式幼稚园落成，名为"葆真楼（群）"，幼稚园迁入新园址（现址）。幼稚园建设"用心计划以期达到最新式最合适的幼稚教育"，整体依寓教于乐需要而建儿童乐园之理念进行。园内共有4座建筑，含养正楼、群乐室（楼）、熙春室（楼）、葆真堂及厢房等，分三排布局，均坐北朝南。前楼养正楼作为办公室和儿童室内活动室；中部是花园，两侧对称分布着二层小楼群乐楼

◎ 养正楼（从西南向东北）

和熙春楼，作为教员室；后排葆真堂，中间是礼堂，两侧为教室。室外空间除已被战争所毁的中式后花园外，均依欧洲园林设计布置。1927年，集美幼稚师范学校成立，幼稚园作为附属学校及教学、实习园地。1938年和1940年抗日战争时期，幼儿园停办，校舍两度遭日机轰炸，毁坏严重。1946年全面修葺，改变了楼层、屋脊和穹窿顶等建筑形式，将最前排的"幼稚园"楼匾更换成"养正楼"。1947年幼儿园复办，1950年改称"集美幼儿园"。1966年"文革"期间再度停办，园舍成为居民住宅，1980年复办。1989年，集美校委会拨款维修养正楼，1998年翻建葆真堂，2002年对养正楼、熙春楼、群乐楼进行维修改造。2006年，养正楼被公布为全国重点文物保护单位。

现养正楼面宽46米，进深19.7米，高18.4米，建筑面积450平方米，砖石及钢筋混

◎ 养正楼背面

◎ 养正楼门廊石柱

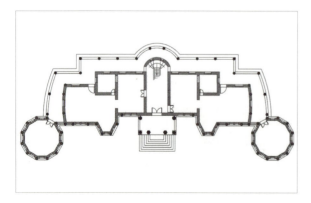

◎ 养正楼一层建筑平面示意图（河南华威设计院有限公司绘制，2018年）

凝土混合结构。整体建于花岗岩隔潮层上，红砖墙承重，大楼主体为横向两层，中间是四层塔楼，两端有前凸角楼，两角楼下各有地下室。一层正中大门前凸出方形门廊，两翼楼体中部为半圆形"突规"。方形门廊建于台基上，水磨石地面，四周6根精致的罗马石柱支撑门廊顶部，顶部为小露台，露台正中三角形山头上题写

"养正楼"楼名并饰以五角星、垂带等；台基前七级宽大石阶，拾级而上进入楼道，楼道后部设有单跑楼梯。一、二层楼道两侧为对称的大小6间教室，楼顶为前、后两坡红色嘉庚瓦屋面。正中塔楼三、四层分别为方形单间和八角形单间，楼顶为八边红色穹顶，塔楼背部有圆形小城堡式小露台。主楼两端角楼为十二边形单间二层楼形式，花岗岩石隔潮层基座，一层外圈以12根罗马柱式角柱相隔，开设12面券顶窗户，屋檐呈12面坡散水；二层为内收塔楼形式，开设12面方窗，楼顶为红色半圆形穹窿顶。

养正楼建造力求在布局、外观及色彩上贴近幼稚教育功能，因此不仅内部设计为儿童乐园式富有变化的格局空间，而且外观上呈现精致小巧、可玩可赏的小角楼、小穹顶、小城堡和小塔楼，并在建筑外墙以清水红砖墙衬托出雪白的罗马式壁柱，在楼层檐口、楼顶女儿墙涂饰耀眼的白色，又以黄色粉刷门廊山头、塔楼等，形成五颜六色的丰富色彩，把建筑装扮成如同欧洲童话世界中的儿童城堡，成为集美学村早年最亮丽的建筑。

"养正"楼名出自《易经》"蒙以养正，圣功也"。初办之时，园内设施除办公室、应接室、恩物室、教室、手工室和教员室、礼堂外，还配备了膳厅、水房、厨房、栉沐室和厕所，中部花园水池内养鱼、栽莲花，可供儿童玩赏。园内可骑木马、上滑梯、踏木碓、坐摇椅和轩轻板等。由于学校寓教于乐，环境优美，设施完备，且免费入园外加助学金，吸引了当地所有适龄儿童入学，成为最新式的幼稚园，各地到此参观的"来者每称为全国的第一幼稚园教育建筑"。

◎ 养正楼门廊水磨石地面

◎ 后期改造过的葆真堂

◎ 重修后的群乐楼

◎ 重修后的熙春楼

◎ 葆真楼群（养正楼群）旧照

◎ 20世纪80年代的养正楼

集美龙舟池

　　位于厦门市集美区集美街道浔江社区鳌园路南侧与龙船路之间的原海滩。集美赛龙舟历史悠久，600年前集美当地的"别艒舟"活动即斗龙舟就在集美社南面的西海湾举行，之后移到东海边。陈嘉庚先生早就关注民众的身体健康，在建校办学中极为注重体育锻炼和提高师生身体素质，为了保证龙舟竞渡能安全、公平，成为体育竞技比赛，他在1952—1955年在集美大社西海湾围堰筑堤，先后建成中、外二池（内池为

◎ 集美龙舟池

1920年所建游泳池），将当地传统龙舟赛改造为体育竞技赛移入池内开展，以避免潮汐涨落及风浪水流影响比赛安全和时限。1953年，陈嘉庚统一督造龙舟，将龙舟赛移入中池举行，组织集美学校师生和村民共同参加。随后，陈嘉庚开始筹划在中池外海域建造规模更大的外池。1955年建成土围埭坝，并在初步完工的外池举办了端午节龙舟赛。此后每年龙舟赛都在外池举办。最初外池四周池畔计划建造16座各式亭子和3座水中亭榭，其中北面有"南辉"和"左""右""逢""源"亭。"左右逢源"取自集美地理上左侧有源自同安双溪的浔江水，右侧有源自石兜苎溪的银（岑）江水的含义。

◎ 集美龙舟池端午节龙舟赛（从西南向东北拍摄，2009年）

◎ 集美龙舟池端午龙舟赛（2009年拍摄）

1956年，"逢""源""启明""南宗"亭建成，1957年，"南辉"亭及池中亭台建成，但"左""右"亭仅建亭台未完工，并于20世纪70年代拆除。

　　集美龙舟池即原来的龙舟外池，池面近似长方形，东西最长约800米，南北最宽约183米。北岸有"南辉"亭和两侧"逢""源"亭，东岸有"启明"亭，南岸有"南宗"亭。北岸"南辉"亭为主观景台和指挥台，长48米，宽8.5米，双层廊庑形式，中为二层楼重檐歇山顶，两端二层八角攒尖顶；南岸中部"南宗"亭为单层廊庑形式，长45米，宽7米。龙舟池内东、西两侧各建一水榭，原中央一亭台于20世纪90年代拆除。集美龙舟赛自1955年端午节集美学校第五届龙舟赛在此举行后每年延续，吸引了集美学村以外的众多龙舟队参赛，成为集美大型传统特色体育活动，1987年中国第一次主办的

国际龙舟赛也在此举行。如今每当端午节龙舟赛举行时，龙舟池上龙船竞渡、锣鼓喧天、人声鼎沸，场面极为壮观。龙舟池不仅因每年的龙舟赛事而闻名海内外，也因其环境优美，与集美学村校园建筑珠璧交辉，成为著名的游览景点。

◎ 集美龙舟池北岸"南辉"亭

◎ 集美龙舟池南岸"南宗"亭

南侨楼群

位于厦门市集美区集美街道岑东社区嘉庚路8号华侨大学华文学院内。1949年新中国成立后，南洋各地回国求学的侨生日益增多，1953年，陈嘉庚先生向中央人民政

◎ 南侨楼群远眺（从南向北拍摄，2009年）

府建议开办归国华侨学生中等补习学校。同年，在福建省侨联、教育厅和厦门市文教局的领导下，成立了福建省集美华侨学生补习学校，经费由国家拨付，并委托陈嘉庚负责筹建新校舍。1999年，该校划归华侨大学，改名"华侨大学华文学院"，现成为国内专门培养海外华人华侨学习汉语的学校。

南侨楼群位于集美龙舟池北侧以西，顺池畔坡地由前向后排列，依次先后建造，从1951年开始兴建，至1961年11月相继完成。原校门即现华文学院东南隅的"天南"（"南天"）门（集美学村南门）。1978年，华侨补习学校复办，1983年于现华文学院南大门内运动场北侧新建校门。新校门为牌楼式，建于长方形台基上，两旁设石阶，门楼为四柱三间重檐歇山顶，燕尾式翘脊琉璃筒瓦屋面，结合了中国传统宫殿建筑风格，正中大门门楣上有"集美华侨补校"六个大字。校门后是坐北向南的南侨楼群，共有4排16座，每排4座，"一"字排开，逐排由前向后、由低至高对称分布；首排单层，末排四层（局部五层），由前向后逐排加层升高。首排由东向西

◎ 南侨楼群"集美华侨补校"校门（1978年建）

◎ 南侨楼群"天南"门（原集美华侨补校校门，从东南向西北拍摄，2009年）

◎ 南侨楼群"天南"门背面（从西北向东南拍摄，2009年）

◎ 南侨楼群分布示意图（华侨大学华文学院提供）

依次编号为南侨一至南侨四，直至末排的南侨十三至十六。现南侨楼群主要作为学校教室、办公室及学生宿舍、活动中心、图书馆等，每排楼的南、北之间相距16～18米，辟为运动球场。

校园中分布"四横五纵"道路，正中是8米宽的纵向主路，各楼的前、后楼旁和左、右之间穿插约4米宽的通道，形成了校园内平顺齐整、行走便捷的网格状小路。这些校园道路别具特色，至今保留的原有正中主路和西北角小路，其路面中部以花岗岩条石顺铺，两侧路面则铺设粗质坚硬的暗红色甓砖，两边路沿再镶条石，形成中间略高两侧稍低的弧形断面。这种红砖白石铺装形式，既平顺防滑、不积水无青苔，又美观、坚实、耐用，适合南方

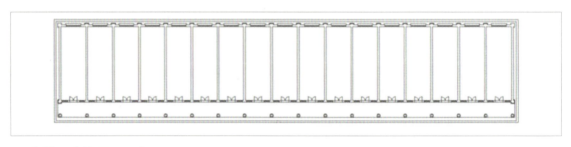

◎ 南侨一建筑平面示意图

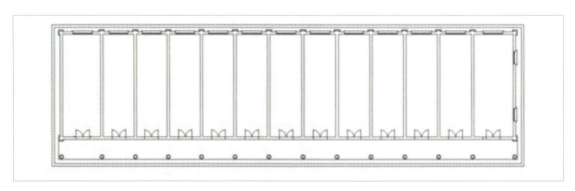

◎ 南侨二建筑平面示意图

多雨天气和校园内坡地地形，并与校园建筑融为一体，被称为"嘉庚路"。

南侨楼群第一排编号为南侨一至南侨四，从东向西依次排列，坐北朝南，是陈嘉庚先生设计的"海口工程"项目之一。南侨一、二建成于1952年9月，南侨三、四建成于1953年2月，均为单层横排式前廊布局，砖混结构，外墙以花岗岩条石砌筑，墙体转角壁柱采用"蜈蚣脚"砌法。长条式廊道各立有14或18根六边形素面花岗岩石柱，上承混凝土仿木结构挑檐屋架（廊道首尾两端为花岗岩条石挑檐），内墙为红砖白石密缝细砌墙堵，六角红砖地面，极具特色。该排建筑以中轴线划分，两侧相应对称。居中的南侨二、三是5间大教室格局，建筑面宽约45米，进深约10米，土形马鞍脊绿色琉璃筒瓦双坡屋面；两边的南侨一、四各有17间，原作为宿舍，建筑面宽约58米，进深约12米，硬山顶五段式燕尾脊，垂脊饰灰塑卷草，孔雀蓝琉璃筒瓦屋面，三角形山尖上装饰

◎ 位于首排的南侨一（从南向北拍摄，2009年）

◎ 南侨一（从东南向西北）

◎ 南侨二（从东南向西北）

◎ 南侨三（从东南向西北）

◎ 南侨四（从东南向西北）

◎ 南侨四山墙灰塑图案

花环、飘带、光芒等新式图案山花，分别标有"1952"和"1953"建造年代。

第二排为南侨五至南侨八，从东向西依次排列，建于1954年。居中的南侨六、七为二层楼横排式布局，砖混结构，一、二层均面阔10间，拱券式外廊，红色嘉庚瓦双坡屋面，两侧三角形大山墙，原为教学楼。该排两侧的南侨五、八原为宿舍楼，分别有34间和42间，面宽约43米，进深约10米，但20世纪90年代在原址重新翻建，改为钢筋混凝土结构，并取消了原有外廊形式。

第三排为南侨九至南侨十二，从东向西依次排列，为三层楼横排式建筑。南侨十二为局部四层，砖混结构，拱券式外廊，南侨九的两端有前凸纵向角楼，作为上下楼道，楼顶为嘉庚瓦双坡屋面，三角形大山墙。居中的南侨十、十一原为教学楼，各有10间和15间教室，建于1956年；东、西两侧的南侨九、十二为宿舍楼，分别有51间和58间宿舍，建于1955年。该排建筑于20世纪90年代后在原址翻建，建筑结构改变，现为学生宿舍。

第四排为南侨十三至十六，从东向西依次排列，以四层横排式两端角楼、拱券外廊形式为主，南侨十三为局部五层，均为钢筋混凝土及砖石混合结构。南侨十三为四层横排式前廊建筑，东端地势较低增建负一层，两端有前凸纵向角楼，设计折向式双跑楼梯，一层面阔19间，楼体面宽62.1米，进深19米，高22米，原为宿舍楼，1959年建成。南侨十四为四层横排式、中部前后廊建筑，两端有前后凸出的纵向角楼，正中楼道设有交叉式双跑楼梯，建筑平面呈横向"工"字形，建筑面宽38米，进深19.6米，高19.3米，原为教学楼，1961年11月建成，正面四楼护栏有"南侨十四"楼匾。南侨十五平面布局与南侨十四基本相同，面宽38米，进深19.6米，高19.3米，为教学楼，1957年建成，四楼护栏有"南侨十五"楼匾。南侨十六体量最大，为四层横排式、中部前后双廊建筑，西端地势较低加建负一层，两端为正、背凸出的双层纵向角楼，面宽74.9米，进深26.4米，高24.7米，作为图书馆，1958年12月建成。该排建筑建造讲究，外墙主要采用从下到上的清一色花岗岩条石清水

◎ 南侨六（从东南向西北）

◎ 南侨六廊道

◎ 南侨七（从东南向西北）

◎ 南侨十三角楼山墙

◎ 南侨十三（从西南向东北）

◎ 南侨十三红砖窗套

◎ 南侨十四（从西南向东北）

墙，并以坚实的胭脂砖拼砌出连续回字纹、几何纹和垂幔纹的外墙墙腰线、檐口线、拱券边沿以及外窗窗框等，其中尤以南侨十三、十六红砖拼砌窗套、窗楣造型多样、做工精致；屋顶为平脊双坡红色嘉庚瓦屋面，角楼正立面为西式大山墙、三角形山尖，山尖上装饰灰塑花环、齿轮、麦穗、五角星等新式图案；廊柱和外墙转角壁柱为砖石交错的"蜈蚣脚"砌法，外廊有绿釉宝瓶栏杆和花岗岩压顶条石护栏。建筑也采用了"竹筋混凝土"法浇铸楼板。

南侨楼群除16栋主建筑外，还包括校园东南侧的"天南"门和南侨十七、十八。"天南"门为原校门，也是集美学村南门，位于龙舟中池西南隅、现石鼓路起点处，建于1953年。建筑为面阔3间、二层楼燕尾脊

◎ 南侨十五（从西南向东北）

◎ 南侨十六（从东向西）

◎ 南侨十六外墙装饰

重檐歇山顶门楼形式，砖木及钢筋混凝土混合结构，正中为门道和门廊，两翼各有一层半的小单间，总面宽10米，进深7.5米。门楼平面格局前半部呈扇形，后半部呈"八"字形，底层门廊为两柱、三拱券形式，石框大门上有从右向左"集美侨校"四字灰塑门匾，两侧红砖墙堵开设竹节窗棂石框圆窗，混凝土天花板有三组灰塑灯盘。二层为两柱三跨门廊，琉璃宝瓶栏杆护栏，正中石框大门上有从右向左"天南"二字灰塑匾额，木构天花板。门楼重檐歇山顶屋面呈复合式造型，正中顶层为三折扇形前坡和长方形后坡，两边较低的下层为前、后两坡单条燕尾脊，楼顶均铺设绿色琉璃筒瓦和绿地黄花的瓦当、滴水。此门楼建造精致，正面门廊采用了六角石柱和扇形红砖柱，墙堵是精细的

◎ 南侨十七（从北向南拍摄，2009年）

◎ 南侨十七西侧

◎ 南侨十八（从北向南拍摄，2009年）

◎ 南侨十八西侧

"磨砖对缝"红砖墙，两端转角为红白色砖石"蜈蚣脚"壁柱，门楼背面及两侧外墙满铺黄白相间的方形釉面瓷砖，大门前是便于校园师生出入的十五级扇形石阶，这些特色风貌历经半个多世纪至今依然保留。

南侨十七、十八号楼位于"天南"门两侧，为砖混结构闽南传统古厝式建筑，均面阔8间27米，进深8.5米，硬山顶，三段式燕尾脊。正面有红砖壁柱和"蜈蚣脚"转角柱及红砖窗套，屋面为孔雀蓝琉璃筒瓦三段式燕尾脊，脊堵饰镂空花格琉璃砖，可减轻屋面重量和减小风阻，两侧山尖装饰着螃蟹、鱼、乌贼、海星、贝壳等组成的山花图案，别具特色。两建筑曾作为水族馆，供参观游览和水产科研教学。

◎ 南侨十八山墙上的水族纹山花

◎ 南侨楼群正中的"嘉庚路"

南侨建筑楼群是集美学村校园建筑发展期的重要代表。现南侨一、二、三、四、六、七、十七、十八以及"天南"门为未定级不可移动文物,南侨五为厦门市历史风貌建筑,南侨十三、十四、十五、十六为全国重点文物保护单位。

西校门旧址

位于厦门市集美区集美街道岑西社区岑西路40号旁、现集美大学航海学院西北角围墙下,建于1953年。坐东朝西偏北,为四柱三间二层牌楼式,红砖结构,木构天花板,门楼顶呈燕尾脊重檐歇山顶,镂空花格脊堵,绿色琉璃瓦屋面,面阔7米,进深3.1米,高7米。门楼平面呈向外"八"字形,正中门洞宽2.1米,两侧开小拱门,大门上有灰塑"集美学校西门"门额,背面门梁上饰五角星图案。1913年陈嘉庚创办集美小学后,又先后创办了女子小学、幼稚园、师范、中学、水产航海、商科、农林等各类学校,同时兴建了大量教学楼、校舍以及校园各种配套的教学、运动、管理场所,形成了闻名海内外的集美学校,也称"集美学村",培养出众多优秀学子和国家栋梁之材。

新中国成立后,为纪念集美学校新生,陈嘉庚于航海学校西门角新建西校门,并特意设计了校门样式。为了达到"全校界内如花园"的清幽学习环境和防止噪声与废气污染校园,定下此门宽度,以阻挡汽车进入校园。集美学校当年设有北门、南门和西门,但北门毁于1959年"8·23"台风,现仍保留石鼓路起点的南门即"天南"门和此座西门。位于嘉庚路路口的集美学村大门是1962年为庆祝建校50周年而修建的,原为西式门楼,20世纪90年代改建为现今样式(50年代此处立石桩,阻拦大中型汽车驶入学村)。西校门是当年集美学村西侧的主要出入口,仍基本保持原有形制和风貌,融闽南古代宫殿式建筑与西式建筑风格于一体,具有特殊的纪念意义。

◎ 西校门旧址正面(从西向东拍摄,2009年)

◎ 西校门旧址背面

图书馆旧址

位于厦门市集美区集美街道岑东社区集岑路2号。原集美学校图书馆——博文楼位于今集美区集岑路6号，建于1920年11月，为三层楼重檐歇山顶建筑。抗日战争爆发，图书馆部分随学校内迁，馆址两次遭日寇轰炸（1946年修复）。1953年，陈嘉庚先生考虑到博文楼地势低，易淹水潮湿，故择址新建"工"字形新馆楼（即

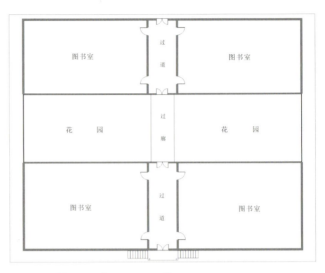

◎ 图书馆旧址建筑平面示意图

本条目"图书馆旧址"）。1999年，博文楼拆除并重建，竣工后，图书馆于2001年由"工"字形馆址迁回博文楼。本条目图书馆旧址为1953年动工，1954年10月建成，是新中国成立后陈嘉庚先生亲自选址和督建的公共图书馆，东侧有科学馆和体育馆。馆内一层原有阅览室、借书室、书库等，二层原有教师休息室、备课室、资料室、阅览室、办公室及文物陈列室、会议室，馆内还设有采编、外借、宣传和装订4个组。"文革"期间图书

◎ 图书馆旧址（从东南向西北拍摄，2009年）

馆解散，1972年由厦门市图书馆接办，更名为"集美图书馆"，成为厦门市图书馆分馆。1989年归属集美学校委员会管理，仍为集美地区综合性公共图书馆。直至2001年，图书馆迁回重建的博文楼。此旧址经2017年重修后现作为集美大学美术学院展馆。

◎ 图书馆旧址背面

图书馆旧址坐北朝南，砖木结构，由两栋长方形二层建筑组成，中间以风雨廊相连，平面布局呈"工"字形，共有14间房，建筑面宽约37米，通进深30米。前栋正中为大门和楼道，前有长方形外凸门廊，4根罗马柱支撑门廊顶盖，顶盖上为护栏小露台，门上正中有剪瓷塑"图书馆"三大字门匾。建筑外墙为花岗岩石构墙裙作为隔潮层，一、二层楼四面开设大型拱窗，最大限度采光通风，充分考虑该建筑的读书阅览主要使用功能。屋顶为红色嘉庚瓦四坡屋面，风雨连廊为两坡嘉庚瓦屋面。陈嘉庚先生注重提高国民素质，在兴教办学中极为重视教育质量和学生综合素质培养，注重图书馆、科学馆、博物院及体育场等设施建设，体现了先进的现代办学理念和对社会公共教育的重视，为国家培养了大量高素质人才。

东岑楼、西岑楼

位于厦门市集美区集美街道岑东社区岑东路7～25号和48～66号。又名"岑楼东座""岑楼西座"。20世纪50年代，爱国侨领陈嘉庚创办的集美学村进入一个新的发展阶段，随着学校带眷属的教员越来越多，迫切需要增加教员和职工住宅。1952年，集美校董会翻修教员厝肃雍楼，1953年又在其西南侧（岑西路两旁）兴建教员新村，这两处建筑因后期建设改造现已不存。当年的教员住宅仅存1953年建造的集美学校植物园北侧的东岑楼和西岑楼。两座楼均依陈嘉庚先生的"住屋卫生"（通风采光好等）要求设计，并在其督建下建成的。两楼均坐北朝南，横向并排，相隔8米，均为长条形两层建筑，砖木、土石混合结构和红色嘉庚瓦双坡屋面，两楼的结构、布局基本相同，每

◎ 东岑楼（从西南向东北拍摄，2009年）

◎ 西岑楼（从东南向西北拍摄，2009年）

座面阔80米，进深16米，分成下层20套、上层20套共40套独立宿舍，每隔两套设有一条直跑楼梯。每套房间均南、北向通透对流，朝南的是一间约31平方米大房，可隔成一厅一房，后面是约6.5平方米的储物间和盥洗间，每套宿舍的每个房间都可通风采光，背后有晾晒衣物的透天小天井，具备了教员小家庭生活起居基本条件，这也是陈嘉庚当年为教员提供的廉租解困房。

此建筑的建造材料和建筑构造极为简易，除楼体两侧山墙、建筑墙裙和窗框、门框为花岗岩毛料石外，墙体建造材料主要是就地取材的黏土，这种纯净的黏土经过人工反复脚踩、搅拌和掺入稻草纤维，然后手工模制成长方形砖坯，具有一定的强度和硬度。此外，还以碎砖瓦、角石掺和石灰、黏土后夯筑成房间内隔墙，只在墙中布设条石框架。除东楼东端8套房间特别加固，采用石构墙体和钢筋混凝土楼板外，其余楼板均为圆木楼楞和红色"尺二砖"铺设及土坯砖墙。该建筑整体质朴素雅，无多余装饰，建造材料普通，工艺简约，节省建造经费。为了节省开支，建筑依小山坡高地而建，基础未深挖，挑檐丁头栱也未精细磨光而仅是普通的斧剁面，屋面檩条直径规格较小，铺设密度较稀疏。该建筑是体现陈嘉庚先生在20世纪50年代国家困难时期勤俭办学精神的实物例证。

福建省航海俱乐部旧址

位于厦门市集美区集美街道银亭社区银江路集美大学体育学院内。俱乐部大楼于1959年开工，1961年竣工。原建筑平面呈曲尺形，主门朝南，南翼面宽51.5米，进深

◎ 福建省航海俱乐部旧址（从东南向西北拍摄，2009年）

◎ 福建省航海俱乐部旧址北面

◎ 福建省航海俱乐部旧址主体大楼内侧（从西北向东南拍摄）

◎ 福建省航海俱乐部旧址建筑水泥栏杆装饰

14.8米，后廊式布局；西翼面宽47.8米，进深8.8米，前廊式布局。后期建筑在原有规模上扩大，并增加东翼。现建筑平面呈"凹"字形，由南翼和东、西两翼组成，南翼面宽68米，东、西分别面宽59米和47米。整体砖混结构，外墙以花岗岩条石结构为主，仅西翼面墙为清水红砖墙。建筑以一、二层楼为主体，南翼和西翼相接的西南角楼呈台阶状逐层向上收分加高，从三、四、五层至六层尖状塔顶，最高19.1米。建筑整体的南立面和西立面均形如海上舰船，各楼层象征船楼，露台象征甲板，最高塔顶象征舰船上指挥塔。大楼各楼层外廊栏杆表现为独特的船锚、铁链装饰图案，并采用"砌粗砖刷水泥生壳浆清洗"工艺，楼顶矮墙嵌有"福建省航海俱乐部"青石碑。

1956年集杏海堤建成后，杏林湾内湖形成，陈嘉庚提议将内湖建成厦门的杭州西

◎ 福建省航海俱乐部旧址游泳池（从东北向西南拍摄）

湖，名为"南湖"，并先从东岸建造水上体育运动场和水上运动基地起步。1959年，福建省人民政府决定在集美杏林湾设立福建省航海俱乐部，并委托陈嘉庚主持规划、选址和建设，首期工程配套陆上训练、办公、生活设施等楼房、码头及游泳池。游泳池按当时全国一流、全省第一的标准建设，其中10米跳台建造难度最大。经省政府分管文教体卫的王于畊同志（时任省委书记叶飞夫人）与广州军区联系，由集美学校建筑部工程师林云龙、项目负责人陈火盛到广州某海岛海军水上训练基地取经，最终建成了长50米、宽25米和深水区4.5米、浅水区1.6米，并配有3、5、10米三级标准跳水台的高标准游泳池，成为20世纪50年代福建省内设施最好、标准最高的游泳池。1959年3月，福建省多项航海赛事在集美举办，此后又承办了多次高规格航海竞赛运动会。1974年经省政府批准，在航海俱乐部原址改办福建体育学校，1978年升格为福建体育学院（复办）。1994年集美大学组建成立后，该游泳池成为体育学院教学用池。

福东楼

位于厦门市集美区集美街道岑东社区石鼓路4号集美大学机械与能源工程学院内、福南大礼堂东南角。1957年底建成。建筑坐北朝南，三层横排式砖石及混凝土混合结构，中座四层，两翼展开，两端为纵向角楼，平面呈三段式，面宽17间113米，进深

◎ 福东楼正面外廊（从西南向东北拍摄，2009年）

13米。正立面各楼层均为拱券外廊，大小红砖柱拱券交替，绿色宝瓶栏杆和花岗岩条石压顶护栏。中座楼顶为闽南宫殿式造型，呈中间高、两侧略低的三川式燕尾脊和三段式绿色琉璃瓦屋面，两翼及两端角楼为前、后两坡嘉庚瓦屋面，角楼正面山墙有彩塑轮船航海图案。此建筑自建成后一直作为集美水产学校教学楼，是20世纪50年代集美学村嘉庚建筑发展期代表作品之一。

陈嘉庚先生向来注重海权巩固、渔业资源开发和航海人才培养。百年来集美水产、航海学校不断发展壮大，成为集美学村最重要的学科之一，享誉海内外。早在1920年，集美学校已创办实业部水产科，后称"集美学校水产部"。1925年又扩大为集美水产航海部，1927年改为集美高级水产航海学校，至1941年改称"私立集美高级水产航海职业学校"。此后相继经历了1952年与厦门大学航务专修科合并成立福建航海专科学校，以及1953年福建航海专科学校与大连海运学院合并（大专合并，中专保留）。1958年又分开设立水产、航海

◎ 福东楼正面

◎ 福东楼楼匾

◎ 福东楼山墙上的灰塑航海图案

两校，水产学校迁入新建成的福东楼，同年在水产学校的基础上创办集美水产专科学校。1970年，集美水产学校和水产专科学校同时停办。1972年，上海水产学院南迁集美，易名"厦门水产学院"，将水产、水专的校舍福东楼作为厦门水产学院校址。1994年，集美航海学院、厦门水产学院、福建体育学院、集美财经高等专科学校和集美师范高等专科学校五校合并组建集美大学。福东楼现为集美大学机械与能源工程学院教学楼。

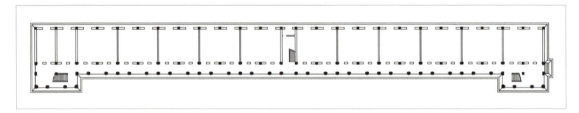

◎ 福东楼一层建筑平面示意图（中科院建筑设计研究院有限公司绘制，2015年）

海通楼

　　位于厦门市集美区集美街道岑东社区嘉庚路1号，今集美大学航海学院内。大楼为陈嘉庚企盼台湾海峡和平、五洲四海通航而命名。此建筑约于1956年秋动工，最初规划设计为主体五层和西部地势较低的六层，中部增高建造闽南传统宫殿式屋顶塔楼，可与龙舟池畔的道南楼相呼应。1958年因集美学校集中财力兴建太古海潮发电站而暂停工程，只建到两层半，至1964年才复工，对未完成的建筑工程作了调整，只续建到四楼（西侧为五楼），顶层楼板的四周设置栏杆围护，作为楼顶露台，上部未再续建。20世纪70年代，航海学校复办后，因教学需要，在中部露台位置加建一层平屋作为"模拟驾驶台"。1987年又在驾驶台两侧

◎ 海通楼正立面西侧外廊（从西向东拍摄，2009年）

◎ 海通楼西侧角楼

◎ 海通楼一层红砖墙堵几何纹密缝拼砖图案

◎ 海通楼正立面东侧外廊

加盖一层作为航海雷达模拟装置操作室，从而只保留着东、西两端角楼的楼顶露台。

此楼现为集美大学航海学院教学楼，坐北朝南，建筑面宽74米，进深18米，砖石及钢筋混凝土结构，平面呈横排式前廊、两翼角楼的五段式布局形式，东侧五层，西侧连同负一层共六层。此建筑结构特别，装饰别致，正面外观以红砖墙为主，外廊上可见到坚实的花岗岩檐梁、檐口和柱础、柱头等，通高转角壁柱采用特殊的"蜈蚣脚"砖石混砌法，西式外窗的窗楣、窗套、窗台及窗台下矮墙均为泉州白花岗岩材质。建筑两侧墙体从下到上是清一色的白色花岗岩条石墙，并点缀着精细的红砖窗楣、窗套和楼层边沿装饰线；廊道墙堵上还运用闽南红砖民居经典的"磨砖对缝"拼砖技艺创作出万字、十字等各式几何吉祥图案，至今仍保存完好，由此可见当年建造海通楼之用心。

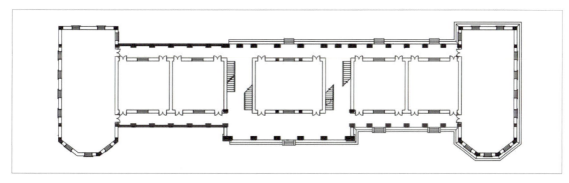

◎ 海通楼一层建筑平面示意图（中科院建筑设计研究院有限公司绘制，2015年）

二、名人邸宅

　　集美已发现和保留下来的名人邸宅主要有明清时期的闽南传统建筑和近代西式风格建筑，尽管数量不多，但这些建筑的主人几乎每个都赫赫有名、经历非凡。虽然历经岁月沧桑，这些建筑已逐渐失去往日的辉煌，抑或已经物是人非，但依然处处烙印着曾经的主人的生活情趣、活动印迹以及发生过的故事，人们借此缅怀和追忆那过往的岁月。

　　集美名人邸宅与集美文物特点一样，具有明显的华侨文化特色和中西合璧建筑色彩，其中有爱国侨领陈嘉庚、杰出爱国华侨陈文确和陈六使、陈水成和陈占梅居住过的近代洋楼式建筑，有新加坡侨领孙炳炎、曾任新加坡总统王鼎昌的前辈所建造的闽南传统民居式祖居，以及爱国爱乡的香港企业家杜四端建造和生活的闽南大厝式故居。此外还有建于清代的闽南官式古大厝，以及承载着丰厚历史文化内涵的大宅院，它们或因房主官位显赫而闻名遐迩，或因建筑规模庞大、建造考究而享有盛名。其中鼎鼎有名的要数见证高浦古城历史的"李衙"和南明重要历史人物郑彩、郑联身份的"伯府"，而灌口李林的"通奉第""中宪第"不仅建筑本身在当地家喻户晓，更因建筑主人的不凡地位和经历而留名于世。

陈嘉庚先生故居

位于厦门市集美区集美街道浔江社区嘉庚路149号，又称"校主厝"。建成于1918年。原为砖木结构建筑，是陈嘉庚与胞弟陈敬贤及家眷回国时工作和生活的住所。1939年，该建

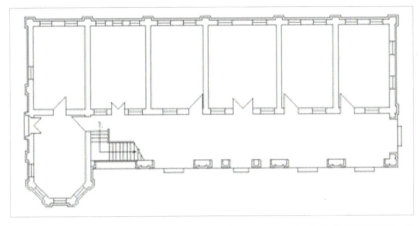

◎ 陈嘉庚先生故居一层建筑平面示意图（厦门市城市规划设计院绘制，2007年）

筑被日本飞机炸毁，1955年依原样修复（暂作集美镇镇政府办公地），1980年全面修缮，楼板改为钢筋混凝土结构。主楼建成后至1922年，陈嘉庚先生曾在此居住、办公，筹划厦门大学创建和集美学村扩建。1958年，陈嘉庚先生和集美学校校委（董）会从校董厝（诚毅楼）迁入，陈嘉庚先生居住在二楼的两个房间并兼作办公室，同时也作为集美学校

◎ 陈嘉庚先生故居（从南向北拍摄，2009年）

委员会办公场所。主楼坐北朝南，主体二层、局部三层，正面为带拱券廊道的横向长方形二层楼，两端为三层楼，建筑西侧廊道尽端呈前凸角楼，整体平面布局呈横向"L"形，面宽约26米，通进深约13米，楼高约19米。一、二楼平面格局相同，面阔6间，进深2间（含角楼），由中间会议厅兼客厅（二楼）、两侧对称2间房间及西端尽间及前凸角房组成，拱廊西端设有楼梯。二层主体楼顶为前、后两坡嘉庚瓦屋面，前部有露台和护栏，两端三层的楼顶为纵向两坡嘉庚瓦屋面。此建筑经数次修缮，仍基本保留原有建筑特色，正面罗马柱式拱廊的弧拱造型富有变化，外墙上的古典或圆拱形窗套、罗马壁柱柱头装饰以及窗楣、墙面上大量卷曲的西洋花卉灰塑花纹等，具有浓郁的西式建筑装饰风格。

陈嘉庚（1874—1961年），原名陈甲庚，字科次，厦门集美人，是著名爱国华侨领袖和集美学村的开拓者、厦门大学的创建者。现楼内辟为集美学校校史展览馆，复原陈嘉庚在此生活、工作的场景，并展示陈嘉庚胞弟陈敬贤先生生平事迹。"陈嘉庚先生故居"题匾为全国人大常委会前副委员长廖承志于1980年故居修缮时所题。

◎ 陈嘉庚先生故居二楼客厅

◎ 陈嘉庚先生故居外窗装饰

高浦"李衙"

位于厦门市集美区杏滨街道高浦社区高浦中路2号对面，当地俗称"李衙"，与"伯府"并排。建筑坐东朝西，为前、后两落大厝带双边护格局的大型闽南红砖古厝，总面宽32米，进深23米，大厝前有庭院及院墙，通进深30米，庭院内两侧各保留1根落单的高达2米的旗杆

◎ 高浦"李衙"（从西向东拍摄，2023年）

石，西南角有少见的红陶井栏古井。前落大厝面阔5间15米，进深1间7米，前为横向步口廊，明间为厅堂，立有大寿屏，背面为后凹寿门形式，次间和梢间为厢房，三段式燕尾脊；后落面阔5间15米，进深2间12米，屋顶举架高大，采用"十三架梁出步"，中有厅堂，两侧各4间厢房，硬山顶，燕尾脊；前、后落之间有宽敞天井，两侧为卷棚顶廊庑。主厝两侧各有对称长条形护厝，右后护厝小天井内有红陶井栏古井。

据文献记载，高浦守御千户所设立于明洪武二十三年（1390年），至明万历九年（1581年）裁撤，其间高浦千户所正、副千户中姓"李"的有明代天顺年间正千户李宏、成化年间正千户李

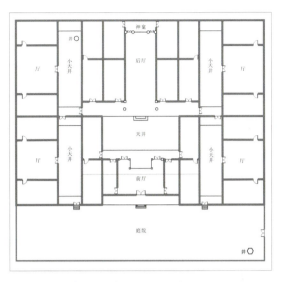

◎ 高浦"李衙"建筑平面示意图

◎ 高浦"李衙"前落（前厅）

◎ 高浦"李衙"北侧护厝

◎ 高浦"李衙"后落（后厅）

潘实和万历年间正千户李钟岳，后二者为父子，此大厝传为李宏住所，故称"李衙"。此建筑体量较大，格局宽敞，等级较高，榉头前步口加宽，为闽南民居中俗称"大六路"格局，内部共有36间房厅，是典型的高规制建筑和当地著称的古大厝。

◎ 高浦"李衙"院内旗杆石

◎ 高浦"李衙"院内红陶井栏古井

郑彩、郑联故居

　　位于厦门市集美区杏滨街道高浦社区鹤浦路95、97号"石埕口"，又称"伯府"。建筑坐东朝西，原为前、中、后三落大厝及南侧护厝，"文革"时期后落倒塌，现存前、

◎ 郑彩、郑联故居（从西向东拍摄，2023年）

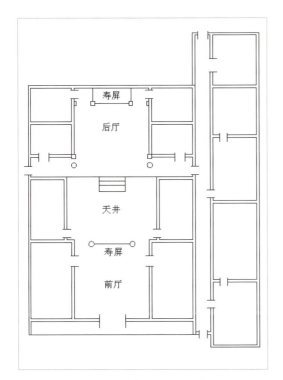

◎ 郑彩、郑联故居建筑平面示意图

◎ 郑彩、郑联故居前厅

◎ 郑彩、郑联故居中落敞厅

中两落大厝及南侧护厝，面宽19米，通进深25米，前埕立有1对旗杆石。前落面阔3间，前部为横向步口廊，由中间厅堂及两侧厢房组成，厅堂后部设寿屏，背面呈凹寿门形式，屋面硬山顶，马鞍脊；前、中落之间为天井，紧靠中落檐廊处有花岗岩方形落轿石；中落面阔3间，进深2间12米，前部有宽檐廊，由中间敞厅及两侧各2间厢房组成，屋面举架高大，为十三架梁，硬山顶，

◎ 郑彩、郑联故居中厅前方形落轿石

◎ 郑彩、郑联故居前旗杆石

◎ 郑彩、郑联故居中厅寿屏

燕尾脊。此建筑整体装饰风格朴素简约，规制较高，具有明末清初建筑风格。

郑氏为高浦世代望族，明末清初，郑彩、郑联兄弟从事海上贸易，与郑芝龙一起成为闽海武装海商集团首领，一度占据金门、厦门。郑联曾掌管大军成为厦门岛最高统治者，后被郑成功计杀于万石岩"锁云"处，终使郑成功夺取厦门岛控制权，为收复台湾奠定了基业。郑彩后来也率水军归并郑成功水师大军，终老于厦门。南明时，郑彩曾受封"永胜伯"，后进封"建国公"，郑联受封"定远伯"，后进封"定远侯"，此建筑传为郑彩、郑联兄弟故居，故民间称"伯府"。2021年4月在集美区灌口镇浦林村浦边自然村发现郑彩墓碑，碑文镌刻："明太师建国公羽长郑公　封一品夫人仁德陈氏寿茔"，是考证南明重要历史人物郑彩生平的重要实物资料。

田厝王骥良故居

位于厦门市集美区后溪镇后垵村田厝田中31号旁。建于清代早中期。建筑坐东朝西，前、后两落大厝，中为天井及两侧榉头，北侧一列护厝，总面宽19米，通进深22米，前有水泥埕。前落大厝面阔3间，进深1间，前部为横向步口廊，大门上悬有"武魁"木匾，字迹

◎ 王骥良故居（从西向东拍摄，2009年）

◎ 王骥良故居后厅

◎ 王骥良故居中厅地面练功塌陷痕

模糊，屋面硬山顶，燕尾脊；后落大厝面阔3间12米，进深3间11米，由中厅及两侧各两间厢房组成，中厅红砖地面留有房主长期练功跺脚的塌陷印迹，硬山顶，燕尾脊。前埕立有两对旗杆石，门前保留一通练功石。

王骥良，清乾隆庚辰科（1760年）武举人。民国《同安县志》卷十五"武举"条目中记载："（乾隆庚辰）王骥良，珩头人，由府学。"此建筑目前也是珩山王氏第十八世先祖祖厝。

◎ 王骥良故居练功石

◎ 王骥良故居前旗杆石

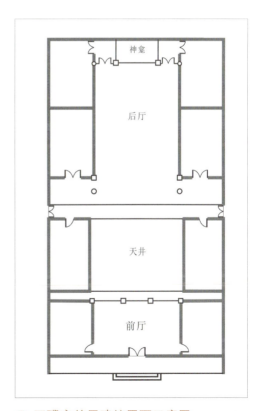

◎ 王骥良故居建筑平面示意图

李林陈国瑞故居

位于厦门市集美区灌口镇李林村李林社352～355号。建于清乾隆时期。建筑坐南朝北,由前、中、后三落大厝及二侧护厝组成,护厝前端各有一厅二房"伸脚",与厝前院墙围合成大砖埕,院墙正面两边开有院门。现存前落、中落大厝及左、右护厝和庭院,总面宽30米,连庭院通进深34米。前落大厝面阔3间14米,进深1间,中厅有寿屏,背面为后凹寿门,屋面悬山顶,单条燕尾脊,中厅悬"星聚流芳"匾额,前、后落款"乡进士文林郎知同安县事唐孝本为""顶带乡饮大宾陈国瑞立";中落大厝面阔3间14米,进深2间12米,有中

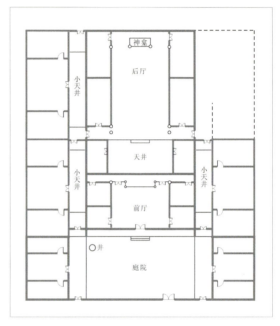

◎ 李林陈国瑞故居建筑平面示意图

◎ 李林陈国瑞故居(从西北向东南拍摄,2009年)

◎ 李林陈国瑞故居前落大厝

◎ 李林陈国瑞故居中落大厝敞厅

厅及两侧厢房，屋面悬山顶，燕尾脊。房主为地方名人，题匾者为清乾隆时同安知县唐孝本。此建筑为闽南典型的大型古厝民居，具有丰富的人文历史和较高的文物价值。但古建筑长年受风雨侵蚀和年久失修，日渐受损。大门上原有"武魁"匾和中厅神龛、"圣旨"匾以及前埕原有两对旗杆石，均于"文革"期间损毁。

◎ 李林陈国瑞故居后落大厝步口枋

此建筑主人陈国瑞与草仔市陈氏祠堂内"圣旨"漆金匾中题名的陈国拔以及灌口柯氏贞寿坊的陈国璧，存在一定关联，有待考证和研究。

◎ 李林陈国瑞故居内保留的"星聚流芳"木匾

锦园林碧湖故居

位于厦门市集美区杏滨街道锦园社区锦北路64号，现为锦园庵边角林氏祠堂。建于清代，2001年局部修茸。建筑坐东南朝西北，为前、后两落大厝，中有天井及两侧榉头，大厝两侧各有一列护厝，总面宽26米，通进深20米，厝前有大砖埕。前落大厝面阔3间12米，进深1间，前为横向步口廊，中为厅堂及两侧厢房，屋面硬山顶，单条燕尾脊；

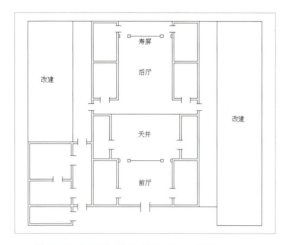

◎ 锦园林碧湖故居建筑平面示意图

后落为中间敞厅及两侧各2间厢房，"四房看厅"格局，厅内设寿屏、神龛，屋面硬山顶，燕尾脊。大厝前面砖埕立有两对带座旗杆石，其屋檐下存放着一根与旗杆石配套使用的长达10米的古代木旗杆，保留至今极为难得。此建筑保留大部分原有建筑构件，包括石构房基、墙裙、柱础、阶石及木构梁柱等。

林碧湖为清嘉庆年间进士，曾出资捐建本村锦园宫，宫庙内保留林碧湖名款石柱。

◎ 锦园林碧湖故居（从西向东拍摄，2010年）

◎ 锦园林碧湖故居后落敞厅

◎ 锦园林碧湖故居后厅神龛

◎ 锦园林碧湖故居内石柱础

李林"中宪第"

位于厦门市集美区灌口镇李林村李林社516号。建于清代嘉道年间，为清代中宪大夫陈壶山故居。原有建筑规模较大，现存后部两落大厝，坐北朝南偏西，两落大厝之间有宽敞天井及两侧榉头，面宽19米，通进深16米，前有砖埕，东侧为翻建的护厝。前落大厝面阔5间，进深1间，抬梁式梁架，马鞍脊；后落面阔5间16米，进深2间6米，中为敞厅及两侧各2间厢房，硬山顶，马鞍脊。此建筑原规模较大，在当地享有盛名。1959年特大台风时，榉头及东护厝损坏严重，改建为砖混结构。原大门前有"中宪第"匾，前埕有旗杆石，皆毁于"文革"时期。

◎ 李林"中宪第"建筑平面示意图

◎ 李林"中宪第"（从南向北拍摄，2009年）

◎ 李林"中宪第"后落大厝（后厅）

陈壶山，是涉及灌口柯氏贞寿牌坊中属名陈国璧的后裔，具体生平有待进一步考证。陈壶山墓早年已毁，现墓碑存放于厝内，青石墓碑立面呈盔帽形，宽2.14米，高1.07米，镌刻"登瀛皇清诰授中宪大夫壶山陈公　恭人元配端庄黄氏佳城"和"道光庚子腊月立"。

◎ 李林"中宪第"后厅梁架结构

◎ 李林"中宪第"内存放的陈壶山墓碑

李林"通奉第"

　　位于厦门市集美区灌口镇李林村李林社543～553号。建于清代。建筑坐西朝东，为三落大厝带双边护厝格局加北侧一列护厝组成，砖石木结构，前有砖埕庭院和院门，总面宽34米，通进深31米，院门前有外砖埕。前、中落大厝和左右护厝前低后高，地面逐级抬升。前落大厝面阔3间12米，进深1间，前为横向步口廊，正中为厅堂，两侧厢房，大门上有蓝彩灰塑"通奉第"匾额，屋面硬山顶，三段式燕尾脊；中落面阔3间，

◎ 李林"通奉第"（从东向西拍摄，2010年）

进深2间，前为宽檐廊，挑檐枋漆金木雕精美，中为敞厅，两侧各有2间厢房组成，硬山顶，燕尾脊；后落（后界）面阔7间，由中厅和两侧对称的3间厢房、角房组成，三段式屋脊，中为燕屋脊，两侧马鞍脊。大厝的南、北两侧各有一长列的纵向护厝，护厝前部有前、后贯通的长条形天井。北侧护厝外围增建一列护厝，同样有前、后贯通的长条形天井，前、后端设过水门。

此建筑规模庞大，布局讲究，以居中的前、中落大厝为中心，两侧分布对称的长列护厝和护厝前的长条状天井，天井前、后贯通，地面铺设卵石和七寸红砖，天井与后界的晒埕和前院的前埕相互连通，形成环绕前、中落大厝的"回"字形通道，这种分居不分家的建筑格局体现了古代闽南大家族融洽的居住生活环境。该建筑房主曾氏身份还有待进一步考证。

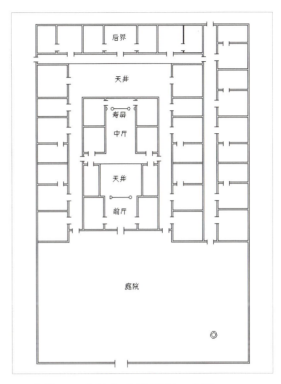

◎ 李林"通奉第"建筑平面示意图

◎ 李林"通奉第"大门

◎ 李林"通奉第"中厅

◎ 李林"通奉第"后落大厝（后界）

◎ 李林"通奉第"中落檐廊步通漆金木雕

杜四端故居

　　位于厦门市集美区杏滨街道马銮社区衙宅路1号。建于清光绪十四年（1888年）。建筑坐东朝西，为前、中、后三落大厝带左、右双边护厝及前埕一列倒座排屋组成，前埕庭院北侧开设精致小院门，为闽南砖石木结构大型民居。建筑总面宽24米，通进深46米，其中前、中落主体大厝及两侧护厝总面宽24米，进深21米。第三落大厝及两侧护厝的后部在抗战期间被日机炸毁，已重新翻建。前落（前厅）面阔3间12米，进深1间，塌寿门廊，大门上嵌"杜氏小宗"石匾，由厅堂及两侧边房构成，屋面硬山顶，三段脊。中落（中厅）面阔3间12米，进深2间10米，中为敞厅，两侧各有对称前、后房，"四房看厅"格局，硬山顶，燕尾脊，敞厅两侧保留五彩玻璃"瓶开富贵"纹隔扇，从厅堂向外望去，在天井光线照射下具有很强的

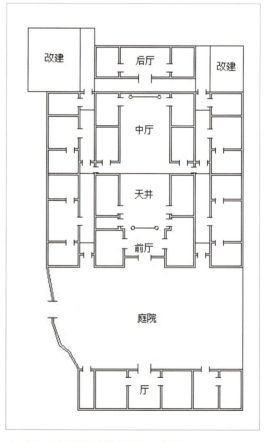

◎ 杜四端故居建筑平面示意图

装饰效果。前、中落之间有天井及两侧榉头。左、右两列护厝分隔成前、后两段，各有天井及1厅2房的小空间。前埕宽敞，两级石板地面。倒座排屋面阔6间，中为小厅及两侧各1间小房，左、右两端各有一偏厅及角房，三段式马鞍脊，北侧因避让村内道路而内缩1间，形成非对称格局。

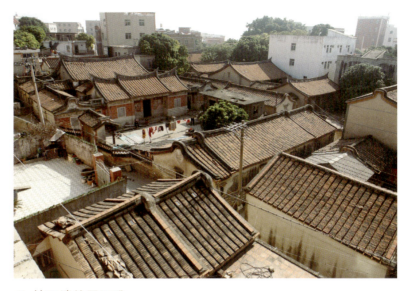

◎ 杜四端故居远眺

　　此建筑装修讲究，汇集了闽南古厝民居的石雕、漆金木雕及彩绘、灰塑、彩瓷剪粘、交趾陶等各种装饰手法，同时也带着外来文化的印迹。最精彩的装饰集中体现在前落镜面墙和两侧护厝山墙，尤其塌寿门上方还增加了其他建筑少见的檐口下水车堵装饰，从而在建筑正面檐口下形成了左右连续的装饰带，而中厅隔扇的五彩拼花玻璃则是当时稀罕的舶来品，这也是该建筑与众不同的地方。

◎ 杜四端故居大门

◎ 杜四端故居五彩花卉纹玻璃隔扇门（2022年拍摄）

◎ 杜四端故居前落正面（从西向东拍摄，2009年）

◎ 杜四端故居后落厅堂

　　杜四端（1859—1940年），字德乾，号四端，厦门杏林马銮人。早年赴香港经商，创办"杜端记行"商号，经营进出口贸易，以精通经济讯息和信誉卓著而闻名，后成香港富商。1893年在家乡创办銮裕纱厂，织造背巾和包被，是厦门第一家近代民族工业企业，并推动马銮村成为有名的纺织村。他热心公益，助学救灾，曾捐资修建马銮古城更楼、马銮湾海堤等，抗战期间捐资救国，担任香港福建商会会长20余年。曾先后获清廷诰授"中宪大夫"衔和中华民国总统颁发四等嘉禾勋章。

◎ 杜四端故居前落厅堂内神龛

◎ 杜四端故居护厝山尖"马上封侯"灰塑

孙秀妹故居

　　位于厦门市集美区侨英街道孙厝社区乐安东里89-2号。建筑坐东朝西偏南，为单落双榉头的小三合院形式，闽南传统砖石木结构，主体大厝之前有天井小庭院，两侧榉头，由于正面紧挨着其他建筑，大门设于建筑南侧，由大厝前廊南侧"巷头门"进出，院落面宽12米，进深14米。大厝面阔3间，进深1间，前为廊道，两端上部建有阁楼，大厝由中厅及两侧厢房组成，硬山顶，燕尾脊，中厅设寿屏神龛，漆金木雕精美。此建筑清代曾重建，1959年特大台风时，建筑屋顶毁坏，后加以重修。

孙秀妹（或称"孙秀美"，因闽南话谐音有不同译写，1853—1899年），集美孙厝人，陈嘉庚和陈敬贤生母。19世纪70年代，厦门集美社陈簪聚三子陈缨杞（杞柏）与邻社孙厝孙秀妹成婚，1874年陈嘉庚先生出生，1889年陈敬贤先生出生。

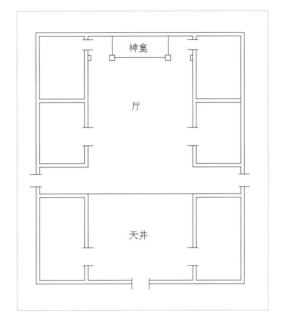

◎ 孙秀妹故居建筑平面示意图

1890年，陈嘉庚赴新加坡协助其父陈杞柏经营米店、黄梨罐头厂和地产等，兴家创业。1893年，陈嘉庚奉母之命，回家乡与张宝果成婚。1912年，陈嘉庚回集美筹办集美小学，创办集美学校和厦门大学。此建筑为陈嘉庚母亲孙秀妹故居，具有纪念意义。

◎ 孙秀妹故居主体大厝（从西北向东南，2009年）

◎ 孙秀妹故居侧门

◎ 孙秀妹故居中厅

张家两故居

　　位于厦门市集美区侨英街道东安社区后垵一里92号。建于清末，坐东朝西，主体为前、中、后三落大厝形式，北侧建有一列护厝，大厝前有小庭院，西北角开院门，总面宽20.5米，通进深40.2米，占地面积约800平方米，整体建筑为闽南传统砖石木结构。主体大厝面宽12米，北侧护厝面宽8.5米，前有过水门。三落大厝均面阔3间，

◎ 张家两故居俯瞰（2011年拍摄）

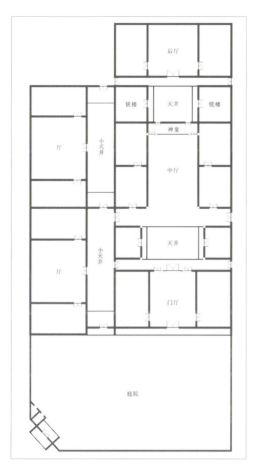

◎ 张家两故居主体建筑平面示意图

◎ 张家两故居院门

中为厅堂，两侧边房，红砖正面墙面及土坯砖抹灰隔墙，木构壁柱承重，山墙搁檩，马鞍脊；三落大厝之间以天井相隔，天井两侧榉头。民国时期在后落天井两侧榉头上方加建二层铳楼，设有瞭望窗和枪眼，成为全村制高点，曾对前来抢掠和骚扰的土匪起到有效的震慑作用。中落大厝举架高大，进深10.5米，正中敞厅内设有神龛。整体建筑基本保留原有历史风貌。

◎ 张家两故居前落正面

◎ 张家两故居前落背面

◎ 张家两故居后落神龛

◎ 张家两故居后落步通漆金木雕

◎ 张家两故居护厝过水门

◎ 张家两故居厅堂墙壁上保留的20世纪
70年代宣传画

◎ 张家两故居后落二层铳楼

　　张家两（1884—1962年），字两端，清末生于东安板桥后垵（今集美东安），21岁下南洋到新加坡创业，曾在陈嘉庚公司任职。他勤奋努力、聪明能干，与李光前同被视为陈嘉庚的左右帮手。他先后合资创办振成丰号和日新公司等数家企业，制造树胶和黄梨罐头，成为南洋巨贾。他积极支持中国革命事业，辛亥革命时加入同盟会并资助民军，抗战爆发后积极参加抗日抗灾和救亡救国工作，并担任新加坡同安会馆主席和新加坡同安商会会长。他热心家乡公益，尤其注重教育，参与捐建家乡的同民医院，与陈文确和孙炳炎任医院常务；参与投资同美公路（今同集公路前身），任同美汽车公司总经理；开办学塾十多年，为板桥乡24个村孩童提供免费上学，并倡办东安板桥浒井学校、后垵小学等，捐助泉州培元中学和新加坡多所学校，被称为"板桥第一名人"。

陈水成与陈占梅故居

位于厦门市集美区灌口镇三社村松山社158号，又称"松竹园"，建于1943年。建筑坐北朝南偏西，为二层砖混结构西式洋楼，前部有庭院，南侧及西侧各有一列作为厨房、贮物间的马鞍脊古厝平房，院落总面宽23米，通进深25米，占地约600平方米，院门设于庭院西南角，东南角有后开院门。主楼平面为长方形，

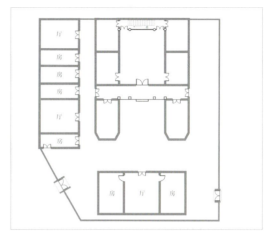

◎ 陈水成与陈占梅故居一层建筑平面示意图

◎ 陈水成与陈占梅故居（从东南向西北拍摄，2009年）

◎ 陈水成与陈占梅故居主楼（从南向北拍摄，2010年）

◎ 陈水成与陈占梅故居院门

◎ 陈水成与陈占梅故居楼顶大山头

正中前部为清水红砖柱宽大门廊，两侧凸出六边形"突规"角楼，平面呈"凹"字形，面宽12米，进深15米。主楼面阔3间，由中厅及两侧各前、后2间厢房组成，中厅设寿屏，寿屏后有木楼梯通二楼，二楼为木构楼板、红色斗底砖地面，二楼正面大门上墨书"颍川"二字，落款"民国三十二年仲秋之月"，门框两侧对联："颍川衍派 浴频繁之可荐""雨钱流芳 庆瓜瓞以绵长"，两侧窗楣分别有"景星""庆云"灰塑文字。楼顶为前、后两坡红瓦屋面，正面三角形大山头上灰塑"松竹园"三字。此建筑在建筑外观上大量采用西式建筑装饰手法，楼顶正中有涡卷纹大山头和柱头宝瓶，二楼拱廊和外墙的西式窗套、百叶窗扇及绿釉花格栏杆等，与中国传统的室内装修陈设、门窗木雕等相互融合，成为集美乡村中具有代表性的中西合璧风格的建筑。

◎ 陈水成与陈占梅故居一楼中厅

◎ 陈水成与陈占梅故居主楼二楼正面大门

　　陈水成（1892—1963年）和三弟陈占梅（1901—1968年）二人为灌口三社村松柏窟人，早年随父南渡缅甸经商。陈水成在仰光开办土产行、碾米厂并代理信汇业务；陈占梅开设英顺美公司等。兄弟俩还拥有船队，兼营水上运输，实行企业分管，财产共有。抗日战争爆发后，陈氏兄弟积极组织旅缅华侨成立抗日救国总会，协助陈嘉庚新加坡南侨总会活动，支援祖国抗日救亡运动，1942年日军占领缅甸后，兄弟二人被迫返回故乡。抗战胜利后，陈占梅只身返回缅甸重振企业，并于1951年随缅甸华侨观光团赴京，受到周恩来总理接见。陈氏兄弟热心教育和公益，1930年，陈水成创办三社初级小学（莲山小学），后又助建新校址；1955年，两兄弟带头筹资创办灌口中学。陈水成还为建造灌口医院、灌口中心小学和家乡林场、桥梁、车站等筹资和捐款。

◎ 陈水成与陈占梅故居附楼墙面篆书"福禄寿"

◎ 陈水成与陈占梅故居附楼墙面篆书"富贵宁"

陈文确和陈六使故居

　　位于厦门市集美区集美街道浔江社区浔江路115号，又称"文确楼""吃风楼"，建于1937年。建筑坐北朝南，为三层西式建筑，洋灰面水洗海蛎碎壳混沙粒饰面外墙，木椿

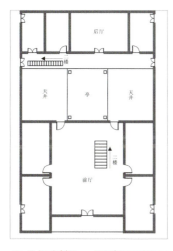

◎ "文确楼"一层建筑平面示意图

◎ "文确楼"前庭院

◎ "文确楼"正面（从南向北，林火荣拍摄，2011年）

◎ "文确楼"侧面

打造基础。由前、后两楼及两侧高墙围合组成整体建筑，内部两楼之间以中央行廊连接，行廊两侧各有一采光小天井，靠墙边有窄小步口廊，建筑面阔13米，通进深21米。前楼为主楼，原为木质楼板，一、二层均面阔3间10米，进深2间8米，正中为厅堂，两侧各有前、后两房，厅后设有木楼梯；正面一层正中为凹形门廊，二层为横向宽敞柱廊，楼顶为大露台，正中建有四坡板瓦屋面的观景平房，露台四周环绕绿色琉璃瓶栏杆。后楼为附楼，三层钢筋混凝土筑造，以防火患，面阔3间，进深1间，正面为横向柱廊及琉璃宝瓶栏杆护栏，背部二、三层建有贴墙露天外廊，楼顶为前、后二坡屋面并有小露台。"文确楼"周围是宽敞的花园庭院，院门设于东南角。

此楼以西式建筑结构和装饰形式为主，建筑外观的罗马柱廊道和楼顶三组西式大山头（楼牌）尤其醒目，中间大山头轮廓线卷曲繁复，正中地球上模印该建筑建造年代"1937"，顶端饰男童天使；露台四角立有柱头灰塑宝瓶，二、三层檐口横梁和柱头灰塑既有传统的花鸟、仙人，又有西洋式的卷草、异兽等题材。前后露台和内外走廊装饰着异域风情的成排绿釉宝瓶栏杆，同时在平面布局和装饰上吸纳了闽南古厝前、后落合院和凹寿门形式以及厅堂内装修陈设、外墙水车堵装饰等，各层窗户共计超过40扇，建筑整体体现了中西文化交融并蓄的特点。此楼建成后不久厦门沦陷，陈文确亲人陈未有将新楼门窗卸下藏匿于附近民居，但前楼二、三层楼板被驻扎集美的国民党军队拆下修筑战壕，楼体也多处遭受日军军舰和高崎海岸炮炮击，伤痕累累。

抗战胜利后，大楼经修葺。1946年集美学校从安溪迁回集美，地下党革命活动十分活跃，陈文确五弟陈文知的两个女儿就读于集美初中，女生党支部利用此楼开展革命活动。1949年7月，集美学校党支部执行上级指示，先后3个夜晚组织全体成员和青年20余人，在前楼三层大厅内传达任务。随后，秘密组织脱产投奔后溪中共新三区工委领导的地下工作队，支援我军解放集美、厦门岛的革命活动。

　　陈文确（1886—1966年）与胞弟陈六使（1897—1972年）在兄弟七人中排名第三和第六，为陈嘉庚先生族亲，先后于1903年和1916年到新加坡，先在陈嘉庚企业工作，后独自创业。1925年，陈文确与胞弟陈六使联手创办益和树胶公司，并从事金融、保险，成为巨富。他热心公益，关心教育，支援祖国抗战，在支持集美学校办学、创办同民医院和开办集友银行、同美汽车有限公司等方面作出很大贡献，曾连续八届担任新加坡同安会馆主席。陈六使在1925年与其兄联办公司后，逐渐成为橡胶业巨子，他一生热爱教育，是集美学校和集友银行的热情支持者和重要捐资人，是海外第一所华文大学——新加坡南洋大学创建者和当地华人社团领袖。陈氏兄弟原计划兴建南、北两栋西式洋楼，但1937年南楼"文确楼"落成后，由于抗战爆发，另一栋"北楼"（六使楼）停建。陈文确和陈六使几次回乡，均在"文确楼"小住。

◎ "文确楼"背面（林火荣拍摄，2012年）

◎ "文确楼"楼顶大山头（林火荣拍摄，2012年）

孙炳炎祖居

　　位于厦门市集美区侨英街道乐安社区乐安北里211号。建筑坐北朝南偏西，为一落两榉头单进三合院形式，闽南传统砖石木结构。正中为大厝，前有小天井，两侧榉头，小庭院正面开小院门，总面宽约10米，通进深约9米。主体大厝面阔3间10米，进深2间6米，由厅堂和两侧厢房组成，屋面为马鞍脊，硬山顶，铺设瓦楞。大厝前部的横向檐廊的东端山墙开设"墙街门"，开门即为村中街道。

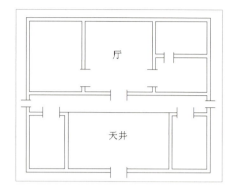

◎ 孙炳炎祖居建筑平面示意图

孙炳炎（1912—2002年）生于集美孙厝，曾在陈嘉庚创办的乐安小学读书。1926年到新加坡谋生、创业，1932年与两位兄长合资开办森林公司，从事木材经营，不久后独自经营，业务逐渐扩展到钢铁、水泥、大五金以及建筑、金融、电子等行业，1963年发展成拥有19家附属公司的多元化跨国性质的森林集团上市公司。孙炳炎是杰出的华人企业家、著名的社会活动家和华侨领袖，抗战期间参加陈嘉庚先生领导的南洋华侨筹赈总会活动，积极筹资支持陈嘉庚在故乡筹办乐安小学和乐安幼儿园、同民医院和华侨博物院，1947年接办乐安小学至1972年，支持陈六使创办南洋大学，1965年当选新加坡总商会会长。1980年率团访华，1982年投资厦门经济特区，成为中国改革开放后第一批回国投资的外商。1994年倡议成立"世界同安联谊大会"，1999年捐资200万元设立"孙炳炎教育基金"。孙炳炎一生积极推广华语，爱国爱乡，团结侨胞，热心公益，服务社会，享誉东南亚。

◎ 孙炳炎祖居（从南向北拍摄，2009年）

◎ 孙炳炎祖居东侧

此建筑为孙炳炎祖辈所建，孙炳炎拥有靠南的两房和榉头。1956年10月和1957年5月，孙炳炎两次回到故乡，在20世纪五六十年代困难时期多次寄送食品救济乡亲。80年代以后，孙炳炎还数次回到孙厝，并捐资创办了乐安中学。

王鼎昌祖居

位于厦门市集美区后溪镇崎沟村华新里5-4号。坐北朝南偏西，为长条形单层排屋，面阔5间16米，进深1间4米，东侧为一厅两房，西侧为2间单间，硬山顶，马鞍脊，前、后两坡瓦楞屋面。

◎ 王鼎昌祖居西侧（从西向东拍摄，2009年）

王鼎昌（1936—2002年），祖籍福建同安仁德里十二都珩山保（今厦门市集美区后溪镇崎沟村崎沟社），清末民初，王鼎昌父亲王竞惠随王鼎昌祖父王文选下南洋到新加坡创业。1936年，王鼎昌于新加坡出生，1955年毕业于华侨中学，后留学澳洲，1981年担任新加坡人民行动党主席，先后任新加坡交通部长、劳工部长和副总理，1993年8月当选新加坡首任民选总统。1998年11月4日于总统任内携夫人及子女回崎沟省亲谒祖，2002年在新加坡病逝。

◎ 王鼎昌祖居东侧

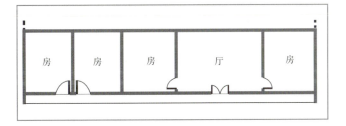

◎ 王鼎昌祖居建筑平面示意图

三、近现代史迹及代表性建筑

集美是爱国侨领陈嘉庚先生的故乡。陈嘉庚爱国爱乡，倾资兴学，创办集美学村，努力提高国民文化水平，注重民众素质提升和社会公共事业建设。他规划和组织修建的鳌园，定位为"具有社会教育意义，并可为本社区景区"的博物馆社会教育功能的场所。鳌园建造以纪念碑为中心，以石雕、彩绘为载体，以百科、百业为内容，汇集了闽南顶级的能工巧匠作品和最精湛的石雕、彩绘技艺，通过展示"工矿农牧军队画像、动植生物形态，以及乡土版图沿革等有关社会教育"题材，成为学生和民众参观学习的博物大观园，体现出陈嘉庚"寓教于游、寓教于乐"的教育思想。鳌园具有重要的文物价值、特殊的纪念意义和广泛的社会影响，1988年已公布为全国重点文物保护单位。

集美有着优秀的革命传统。20世纪20年代，集美学村"三立楼"就诞生了闽西南第一个共青团支部，到20世纪30年代，集美学校已培养出一大批优秀师生先后走上革命道路。集美学校被誉为民主的堡垒、革命的摇篮。集美中学是抗日女英雄李林读书过的地方，周恩来总理题词称赞李林是"民族的骄傲，华侨的骄傲，妇女的骄傲"。位于灌口的在民国初年讨袁战争中牺牲的二十三烈士墓和建于兑山的解放战争革命烈士墓，是人们缅怀先烈、追忆英勇事迹及进行革命历史和传统思想教育的重要场所。

集美是著名侨乡，由华侨建造的西式洋楼数量较多，形式多样，风采各异。这些建筑在建筑结构、平面布局和建筑材料、装潢装饰等方面，融合了闽南本土传统红砖建筑特点，使其在风格上中西兼容，美学与实用兼具，形成独特的建筑语言，成为集美乡村一道亮丽的风景线。这些建筑多为砖混结构的二、三层楼形式，有的外观上是一色的清水红砖墙；有的楼顶立有三角形的花式大山头，或外墙面点缀卷曲的花卉灰塑；有的在拱廊上和外墙上采用古典罗马柱式，兼有厚重的窗套、可遮阳透风的百叶窗扇以及绿釉栏杆等，具有浓郁的外来建筑装饰风格。在平面布局上，正面门厅借鉴了闽南红砖民居凹形塌寿门（即凹寿门），两侧"突规"式角楼也明显受到闽南古厝民居天井两侧榉头形制的影响，而建筑内部的"四房看厅、前厅后轩"格局以及寿屏前供案、八仙桌陈设等与古厝民居布局基本相同。陈井"红砖楼"、后垵"红楼"、西滨"安居"楼和"六角楼"以及西亭陈三皇宅和陈为笔宅等是集美乡村近代西式洋楼的佼佼者，具有独特的建筑艺术价值和丰富的文化内涵，是侨胞在海外艰辛创业、事业成功的见证，也饱含着侨胞对家乡和亲人的深深情结。

　　鸦片战争后厦门被辟为五口通商口岸，西方各国纷纷在沿海区域兴建教堂、医院、学校等，高浦天主堂、基督堂及后溪基督教礼拜堂反映了早期西方宗教和文化在集美的传播和影响，这些建筑也是闽南匠师的佳作。

陈嘉庚墓（鳌园）

位于厦门市集美区集美街道浔江社区鳌园路东端浔江边嘉庚公园内，由鳌园和鳌园亭、命世亭等组成，占地约12300平方米。鳌园原为浔江边一座由海礁形成的荒屿，退潮时有沙堤与陆地相连，形似海龟，古称"鳌头岗"或"鳌头屿"，岛上原有一座小小的奉祀妈祖的鳌头宫，抗日战争期间毁于日军炮火。1950年陈嘉庚回到集美定居后，重新谋划集美学村建设和发展，为庆祝新中国诞生和发展社会教育，他以"不侵民田"

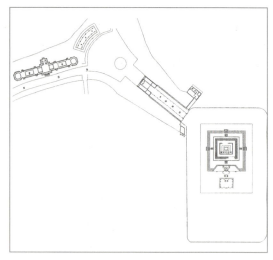

◎ 鳌园建筑平面示意图（泉州文物保护研究中心绘制，2005年）

为原则，精心组织工匠，筑堤填海，将小荒屿辟建成公园，命名"鳌园"。推断工程于1950年10月18日（农历九月初八）动工，1954年基本完竣。1961年8月12日，陈嘉庚在北京病逝，8月20日，遵照其遗愿安葬于鳌园。鳌园以小岛为基，填海造地形成平

◎ 鳌园远景（从西向东拍摄，2009年）

台，东西宽约68米，南北长约115米，占地面积7820平方米，连同西北侧连接陆岸的游廊（长廊）、门厅约占地9000平方米，园内分布着集美解放纪念碑、陈嘉庚墓、围屏、拜亭以及四周的石雕护栏等。鳌园中部为高耸的集美解放纪念碑，纪念碑南侧为陈嘉庚墓，游廊长约63米，前端是主入口的门厅，后端有双层牌楼。门厅为花岗岩混凝土结构的闽南宫殿式建筑，闽南传统双塌寿入口形式，门上嵌"鳌园"门匾，屋顶为三川脊歇山顶琉璃瓦屋面，面阔11.6米，高7.1米。游廊为敞开式柱廊、琉璃瓦双坡屋面，两侧石屏镶嵌58幅呈现历史事件、经典故事的石雕杰作。

◎ 鳌园入口门厅

◎ 集美解放纪念碑（从西南向东北拍摄，2009年）

集美解放纪念碑建于鳌园中部，是鳌园的重要组成部分，整体为花岗岩石和辉绿岩（青斗石）结构。纪念碑为长方柱体，坐北朝南，建于长方形四层台基之上，通高28米，象征中国共产党从诞生到新中国成立经历了28年艰苦卓绝的奋斗。纪念碑四层台基呈下大、上小的逐层、逐级收分的承台状，台基底层南北长35.2米、东西宽33.6米。四层台基分为上、下两部分各两层：底层为6级大台阶，东西北三面中间设13级阶梯，第二层台基为青斗石须弥座栏杆组合，座堵镶嵌各种青石浮雕并以不同动物石雕为柱头，四面中间设10级阶梯；第三层台基为四面开放型的8级石阶，第四层为四面开放型3级石阶。台基石阶及其各层级数分别象征陈嘉庚创业、发展、办学过程和八年全面抗战、三年解放战争。

四层台基座之上正中竖立纪念碑，纪念碑由碑座、碑身和碑顶组成。碑座为上、下双层长方形祭坛式青斗石底座，下层底边长7.4米、宽5.5米、高1.3米，上层长5.1米、宽3.4米、高1.25米，四壁镶嵌开国大典、工农业生产等内容的26幅青石浮雕及名人题刻。纪念碑碑身为长方柱体，向上逐渐收分，白色花岗岩石密缝砌建，底边长2.8米、宽2米、高16.8米。碑身南侧正中竖向镌刻1952年5月16日毛泽东主席亲笔题写的"集美解放纪念碑"7个大字。毛泽东题字原雕制于一方长1.4米、宽0.8米的青石碑上，嵌在纪念碑下方，1962年因雷击受损而改为碑身大字。纪念碑背面下部镶嵌长方形青石碑，镌刻1952年9月12日陈嘉庚亲笔题记的追念历次革命战争和集美学校在抗日战争、解放战争中历经废兴的历史及建造纪念碑的缘由。碑顶高3.3米，为混凝土结构仿古建筑亭顶形式，斗栱挑檐歇山顶，燕尾式翘脊、卷草式

◎ 集美解放纪念碑正面

◎ 陈嘉庚先生题写的集美解放纪念碑建造记事碑

◎ 集美解放纪念碑碑座石雕

◎ 陈嘉庚墓及石雕围屏（从南向北拍摄，2009年）

戗脊和绿色琉璃筒瓦顶部。

　　陈嘉庚墓建于鳌园南部、纪念碑南侧，坐北朝南，采用精致的辉绿岩石材（青斗石）构建，平面呈"风"字形又称交椅形布局，两侧墓围前墓手面宽5.28米，弧形墓埕至墓岸后端进深6.52米。正中墓冢以13块六角形水磨青石密缝拼镶成寿龟形，冢前磨光花岗岩墓碑上横镌"陈嘉庚墓"及其生前四个重要职务；"风"字形墓围和供桌侧壁镶嵌22幅浮雕青石板，记录陈嘉庚前半生成长、创业的经历和后半生倾资兴学、赤诚报国的事迹。1953年，墓体生圹完工。墓冢后是一座高大的"八"字形"鳌园博物观"石构围屏（即照壁），正中宽14米，最高7.9米，三重式歇山顶，两侧各长6.1米。照壁共镶嵌各类青石雕板219

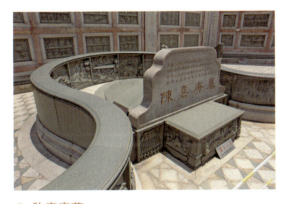

◎ 陈嘉庚墓

◎ 鳌园游廊内石雕之一

◎ 鳌园游廊内石雕之二

◎ 鳌园水泥彩塑《木兰从军》之一

◎ 鳌园水泥彩塑《木兰从军》之二

幅，正面石雕板展示祖国山川风光、动物植物、工农业生产等，背面石雕板有世界、中国、福建、台湾、同安5幅地图以及天文地理等内容。陈嘉庚墓前建有钢筋混凝土结构的长方形拜亭（即鳌亭），为三川脊重檐歇山顶殿堂形式，绿色琉璃瓦屋面，亭角为四根大方柱，柱间穿插两根罗马柱；檐口下一圈石墙嵌饰青斗石石雕板，山墙和博脊装饰彩绘图案。

陈嘉庚，著名爱国华侨领袖和厦门大学、集美学村的开拓者，曾任全国政协副主席、全国人大常委会委员、中国侨联主席等，1961年逝于北京，享年88岁，灵柩由专列运回厦门，覆盖中华人民共和国国旗安葬于此。

鳌园长方形广场占地面积7820平方米，花岗岩条石地面，四周围栏，围栏上原嵌有"闽南泥水状元"、漳州名匠李明月设计和制作的水泥彩绘和浮雕彩塑近300幅，但由于地处海边，久经风雨，剥蚀和损坏严重，1991年由集美大学和厦门大学艺术系教师依原形描绘图样、惠安石匠雕刻，更换成292幅青石浮雕和影雕，仅保留下2幅水泥彩塑作品，此外围栏上还嵌有后期创作的近百幅影雕作品。鳌园内的门厅、游廊、亭台、屏墙及围栏等共装饰658幅石雕作品，作品图纸由陈嘉庚先生亲聘、集美学校培养的工艺美术大师许其骏先生设计绘制，尤其墓围上陈嘉庚生平石雕，每一幅图纸都是在嘉庚先生一对一面授下完成的，作品工艺包括圆雕、浮雕、镂雕、线雕、沉雕、影雕及水泥彩塑等多种手法，内容包含革命史迹、历史故事、名胜古迹、科技文教、自然人文、花木鸟兽、百科知识等，还有数十幅名人题词和67幅书法楹联作品等，兼具自然、历史、人文等综合博物馆教育功能。鳌园整体建筑宏伟壮观，具有浓郁的民族风格，石雕题材博大丰富，工艺巧夺天工，是闽南石文化博物大观园和重要的纪念性景区。

命世亭和鳌园亭位于鳌园门厅前不远处，是1994年建成的嘉庚公园的重要组成部分。20世纪50年代初，陈嘉庚购此地块拟规划建设"集美公园"。命世亭建成于1960年6月，为仿古建筑廊庑形式，长24米、宽7米，廊道由12根六角形石柱承托，三川脊歇山顶，绿色琉璃筒瓦屋面，亭内原放置着新中国5位党和国家领导人和10位元帅石雕立像，现已收藏保护。鳌园亭建成于1963年1月，由5座相连亭子组合成对称布局，仿古建筑双层廊庑形式，钢筋混凝土结构，正中长方形主座的屋面中间为重檐四面歇山顶，两翼与背面呈单檐歇山顶抱厦式，均铺设绿色琉璃筒瓦；左右两侧分别为对称的马鞍脊歇山顶、红色筒瓦屋面的长方亭和重檐攒尖、绿色琉璃筒瓦屋面的八角亭。陈嘉庚墓（鳌园）于1988年公布为全国重点文物保护单位。

归来园与归来堂

位于厦门市集美区集美街道浔江社区尚南路1号，陈嘉庚先生故居正前方。归来堂落成于1962年7月，堂前的归来园系1983年为纪念陈嘉庚先生创办集美学校70周年而建，总面宽约52米，通进深约202米，占地面积10500多平方米，四周院墙围护。园区正中是笔直的花岗岩通道，周围绿化草坪、苍翠松柏，园区东片绿荫下有蜿蜒小道，

◎ 归来堂正面

◎ 归来园内陈嘉庚铜雕立像

◎ 归来园与归来堂（从南向北拍摄，2009年）

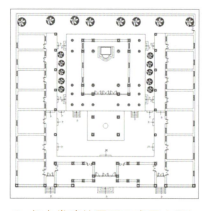

◎ 归来堂建筑平面示意图（厦门市城市规划设计院绘制，2007年）

东南隅五曲荷塘上建有兰花亭。园区中央伫立着陈嘉庚铜雕立像，雕像背后石屏镌刻着1945年毛泽东主席赞誉的"华侨旗帜 民族光辉"八个大字。

归来堂坐北朝南，由中轴线上的前厅、拜亭、正堂以及两侧护厝组成，为钢筋混凝土仿木构并结合砖石材质的混合结构建筑，面宽37.6米，进深37.1米，占地面积约1395平方米，前有花岗岩石埕。归来堂前厅面阔7间，正中为闽南传统双凹寿门廊，门上嵌有书法家罗丹题写的"归来堂"镏金石匾，屋顶为歇山顶、绿色琉璃筒瓦屋面，三层燕尾式翘脊。正堂建于边长16米的方形基座上，三面柱廊环绕，正面落地玻璃窗，堂内六角形红砖地面，八角形藻井天花，绿色琉璃筒瓦屋面，重檐歇山顶；堂内正中花岗岩

◎ 归来堂正堂内部

坛座上安放陈嘉庚石雕坐像，两侧有1960年福建省文史馆馆长陈培锟撰写的《归来堂记》和1961年《首都各界公祭陈嘉庚先生大会上的悼词》螺钿红木屏风。正堂正前方连接卷棚顶四柱方形拜亭，马鞍脊琉璃瓦屋面。正堂两侧为仿闽南祠堂形式建造的前廊式纵列护厝，面阔7间，板瓦与琉璃瓦混合屋面，马鞍脊，护厝正面有过水门。

归来堂在建造上结合了闽南祠堂庭院布局及殿宇建筑风格，并以现代钢筋水泥结构替代传统木作，尽显闽南建筑的飞檐翘脊、雕梁画栋、斗栱吊篮、鎏金彩绘等工艺特色，是新时代闽南传统建筑的发扬创新。归来堂建成后，成为集美学校开展重大活动和接待贵宾的重要场所，也是海外华侨、集美校友回乡探亲访友和参加校庆典礼、陈嘉庚诞辰纪念活动时的主要游览和瞻仰的地方。

◎ 归来堂正堂前的拜亭

◎ 归来堂前厅大门

宝珠塔

位于厦门市集美区杏林街道高浦社区东南3.5公里的厦门港西港宝珠屿山顶。宝珠屿面积2000平方米，海拔高度约13米。小岛顶部的宝珠塔为陈嘉庚先生次子陈厥祥于1963年为纪念母亲而建。宝珠塔坐北朝南，整体由白色花岗岩石砌建，下部为圆形平台塔基，四周石栏杆围护。石塔为穹窿顶圆柱体，底层直径6.3米，通高15米；南侧有拱形塔门，门宽1米、高2.5米，门上镌刻"宝珠塔"三字，塔身外部一圈由下

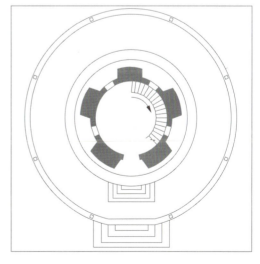
◎ 宝珠塔建筑平面示意图

◎ 宝珠屿和宝珠塔（从北向南拍摄，2009年）

◎ 宝珠塔（从南向北拍摄，2009年）

而上装饰五等分的5道凸棱。塔身内部分为四层，底层高4.2米，每层有石梯可绕行而上，各层于五个方向等距离开设5个圆窗。塔顶的穹窿形弧顶以磨平的梯形花岗岩石块密缝拼砌，工艺极为特殊，顶部中央以5块梯形石向中心的圆石围笼聚合，寓意"五龙夺珠"。

宝珠屿地处厦门西港中央，四面海域开阔，犹如海上明珠。民国《同安县志》载：宝珠屿，在高浦所前，海中沙屿也。此屿周围皆石，中有一邱土赤。屿上草短，遥望如翡翠之珠球，天然佳丽。近附此岛，有五条山脉穿入海中，俗称"五龙夺珠"。宝珠塔地理位置和建筑风格独特，是厦门西港的重要航标，也是优秀的历史风貌建筑和近现代海洋文化遗产。

◎ 宝珠塔内石阶

◎ 宝珠塔内穹窿顶

陈敬贤墓塔

位于厦门市集美区集美街道银亭社区敬贤公园北面湖岸（原印斗山之南）。墓塔修建于1984年，墓园占地面积约180平方米。墓塔坐北朝南，为五层六角佛塔形式，白色花岗岩塔身，孔雀绿琉璃瓦挑檐，葫芦形宝顶，通高10米，塔底边长1.85米。塔底基座为六角形带栏杆花岗岩平台，边长3.75米，高1米，正面有五级石阶。

陈敬贤（1889—1936年），著名华侨领袖陈嘉庚胞弟，是陈嘉庚开拓实业、兴办

◎ 陈敬贤墓塔（从南向北拍摄，2009年）

集美文物

教育的得力助手。早年随兄到新加坡经商，1910年与陈嘉庚同时加入同盟会。从1913年起大力协助陈嘉庚创办集美学校，为兴建校舍、筹划教务呕心沥血，被集美师生尊称为"二校主"。1919年陈嘉庚回国创办厦门大学期间，再返新加坡主理商务。1936年因积劳成疾病逝于杭州。1990年，陈敬贤之子陈共存奉回父母骨灰安葬于塔内。此墓塔具有特殊纪念意义，也是敬贤公园内的一处风景塔。

厦门地区第一个共青团支部诞生地旧址（"三立楼"）

位于厦门市集美区集美街道岑东社区集美小学"三立楼"。1913年，爱国华侨陈嘉庚先生创办集美小学，此后集美学村各类学校包括幼稚园、女子小学、中学、师范、专科等相继开办。1918年春，集美师范、中学正式开学，1918年5月、1920年2月和

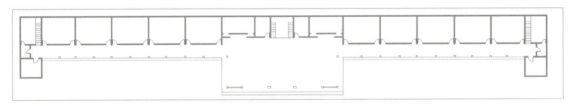

◎ "三立楼"一层建筑平面示意图

1920年7月分别建成立功楼、立德楼、立言楼。立功楼和立言楼为学生宿舍，立德楼一、二层为学校办公室和学生自治会、读书会，三层为教职员宿舍。三座楼连体建造、一字排列，坐北朝南，三层的立德楼居中，东、西分别为二层的立言楼和立功楼。建筑为砖石木结构，单间并排，前为绿色琉璃瓶栏杆的拱廊过道，楼顶为双坡嘉庚瓦屋面。正中立德楼楼顶在三组纵向的西式三角形山头上，叠建中式歇山顶屋面，正中再耸立穹顶塔楼；两端的立言楼和立功楼楼顶也各建一穹顶塔楼。1938—1939年

◎ "三立楼"正面（从南向北拍摄，2009年）

抗战中遭日军飞机轰炸，损毁严重，抗战后重修；1949年9月集美解放后，10月遭蒋军大炮轰击，11月11日遭蒋机轰炸，再次受损严重，1952—1953年相继修复。1996—1997年，"三立楼"翻建为砖混结构，平面结构与原楼相同，立面增高两层，正中立德楼为五层，两侧各四层，总面宽130米，进深19米，成为一座多功能教学楼。

◎ "三立楼"（从东向西拍摄，2009年）

当年集美学校崇尚教学民主、学术自由。学校明文规定，"至主义之信仰与研究，无论入党与否，皆得自由"，学生读书会可自由阅读马列主义学说书刊。1924年，集美师范的进步学生李觉民、罗扬才等22人发表读书会宣言。罗明、罗扬才、李觉民等开始接受马克思主义思想，李觉民成为厦门地区最早的社会主义共青团员，罗明成为社会主义共青团广东区委通讯员，他们在集美学校发起成立国民党（左派）集美区分部，对外宣称"福建青年协进社"，创办《星火周报》，代销《中国青年》和《向导》等进步刊物，从事马列主义思想传播工作。1925年6月，共青团广东区委派代表蓝裕业到学校，在"三立楼"成立了闽西南第一个共产主义青年团支部，李觉民任书记，吸收进步学生罗扬才、刘端生、邱泮林、罗良厚、罗贤开、罗调金为共青团员，为此后的1926年厦门党组织成立和发展打下了基础。此建筑自1965年至今为集美小学教学楼，是研究厦门党史的重要史迹。

◎ 1920年的"三立楼"（翻拍自《集美学校嘉庚建筑》）

◎ 1920年的"三立楼"背面（翻拍自《集美学校嘉庚建筑》）

集美试验乡村师范学校旧址

位于厦门市集美区侨英街道凤林社区下头路67号。建筑坐北朝南，原为前、后两落闽南古厝式民居，20世纪90年代，后落因年久失修，残损较严重被拆除，新建楼房。现存大厝前落，面阔3间12米，进深1间5.2米，为中厅及两侧厢房格局，硬山顶，燕尾脊，大门上方隐约可见原有的"乡村建设学会"字迹。

◎ 集美试验乡村师范学校旧址（从南向北拍摄，2009年）

1932年8月，陈嘉庚接办集美试验乡村师范学校（简称"乡师"），培养集美学村教师人才，践行陶行知"生活教育""教学做合一"的思想理念，使学校与社会打成一片，是集美学村九校之一。"乡师"是一所很有影响力的新型学校，曾培养出鲁黎等一大批优秀师生。当时，"乡师"地下党团活动非常

◎ 集美试验乡村师范学校旧址前落大厝背面

活跃，曾派代表访问漳州红军，下乡宣传抗日，发展党团员，教唱革命歌曲，组织反帝同盟，在校园内张贴革命标语，但1933年遭国民党封闭，迁往泉州安溪。此建筑是陈嘉庚早期兴资办学、培养专科人才的见证之一，也是一处具有革命纪念意义的旧址，现为集美区红色文物点。

◎ 集美试验乡村师范学校旧址大厝内神龛

李林纪念园

位于厦门市集美区集美街道浔江社区集美中学南部延平楼西侧。坐北朝南，由集美中学香港校友施学概伉俪和厦门市教委共同兴建。1988年李林铜像落成，1990年李林园建成。园区平面呈曲尺形，前宽23米，后宽47米，进深65米，石栏围护。园内草坪青绿，松柏苍翠，花岗岩铺设小道。园区南部建有长方收腰形纪念碑碑座，边长约8米，高4米，碑座四周围绕五级台阶，碑座上铜雕像为李林策马驰骋、回首射击的英姿，碑座正面镌刻1987年薄一波题写的"李林烈士女中英杰 为国捐躯永垂史册"，碑座背面青石板镌

◎ 李林纪念园

◎ 李林纪念园纪念碑（从南向北拍摄，2009年）

刻李林生平事迹，东、西侧面分别镌刻施学概伉俪的致辞和落款厦门市教育委员会的《李林园记》。

◎ 李林纪念园纪念碑碑座上《李林园记》石刻

◎ 李林纪念园纪念碑碑座上李林生平事迹石刻

李林（1915/1916—1940年），原名李秀若，出生于福建省龙溪县（在今漳州龙海），幼年随养母侨居印尼，14岁回国，1931—1933年就读于集美中学。1931年"九一八事变"爆发后，在集美参加抗日救国会义勇队，任女中学生自治会文书股长，积极抗日宣传，后转学杭州女中、上海爱国女中。1936年考上北平民国大学，不久加入中国共产党，投笔从戎。曾担任雁北工委会宣委、雁北抗日游击支队队长兼政治主任、八路军120师骑兵营教导员等。李林能文能武、骁勇善战，为创建雁北抗日革命根据地屡建功绩，1940年在晋绥边区第九次反击日寇围剿战斗中不幸牺牲，年仅25岁。1940年8月2日，《新华日报》刊登了标题为"巾帼英雄李林壮烈殉国，女战士十余人亦光荣牺牲"的消息。中共中央妇委旌表她为民族女英雄。1972年周恩来总理视察山西大同时称赞"李林不到后方做官，坚持前线抗战，她是我们的民族英雄，要好好宣传李林，为她写好传"，周总理还为李林题词："民族的骄傲、华侨的骄傲、妇女的骄傲"。2009年，李林被评选为100位为新中国成立作出突出贡献的英雄模范人物之一。

同安起义二十三烈士墓

位于厦门市集美区灌口第一社区安仁大道865号大院内。建于民国十九年（1930年），原陵墓位于灌口寨仔内，20世纪80年代因道路建设而移此。墓址坐北朝南，为弧背形水泥面层墓冢，宽1.5米，进深2米，高约0.2米。墓碑存放于灌口凤山祖庙管理房内，呈长方形，火焰形尖首，水磨石质地，高1.53米，宽0.69米，厚0.11米，正中碑额模刻大字"命"，碑文正中模刻三列楷书大字："民国三年春泉州革命军同志李扁星等二十三烈士在同安起义为国被难于灌口之义冢"，大字的前、后分别有小字落款："中华民国十九年夏五月""福建第一师师长张贞、公路局局长庄文泉仝立"。

◎ 同安起义二十三烈士墓墓冢（从东向西拍摄，2009年）

1914年初，在全国反对北洋军阀统治的形势下，同盟会员庄尊贤（东辉徐厝后人）及军事教官潘节文（保定军校毕业）组织灌口革命军，在寨仔内、蜘蛛湖、山口庙和凤山书院（凤山庙）进行秘密军事训练，重整旗鼓，并联合泉州、安溪民军组成晋南同溪讨袁联军，响应孙中山先生的讨袁爱国运动。1914年农历七月廿一，同安北

洋军乘联军攻打角美林墩、灌口空虚之机，攻占了灌口街和凤山书院联军指挥部，次日，驻东辉山口庙十多名联军战士夜袭凤山书院，但因情报失误，寡不敌众，牺牲多人。廿三夜，北洋军乘虚又袭击了联军弹药基地东辉山口庙，途中火烧双岭"九十九间"。山口庙联军虽经奋力抵抗，终因寡不敌众，致使制造土枪弹药的火药师李扁星（惠安人）等十多名革命战士壮烈牺牲，联军也被迫撤退到偏远的钉顶尾山的笔架山寨。在凤山书院和山口庙两地战斗中，联军共牺牲23人。1930年，由福建第一师师长张贞和同安公路局局长庄文泉（当年曾是讨袁联军领导人之一）主持，将李扁星等烈士遗骸迁回灌口寨仔内（明洪武二十四年即1391年，周德兴为防倭而建造的灌口巡检司城遗址），建成同安起义二十三烈士陵墓，共占地约200平方米。但20世纪50年代末，因国家在此建设粮库需要，陵墓无法原址保留，烈士遗骸分别被装入瓮罐完整地迁往附近保存。直至20世纪90年代，在遗骸存放处（灌口镇政府围墙内）重修烈士墓，墓碑则暂存于凤山祖庙内保管。现烈士墓址在原寨仔内墓址东侧约50米围墙内。

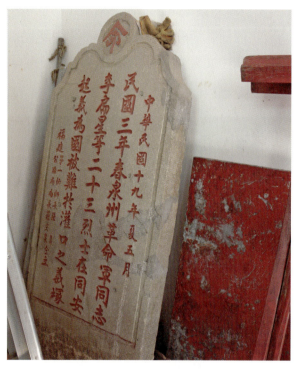

◎ 同安起义二十三烈士墓墓碑

兑山革命烈士陵园

位于厦门市集美区侨英街道兑山社区东北枫树林山岗东侧。1977年建，1992年重修。陵园由烈士纪念碑和烈士陵墓组成，占地面积约650平方米。纪念碑坐西北朝东南，正前方从下到上80级石阶通达纪念碑碑座。纪念碑以花岗岩条石砌成，呈从下向上逐渐收分的方柱体，宝珠顶，通高7米，碑底边长2.3米。纪念碑下部为长方形双层台碑座，边长14米，宽12米。碑身正面镌刻叶飞题写的"革命烈士纪念碑"七个大字，背面为建园碑文。碑后有烈士墓冢，为花岗岩砌建的下方上圆四级墓冢，高0.9米，底层边长

4米。墓冢后部照壁镌刻"烈士陵园"四字。

1949年秋，中国人民解放军第29军85师253团在解放集美的战斗中，遵照中央军委副主席周恩来下达的"集美学校是爱国华侨陈嘉庚创办的，一定要保护好"的命令，全部使用轻型武器，于9月21日对负隅顽抗的蒋军发起进攻，23日下午5时集美解放，学村完好无损，民众无一伤亡。在浴血奋战中，该团指战员伤亡200余名，81人壮烈牺牲。因战事紧急，烈士遗骸由战友和群众就近埋葬于后溪镇英埭头、东安、叶厝等地，1977年，集美区民政部门将壮烈牺牲的三连连长凌锡甫等81位烈士忠骨集中安葬于此。此陵园是2016年厦门市政府公布的市级文物保护单位、集美区红色文物点。

◎ 兑山革命烈士陵园纪念碑

◎ 兑山革命烈士陵园（从东南向西北拍摄，2009年）

蔡林"凤翔楼"

位于厦门市集美区杏滨街道西滨社区蔡林62号。建于民国八年（1919年），由林凤翔所建，故称"凤翔楼"。建筑坐东朝西，为二层砖木结构西式洋楼，二楼廊道木楼楞楼板于20世纪70年代更换为钢筋混凝土楼板，楼前有小庭院、院墙及院门，院内水井一口，总面宽11米，通进深17米。洋楼平面呈长方形，面阔3间11米，进深2间11米，一、二层均为中轴对称布局，由中厅及左、右各2间房间组成，楼前有拱廊，楼顶为四坡瓦楞屋面。楼内保存有

◎ 蔡林"凤翔楼"（从西向东，林火荣拍摄，2012年）

◎ 蔡林"凤翔楼"二楼厅堂门扇

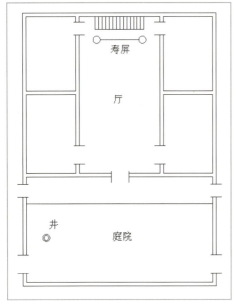

◎ 蔡林"凤翔楼"一层建筑平面示意图

民国九年（1920年）"凤翔楼"木匾和民国六年（1917年）林凤翔三十岁时画像，木匾宽1.3米、高0.65米。此建筑采用花岗岩门框、窗框，凸出的窗楣为简约的直线、三角形和半圆形造型，外墙转角壁柱和廊道拱柱上装饰圆弧形开窗纹和菱形几何纹，室内有取暖壁炉，屋顶有西式烟囱。"凤翔楼"是集美近代早期西式建筑，是了解和研究民国时期集

美乡村学校教育历史的可贵实例。

　　林顺吉（1887—1932年），字良卿，号凤翔，早年在缅甸经营钱庄，回国后于厦门鹭江道开设和兴钱庄及分号。林凤翔热心地方公益和教育，曾为同安县议员。民国《同安县志》记载，林顺吉曾于蔡林兴教办学。早年林凤翔曾在"凤翔楼"附近建有两排平房，作为村中小学，东侧为男校，西侧为女校，1917—1923年，学校开班招生，教授语文、数学、自然等科目，蔡林本村子弟和附近马銮、西闭和山后张等地的贫困子弟均免费入学，但到1932年因资金短缺而停办。女校校址于20世纪90年代被拆除，男校后期改建为生产队仓库而存留，但已发生变化。今蔡林林氏祠堂旁还有一列平房，宽4米，长约20米，为民国时期第二国民学校（凤翔学校）旧址，1998年已改成多间出租房。

◎ 蔡林"凤翔楼"背面（从东向西拍摄，2009年）

◎ 蔡林"凤翔楼"内壁炉
（林火荣拍摄，2012年）

◎ 蔡林"凤翔楼"匾额（林火荣拍摄，2012年）

◎ 林凤翔像

乐安学校旧址

位于厦门市集美区侨英街道孙厝社区乐安南里220-1号，即原集美学校乐安小学。旧址为清末民初古民居建筑，闽南传统砖石木结构，坐南朝北，为前、后两落大厝形式，中有天井及两侧榉头，总面宽11米，通进深13米。前落为单层

◎ 乐安学校旧址（从北向南拍摄，2009年）

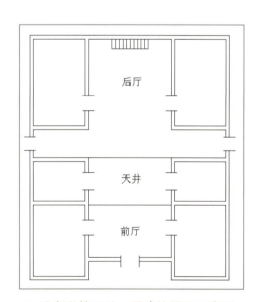

◎ 乐安学校旧址一层建筑平面示意图

◎ 乐安学校旧址后落墙体上校名匾额

平屋，面阔3间，进深1间，塌寿门，硬山顶，马鞍脊，双坡板瓦屋面；后落为二层楼，木楼板铺设红砖地面，上、下层格局均为中间厅堂和两侧各1间厢房，硬山顶，马鞍脊，双坡板瓦屋面。天井东侧榉头开设边门。前落中厅，两侧榉头及后落一、二层中厅等墙壁上嵌有数块黑板，当年作为课室。后落背面外墙上方有洋灰蓝彩隶书"乐安学校"校匾，落款"民国卅（廿）七年""孙雪庵"。原建筑两侧的建筑已荒废、倒塌并新建楼房，大厝后部原为学校操场，现已荒废。

陈嘉庚母亲孙秀妹出自孙厝孙氏二房角。陈嘉庚因感恩母亲的养育和教诲，也因忧虑孙厝子弟就读集美小学，路途遥远，便于民国九年（1920年）在孙厝村创办乐安小学。开办伊始，校舍由孙厝村孙嘉槌、孙廉来、孙守己三位乡贤自愿将三座相邻私宅无偿献出，作为教室和办公用所，课桌椅及办公用

品从集美学校抽调，师资由陈嘉庚亲自筹聘、指派，集美学校董事会管理。开学典礼上，陈嘉庚及集美学校领导率铜管乐队到场庆贺。学校创办之初为六年学制，仅有2个复式班、3名教师、60名学生。1931年9月—1933年1月，乐安小学成为陈嘉庚创办的集美试验乡村学校的8所下属中心小学之一，是乡村师范新教育的试验基地。办学期间，学校将陈嘉庚亲题的"诚毅"两字描写在教室大木窗上作为校训，还委托孙炳炎先生请旅居新加坡的清代广东水师提督孙全谋五世孙、书法家孙雪庵题写校名寄回。1940—1945年抗战期间，集美小学部分迁徙孙厝与之合办，改名"集美小学孙厝分校"。兑山、板桥及凤林等周边各乡里小学生均到孙厝就读。解放前，乐安学校还是中共闽西南地下组织活动据点。孙炳炎祖籍孙厝，是乐安学校首届学生，是新加坡著名企业家和华人社团领袖，1947年为减轻陈嘉庚办学负担，主动接办乐安小学，成立乐安学校董事会进行管理。1956年，孙炳炎带头捐资并发动海外华侨乡贤筹资，择址兴建新校舍，1958年新校竣工，1959年春季，学校迁入新址上课，旧校舍归还孙嘉槌、孙廉来、孙守己宗亲。1971年政府接办学校并更名为"孙厝小学"（现已恢复原名"乐安小学"）。乐安学校是当年同安县第七区13所学校中建于集美学村范围之外的学校，也是陈嘉庚早年兴资创办的多所基础教育学校之一，具有特殊纪念意义。

◎ 乐安学校旧址背面　　　　　　　　◎ 乐安学校旧址内教室

后垵"红楼"

位于厦门市集美区侨英街道东安社区后垵二里139号（原为62号）。因外墙以清水红砖砌建，当地称"红楼""洋楼"，1933年菲律宾华侨张水群建造。主体建筑坐东朝西，为砖混结构三层楼，钢筋混凝土楼板和楼梯，建筑外围有庭院、砖埕，前有院门，东、西侧有后期加盖小平房附房，庭院总面宽17米，通进深32米。主体建筑平面呈长方形，

◎ 后垵"红楼"（林火荣拍摄，2012年）

◎ 后垵"红楼"院门背面"福"字
（林火荣拍摄，2012年）

面阔3间12米，进深3间17米。建筑正立面中间从上到下为弧形"突规"形门廊，四根彩色水磨石罗马圆柱支撑，一、三层"突规"两侧连接横向走廊。三层建筑楼体平面布局基本相同，各层由中厅及两侧各3间房间组成，厅堂正中设有寿屏，屏后有楼梯可上下楼。楼顶为四面坡嘉庚瓦屋面，开有楼梯间；前有露台，四周环绕琉璃宝瓶护栏；

◎ 后垵"红楼"正面楼顶山头"1933"标志
（林火荣拍摄，2012年）

◎ 后垵"红楼"院门正面"禄"字（林火荣拍摄，2012年）

楼顶正、背墙顶有轮廓卷曲、装饰复杂的三角形大山头。

此楼在建造工艺和装饰上极为讲究。廊道红砖墙堵采用闽南红砖民居磨砖对缝工艺精美绝伦，西式百叶窗上透雕的钱纹、菱形纹及网格纹等中式传统纹样典雅精致。最精彩的是外墙上装饰的大量洋灰灰塑：外墙壁柱模仿西方古典建筑古罗马柱

◎ 后垵"红楼"一楼中厅

◎ 后垵"红楼"边门（林火荣拍摄，2012年）

◎ 后垵"红楼"背面二、三楼（林火荣拍摄，2012年）

上繁复的柱头装饰；楼顶大山头饰有灰塑狮子、飞鹰、异兽、卷草花卉及"1933"字样；檐口下横梁采用高浮雕手法大量雕饰彩色的中、西人物和动物、花鸟等内容，题材丰富，造型逼真，有神仙骑瑞兽和各种奇花异兽，还有横挎武装带、绑腿及腰插匣子枪的全副武装军人。建筑前有正中院门和北侧边门，均为装饰奢华的西式风格。正中院门在砖砌水洗砂面层的拱门上安装厚重的双开铁艺门扇，门梁、门框及门顶山头的正、

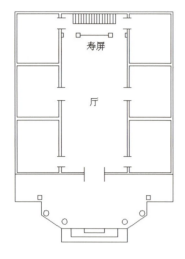

◎ 后垵"红楼"一层建筑平面示意图

背两面堆塑繁复的西洋花卉，中心分别嵌入"禄""福"两字，尖顶立有西洋宝瓶和长毛双狮。北侧边门较小，亦为水洗砂饰面的尖顶拱门，门顶两侧蹲踞一对异兽，中间山头嵌有灰塑篆体"寿"字。此建筑保存较好，装饰极为华丽、考究，是集美乡村现存中西建筑文化融合的杰作。

◎ 后垵"红楼"外墙二楼檐口灰塑装饰

◎ 后垵"红楼"外墙一楼檐口灰塑装饰

西滨"安居"楼

位于厦门市集美区杏滨街道西滨社区西滨中路187号。由旅居缅甸华侨陈荣耀、陈荣沉建于民国二十二年（1933年）。建筑坐东北朝西南，三合院式二层楼红砖建筑，前有小天井及院门。建筑整体平面布局呈"凹"字形，面宽12米，通进深13米，正中为长方形主楼，天井两侧为单层的单间厢房。主楼面阔3间12米，进深2间8米，为一厅四房对称格局，前部为横向走廊，一、二层布局相同。楼顶为前、后两坡瓦楞屋面，两侧山墙山尖留有半圆形气窗；楼顶前部为围栏露台，围栏正中有三角形山头。

"安居"楼融合西洋建筑与闽南传统民居的不同元素，并大量采用闽南民居传统的

◎ 西滨"安居"楼（从南向北拍摄，2010年）

◎ 西滨"安居"楼背面

◎ 西滨"安居"楼屋顶山尖装饰

◎ 西滨"安居"楼窗楣彩塑人物

瓷片剪粘、灰塑及水洗蚝仔壳工艺进行装饰，例如，在布局上模仿闽南古民居三合院"一落两伸手"格局，楼顶为古民居马鞍脊形式；一楼廊道墙面和二楼厅堂墙裙装饰红蓝彩仿砖锦地纹，廊道上方的木构万字锦天花板尤其少见；二楼正门两侧有隐蔽的射击孔，厅堂寿屏"福禄寿"中堂彩绘画作上落款"民国廿二年冬""黄章训笔"，西式廊柱上饰有灰塑楹联；西式拱形窗套和窗楣内装点彩塑的古装仕女、高士人物；楼顶西式山头正中有

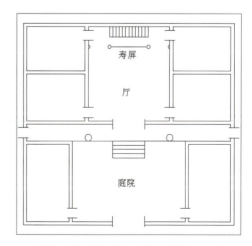

◎ 西滨"安居"楼一层建筑平面示意图

灰塑和交趾陶"麻姑献寿"传统图案，两侧站立裹着头巾的古印度锡克族卫兵（闽南语"阿答仔"），下方有"安居"二字和"民国廿二年"；正面檐口下横梁仿自古民居水车堵，装饰大量传统戏剧人物、山水风景、花鸟鱼虫等彩塑。集美是著名侨乡，20世纪二三十年代，大量海外华侨创业成功、衣锦还乡，在家乡兴建家园、安居乐业，此建筑反映了当时集美乡村回国华侨建设家乡及其居住生活的状况。

西滨"六角楼"

位于厦门市集美区杏滨街道西滨社区西滨南路200号，因楼顶建有六角亭故名。由旅居缅甸华侨陈荣源（原）建于民国二十三年（1934年），包括主楼、附楼和庭院，整体院落面宽20米，进深17米，开有左、右两院门及后门。主楼坐东北朝西南，为砖混结构二层红砖西式建筑，主体为长方形，面阔3间13米，进深3间12米。建筑正立面正中为六边形"突规"门廊，两侧连接长条的横向走廊。建筑一、二层平面布局相同，由中厅和对称的4房构成。楼顶是四面坡瓦楞屋面，前部为露台，三面琉璃栏杆女墙围护，楼顶正中建有白色翘脊西式六角亭。院内东侧建二层附楼，有天桥与主楼相连，抗日战争时附楼上层被炸毁，只保留下底层，后改建为马鞍脊硬山顶古厝式平房。

◎ 西滨"六角楼"（从南　◎ 西滨"六角楼"背面
向北拍摄，2009年）

◎ 西滨"六角楼"二楼前廊

◎ 西滨"六角楼"楼顶六角亭

"六角楼"建造独特，别具匠心。正面清一色的红砖墙和侧、背面的红砖壁柱、转角柱极为突出显眼，并采用红砖拱廊、琉璃宝瓶和洋灰宝瓶栏杆；柱头和檐口灰塑装饰既有中式的亭台楼榭、飞禽瑞兽，又有西式的狮象兽首、神话天使等；楼顶正面有高浮雕的双狮戏球图案并草书"福耀光荣"等大字，红砖墙上点缀花鸟、兽面等白色灰塑图案。大门两侧为闽南传统古厝民居的石雕墙裙、石青色砖纹墙体，门框上青斗石门臼雕琢古典戏剧刀马人物。室内一楼厅堂布置有闽南古大厝常见的漆金木雕寿屏，厅内陈设八仙桌、长条供案等；二楼厅堂地面铺设华丽的釉面花砖，寿屏正中央绘制"福禄寿"三星，落款"民国廿三年"。此楼建造与装

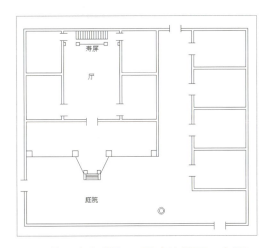

◎ 西滨"六角楼"一层建筑平面示意图

◎ 西滨"六角楼"一楼厅堂

◎ 西滨"六角楼"二楼厅堂

饰考究，最有趣的是当时主人雇请了两帮工匠，各做一半，因此从建筑两边的外观细部包括外廊檐口灰塑装饰、墙面花纹图案、背面窗楣造型和鸟兽灰塑以及制作工艺，甚至宝瓶栏杆造型都可看出细微差别，使之成为近代番仔楼"对场作"的独特实例。

◎ 西滨"六角楼"二楼厅堂釉面花砖地面

◎ 西滨"六角楼"二楼中厅寿屏木雕及彩绘图案

陈井"红砖楼"

位于厦门市集美区灌口镇陈井二里117号。因建筑整体以清水红砖砌建，又称"红砖楼"，由旅居缅甸仰光华侨陈石留建于20世纪30年代。建筑坐西朝东，为砖混结构二层西式建筑。楼体面阔3间12米，进深3间11米。建筑为长方形，正面有走廊，两侧连建外凸的六边形角楼，整体平面呈"凹"字形；
一、二层均由中间厅堂及两侧各2间房间组成，
楼顶为前、后两坡瓦楞屋面，前部有围栏露台。
楼顶围栏正中立三角形灰塑山头，两侧角楼楼顶
各建一座白色六角亭。

陈井"红砖楼"为花岗岩墙基墙裙和红砖墙
体，结构坚固稳重。在建造、装饰及布局中融合
了多种中西建筑文化元素，既有闽南古民居常见
的花岗岩"柜台脚"墙裙、金彩熠熠的中厅木雕
寿屏和门廊上传统的木雕门扇、窗扇，以及西式

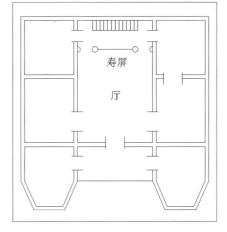

◎ 陈井"红砖楼"一层建筑平面示
意图

◎ 陈井"红砖楼"（从东向西拍摄，2009年）

窗楣的传统山石风景、人物小品等彩塑图案，也有西式和南洋风格的绿色琉璃宝瓶栏
杆、进口釉面花砖墙面、二楼外廊西式盆形水槽以及巴洛克风格灰塑山头、拱券翘脊
六角亭等，是一座独具特色的乡村洋楼建筑。

◎ 陈井"红砖楼"
一楼前廊

◎ 陈井"红砖楼"二楼前廊

◎ 陈井"红砖楼"
二楼厅堂

西亭陈三皇宅

位于厦门市集美区杏林街道西亭社区朝旭路160号，整体以红砖砌建，俗称"红楼"。由缅甸华侨陈三皇建于1937—1938年。建筑坐北朝南，为前、后二栋建筑，中有天井庭院，宽15米，进深22米。前栋为平房，面阔3间，中设大门和过厅，石框院门门匾上墨书"永义和"三字，大门两侧墨书"永""义"冠头楹联，房顶围栏露台。后栋主楼为砖混结构红砖二层楼建筑，整体平面呈"凹"字形，正中为长方形主体，两侧连建凸出的六边形角楼；主楼面阔3间12米，连角楼通进深3间15米，楼内一、二层均为一厅四房对称格局，一层楼前廊立两根红砖方柱，二层为拱券柱廊。一楼檐口石梁镌刻"薰风南来"及落款"民国廿六年冬""陈三皇建"等字，大门上有"西亭"灰塑门匾，落款"民国

◎ 西亭陈三皇宅院门

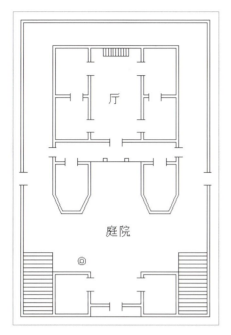

◎ 西亭陈三皇宅一层建筑平面示意图

◎ 西亭陈三皇宅（从南向北拍摄，2009年）

贰柒年""陈三皇建筑"等字。楼顶为前、后两坡瓦楞屋面，前有铺砖露台，周围水泥花格栏杆女墙，东侧有楼梯间。建筑使用的胭脂砖上留有订烧的"吴金隆砖铺"印戳。

此建筑为西式建筑风格，但厅堂内仍采用传统民居的木雕寿屏、隔扇等，外墙大量装饰闽南民居常见的彩瓷剪粘，尤其体现于环绕整体建筑楼顶檐口下一圈的水车堵和众多的西式窗楣、窗套上，图案有奇花异果、飞禽走兽、祥瑞图案等。此外，还有楼顶女墙栏杆

◎ 西亭陈三皇宅一楼"西亭"门匾

◎ 西亭陈三皇宅二楼中门上"颖川"灯号

◎ 西亭陈三皇宅二楼中厅

上点缀五彩瓷砖，檐口边活灵活现的五彩瓷剪粘的滴水兽等，这些彩瓷剪粘装饰历经长年风雨洗涤依旧色彩斑斓艳丽，璀璨夺目，它们与清水红砖墙上的白色窗套和白色灰塑等形成强烈对比装饰效果，一同把建筑打扮得多姿多彩、分外妖娆，使之成为集美乡村现存洋楼中外观装饰色彩最为靓丽的范例之一。

◎ 西亭陈三皇宅外墙装饰

◎ 西亭陈三皇宅外墙彩瓷剪粘装饰

西亭陈为笔宅

位于厦门市集美区杏林街道西亭社区朝旭路157号。由旅居缅甸华侨陈为笔建于民国二十六年（1937年），与兄弟陈三皇之宅相邻，故两座建筑形式和风格基本相同。建筑坐北朝南，前、后两栋，中有天井，总面宽15米，通进深22米。前栋为单层平房，面阔3间，中为院门和过厅，院门上方墨书"永义和"三字，两侧有门联，房顶为砖坪露台。主楼为砖混结构二层红砖西式建筑，主体为长方形，两侧凸出六边形角楼，平面呈"凹"字形，面阔3间12米，连角楼通进深3间15米。一、二楼均为一厅四房格局，正面门前有横向走廊，厅内陈设布局和门窗木雕等与闽南古民居相同。一楼正大门有"西亭"门匾，两侧灰塑楹联："西俗爱幽居苍松翠竹，亭园凭妙用明月清风"，二楼门匾灰塑"颍川"两字。楼顶为四面坡板瓦屋面，前部红砖坪露台，两侧各建一座白色六角攒尖亭子。

◎ 西亭陈为笔宅（从西南向东北拍摄，2009年）

◎ 西亭陈为笔宅正面

◎ 西亭陈为笔宅一楼大门

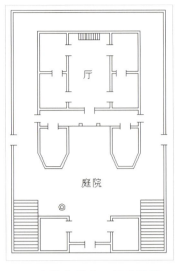

◎ 西亭陈为笔宅一层建筑平面
示意图

◎ 西亭陈为笔宅侧面

◎ 西亭陈为笔宅正面檐梁上戏曲人物纹彩塑

此建筑清水砖红墙外观装饰华丽，不同造型的白色水洗砂窗框镶嵌在红砖墙上格外醒目，并有尖顶、拱顶、火焰形的窗楣，两侧配饰西式窗套立柱；以白色水洗砂为地衬托着成组的交趾陶和彩塑人物故事雕塑纹饰，于楼顶檐口、廊道横梁和窗楣上展现最为集中，而二楼正面楼顶檐口横梁上排列的戏剧人物扮相，形象各异，立体生动，具有中国传统戏剧舞台艺术的散点透视效果，如此杰作在集美洋楼建筑中尚无出其右者。

高浦天主堂

位于厦门市集美区杏林街道高浦社区西潭路129号旁。始建于清光绪二十七年（1901年），原名"露德圣母堂"，由西班牙胡德禄神父主持修建，为鼓浪屿天主堂分堂。民国十九年（1930年），厦门天主教会委派陈恒浩修女负责重建并主持教会工作至1984年。1990—1992年，郑再发主教组织募款于新址重建，郑再望负责施工直至完竣。

教堂由礼拜堂主楼、神父楼和庭院组成，庭院面宽约18米，进深约33米，占地约630平方米。主楼坐北朝南偏西，为砖混结构二层西式建筑，白色喷砂外墙面，玻璃绿窗楣、窗台、檐口线条，面宽10.5米，进深19米。主楼一层正面开设大门，有门廊及楼梯间，内部为二层挑高

◎ 高浦天主堂（从南向北拍摄，2009年）

礼拜厅，水泥天花板，墙体四面开设对称的上、下层拱形窗，厅内设神台及排椅。楼顶为两面坡屋面，前端是塔式八角形尖顶钟楼。主楼东侧建有二层神甫楼。鸦片战争后，西方宗教再次纷纷传入厦门通商口岸，此教堂为近代厦门5座天主教堂之一，如今被厦门市民政部门评为"和谐教堂"。

◎ 高浦天主堂侧面

◎ 高浦天主堂内礼拜厅

后溪基督教礼拜堂

位于厦门市集美区后溪镇后溪村街路31号。1926年由华人长老杨金栋、杨洋利向缅甸仰光华侨募捐，聘请厦门著名建筑营造师许春草、杨就是为建堂总经办，名为"碧溪礼拜堂"，1984年重修。教堂由礼拜堂主楼、牧师楼和庭院组成，庭院宽约14米，进深约36米，占地面积约500平方米。庭院四周环绕院墙，正面尖顶院门上有灰塑"基督教"3个大字，前、后落款"一九八四年重修""□□一九二六年□"等字。主楼坐南朝北偏东，为前、后两栋西式红砖建筑。前栋为单层红砖砖混结构，宽10米，进深16米，平开三门，前部有横向廊道，廊道上方正中有洋灰面模塑"后溪礼拜堂"5字匾额，内为礼拜厅，前设神台，木构平顶天花板，四周墙体开设方窗；屋顶后部为左、右两坡屋面，前部有宝瓶栏杆围护小露台，楼顶正中前部建

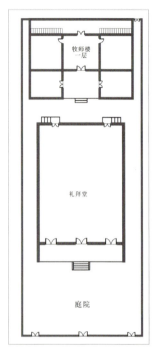

◎ 后溪基督教礼拜堂建筑平面示意图

◎ 后溪基督教礼拜堂主楼（从北向南拍摄，2009年）

◎ 后溪基督教礼拜堂主楼侧面

有二层塔式钟楼。主楼之后为二层牧师楼，砖木结构，木构楼板和红砖地面，面阔3间12米，进深9米，建筑背面（南面）临近后溪河道，有宽敞拱廊，屋顶为前、后两坡板瓦屋面。

后溪礼拜堂主楼和牧师楼外观上均为清一色的清水红砖墙建筑，其建筑构造及装饰极具特色。前楼柱廊的形式及构造较为罕见，不仅采用红砖方柱与半圆柱组合成的廊柱，而且上下搭配白色的花岗岩石梁、石柱础，并且廊柱上方与条石横梁交接处利用托木式石构件加以承接和衔接，又采用别致的方形与圆形石构件，加宽柱顶、放大柱脚，增加受力面和支撑面，使其造型别致美观，曲线变化丰富，结构稳固。牧师楼南面拱廊的柱廊也别具特色，一楼采用稳重的红砖方柱，二楼则采用轻盈的红砖圆柱并搭配较宽大的柱帽承托拱券，使建筑结构科学合理。此外，前楼楼顶上的钟楼，四角采用粗壮稳重的古罗马爱奥尼克式方柱，与轻巧流动形的火焰形尖顶拱券相互搭配，也让人过目不忘。该教堂是厦门地区迄今保存较完整、建造技术别具一格的早期宗教建筑。

◎ 后溪基督教礼拜堂牧师楼

◎ 后溪基督教礼拜堂内礼拜厅

◎ 后溪基督教礼拜堂院门上"基督教"字样

高浦基督堂

  位于厦门市集美区杏林街道高浦社区鹤浦路137号北侧。由礼拜堂主楼、牧师楼和庭院组成，二层牧师楼在主楼东侧，总面宽约18米，进深约26米。主楼建于1932年，坐北朝南，为砖混结构单层西式建筑，平面为纵向长方形，面宽8米，进深17米，前为红砖拱券门廊，正面门额有"杏林高浦基督教堂"灰塑大字。门廊内侧正中开拱券大门，内部为礼拜厅，四面开窗，开有边门，厅前设神台，屋顶为左、右两坡屋面，背面有西式大山头。大门门廊顶为平顶露台，两侧栏杆围护，正中建有方塔尖顶式钟楼，正面灰塑"中华基督教"字样已脱落，

◎ 高浦基督堂正面（从南向北拍摄，2009年）

◎ 高浦基督堂西面和背面

楼背山墙正中外凸，上方洋灰面长方匾额内有"世之真光"蓝彩灰塑四字。主楼外观为白灰面墙体，四周和楼顶分别立有红砖的壁柱、转角柱和栏杆柱，并以层层叠涩的红砖线条装饰楼顶四周檐口和曲线形山头轮廓，成为独具特色的近代西式宗教建筑。

19世纪20年代末，基督教传入杏林，早期以杏林曾营村简易民房为教徒聚会地点，后移到高浦村信徒郑神培家。1932年，信徒郑士进奉献老宅地块建此教堂。1995年，建筑因年久失修、受损严重，于1999年在杏林街道月浦路建成新教堂，礼拜场所迁到新址。

◎ 高浦基督堂建筑平面示意图

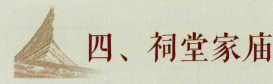

四、祠堂家庙

　　祠堂、家庙在闽南语中称为"祖厝""祖厅"，意指祖先居住生活的房屋，是本族本姓后代供奉列祖列宗和神主的地方。祠堂家庙在闽南地区具有极高的家族象征意义，它标志着某个家族的祖先在当地最早落脚开基的地方，或者是某个家族的后裔支系、旁系（角房、分柱）最早独立出来定居的地方，因此，往往是当地本姓家族和宗亲举行隆重祭祀祖先活动的重要场所，是家族和宗亲缅怀先祖、抒发哀思的精神寄托中心。祠堂前厅大门上一般悬挂本姓祠堂、家庙大匾额，正厅内正中安置金碧辉煌的神龛，摆放历代祖先神主牌位，供族人顶礼膜拜，祈求赐福和庇佑；神龛上方悬挂本姓或本支系的堂名或灯号，以示家族历史渊源。祠堂和家庙也是本家族子弟光宗耀祖的地方，厅堂内四壁和梁架上悬挂着本家族所出的历代先贤名宦、科考登榜名衔的各种荣誉匾额等，家族子弟以能够在祠堂内标榜其名、馨香后世为荣。同时，祠堂的使用、出入、环境等必须遵循一套严格的传统制度，祠堂内常见族规族训和重修祠堂的石匾、石碑等。

　　集美祠堂、家庙数量众多，建造规制和装饰颇为讲究。典型的大祖祠和家族兴旺的祠堂建筑通常由前、后两落大厝和中央天井、两侧廊庑组成，有的两侧还建有护厝；祠堂前有大埕，有的立有旗杆石或建有戏台。旁支旁系的祠堂规模通常较小，一般为自成小院落的单体建筑。典型祠堂的前落（前厅）一般是塌寿（凹寿）门，讲究的有双塌寿，闽南称塌寿为"塌落去"。塌寿门开设正中大门和两侧边门，举办祭典活动时开启中门，平时由边门进出。中门两侧常有一对涡纹（或螺纹）抱鼓石，象征子孙绵延万代；门梁上有福禄寿纹的门簪或门钉。门廊两侧墙堵上往往有一对方形木窗和一对虎眼石窗，窗户镂空雕刻双螭抱炉、夔龙纹、二十四孝等题材，也有竹节窗、花格窗；廊道两端对看堵上有彩绘或灰塑的鹤鹿同春、墨彩夔龙图案。祠堂建筑是中国和闽南传统文化的重要载体，其中的石雕、木雕、砖雕、彩绘等装饰题材、图案及附属的匾额、碑铭、楹联内容，无不传递着千百年来的孝、廉、礼、智、信等精神文化内涵，教人向善，促人上进，以期达到忠孝廉洁处世，诗书礼乐传家。

　　集美祠堂、家庙建筑各具特色。陈井陈氏家庙是集美现存规模最大的单体祠堂；兑山李氏家庙专为猫神出入而开辟的猫巷极为罕见；集美陈氏大祠堂、西亭陈氏前祖厝、溪西杨氏家庙、兑山李氏家庙等筒瓦屋面是本家族子弟金榜题名、取得功名的象征；黄地刘氏祖厝仍保留着爬狮形屋顶、卵石天井、夯土墙厅堂特色，是山区祠堂建筑的代表；刺林内谢氏宗祠门前抱鼓石装饰着西洋人物则是外来文化影响的产物；草仔市陈氏祠堂和黄庄杜氏祠堂保留的御赐匾额极为少见；顶许许氏祖厝内的清乾隆年石碑，涉及同安历史名人许溎、许西安、许顺之等，具有极高的史料研究价值。

集美文物

集美陈氏大祠堂

位于厦门市集美区集美街道浔江社区祠前路5号旁。即集美大社陈氏大祖祠，坐北朝南偏东，始建于宋元时期，明万历四十五年（1617年）、清同治六年（1867年）重修。1949年11月，蒋军飞机炸塌东北隅，1950年，陈嘉庚捐款重建，外墙改为花岗岩条石墙，屋面由闽南传统仰合板瓦改为全屋面带孔雀蓝的绿色琉璃筒瓦（少有祠堂建筑覆盖琉璃筒瓦），1985年、2012年祠堂再次重修。现大祠堂为前、后两落，中有天井及两侧廊庑，面宽10米，通进深21米，前有砖埕，进深7米。前落面阔3间，进深1间，双凹寿门，中门上悬"集美大祠堂"匾额，两侧门额石匾"维新建国""再造承基"为陈嘉庚手书。前落为抬梁式梁架，屋面明间抬升凸起，呈三段式屋面和三川式燕尾脊，脊尾上翘飞扬，

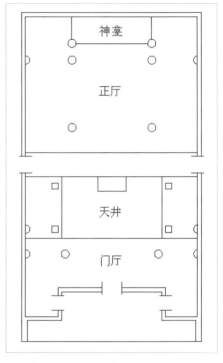

◎ 集美陈氏大祠堂建筑平面示意图

◎ 集美陈氏大祠堂（从南向北拍摄，2009年）

136

精气十足，铺设翠蓝色和鹅黄色筒瓦，前、后两坡各有四条垂脊和戗脊，脊柱上彩塑、剪瓷、交趾陶装饰繁复。后落为敞厅形式，面阔3间，进深3间10.1米，前后两坡翠蓝色、黄色筒瓦屋面，正脊脊堵高大，装饰华丽，燕尾脊尾端高扬，厅前有卷棚顶宽廊。中厅为抬梁式梁架，设有大神龛，堂内悬"尊亲堂"仿制匾，系明崇祯皇帝为天启乙丑科（1625年）进士、苏州府吴县知县陈文瑞告老返乡时所题。1982年祠堂翻修时，中厅出土一块方形买地券石碑，边长0.37米，文字内容顺时针旋读，书写格式、字体及内容具有典型宋元时期买地券特征，原碑复埋于厅中，复制碑嵌于天井旁东廊墙壁。此碑是陈氏开基集美的重要纪年依据，其落款"癸未年"推断为元代癸未年（1343年）（引自《集美学村大观》）。该建筑前落门廊抱鼓石和墙堵上镶嵌的人物故事、麒麟瑞兽石雕极为精美，梁架木雕和内部石雕柱础精湛考究。

清同治六年（1867年）大修祖祠时，因考虑祠堂地理风水，在祠堂前方建造一排小平

◎ 集美陈氏大祠堂正厅

◎ 集美陈氏大祠堂正厅内神龛

◎ 集美陈氏大祠堂正厅梁枋上漆金木雕

◎ 集美陈氏大祠堂凹寿门花篮木雕

房即照厝（倒座），由中间围护栅栏的门厅和左右两间小房构成。据记载，清乾隆二十六年（1761年），清廷裁废集美境内古驿道的兑山、集美两铺，但1867年在大祠堂前修建照厝后，又将驿道的集美铺恢复于此，因此该照厝又称"诰驿"。集美铺当年配备有一马一船，从天马山西麓的豪山铺到集美铺由驿夫策马传递，再从集美铺到厦门岛高崎铺由船只递送，集美铺浔尾渡遗址位于今鳌园地段。当年（同集公路开通龙王宫码头建设前），陈嘉庚即由此到厦门大学视察学校建设和到石码考察砖瓦厂选址及生产情况。1913年陈嘉庚创办集美学校最早的集美小学第一学期，曾短暂借用大祖祠、"诰驿"及二房角祠堂作为教室。20世纪50年代，"诰驿"与大祖祠均得到重修，1984年，"诰驿"改建成面阔5间的砖石平房。

集美陈氏大祠堂是远近闻名的祠堂建筑，爱国侨领陈嘉庚出生于集美大社，是该陈氏宗祠族裔，曾数次捐款修葺。

◎ 集美陈氏大祠堂门前抱鼓石

◎ 集美陈氏大祠堂前落墙堵上八仙人物纹石雕

◎ 集美陈氏大祠堂厅内出土的买地券（复制）

颍川世泽堂

位于厦门市集美区集美街道浔江社区尚南路48号，即"陈嘉庚出生地"，又称"颍川世泽堂"。19世纪60年代，陈嘉庚祖父建成农家屋。1872年，陈嘉庚父亲重新扩建为颍川世泽堂。2000年重修。建筑坐东朝西，为前、后两落大厝，中有天井及两侧榉头，面阔12.1米，通进深15.8米，厝前有砖埕，进深12米。前落面阔3间进深1间，大门石门框上方镌刻"颍川世泽"，内为厅堂及两侧厢房，屋面燕尾式三段脊；后落面阔3间进深1间7.9米，由中间厅堂及两侧厢房组成，厅内设神龛，硬山顶、燕尾脊屋面。神龛下设花岗岩长方形须弥座，长1.95米，宽0.9米，高0.95米，正面直镌200多字，篇首为"大凡男女结发夫妇之大伦百年

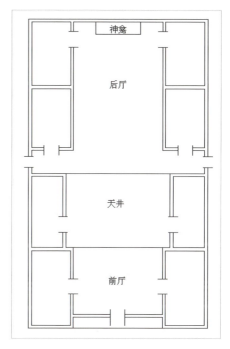

◎ 颍川世泽堂建筑平面示意图

◎ 颍川世泽堂（从西向东拍摄，2009年）

◎ 颍川世泽堂前厅背面及天井

◎ 颍川世泽堂后厅

偕老……"，内容为家族祭祖、祭神等家规约定。此建筑西侧约50米巷路旁有后尾古井，陈嘉庚幼年时曾在此打水，供日常起居生活之用。

此房屋原为一厅四房带右伸脚的普通土坯房民居，19世纪60年代由陈嘉庚祖父陈簪聚重建，70年代陈嘉庚父亲陈杞柏下南洋经商、事业有成后，于70年代初返梓归乡重建家园，将老屋扩建为两落古厝形式。其间，陈杞柏与邻社孙厝孙秀妹结婚，1874年陈嘉庚出生于此。陈嘉庚童年时在母亲以身作则的教导下，也经常讨小海、铲牡蛎和插秧、割稻、挖地瓜、拔花生，自幼养成勤劳节俭务实的习惯，培养出向上向善、爱国爱乡的优良品德。他9岁入私塾，就学多年，奠定了扎实的传统文化基础。16岁时应父亲

◎ 颍川世泽堂后厅内神祖龛

◎ 颍川世泽堂后厅神祖龛花岗岩须弥座

之命，离开此地赴新加坡协助经商。早年，因陈杞柏三兄弟出洋在外，此屋空闲，为聚人气，此建筑交由陈氏近亲看管，逐渐成为陈氏近亲小祠堂。

兑山李氏家庙

位于厦门市集美区侨英街道兑山社区东南村边宅内。传始建于南宋，1985年重修。坐西南朝东北，前、后二落大厝，中为天井及两侧廊道，面宽13米，通进深23米，厝前有石埕。前落面阔3间，凹寿门，中门悬"李氏家庙"匾，悬山顶，燕尾脊。后落为敞厅，面阔3间，进深4间，厅堂内设寿屏神龛，抬梁式梁架；厅堂两侧增筑一道墙，与山

◎ 兑山李氏家庙后落敞厅

墙之间形成前后贯通的小巷，俗称"猫巷"，相传为猫神出入通道。据传此地旧时为猫穴，家庙前种植有一片枫树林（红树林），专供鸟禽栖息，因猫神见到鸟禽便会神情振作，隐意李氏家族必会人丁兴旺。此建筑保留较多原有石木建筑构件，其中双喜

◎ 兑山李氏家庙（从东北向西南拍摄，2009年）

◎ 兑山李氏家庙厅堂边侧"猫巷"

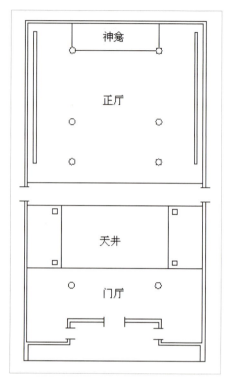

◎ 兑山李氏家庙建筑平面示意图

纹镂雕石窗及石雕抱鼓石、石柱础等形体硕大、雕琢精美；此建筑地势较高，中央天井内的排水孔通向后落大厝，但建筑外围四周未见排水沟，其排水通畅，常年不淤不积，排水系统值得探究。

据《兑山李氏族谱》记载，南宋时兑山李氏开基祖李仲文由同安仙店南山（今东孚街道东坂村）迁徙于此，清雍正、乾隆年间，李氏族人播迁台湾台北县芦山，自1990年始，台湾李氏宗亲回乡寻根逐渐增多。在近百年历史中，兑山李氏家族曾培养出国、共两党的3位将军——李友邦、李良荣、李友九。厦门市思明区南普陀寺藏经阁东侧保留着台籍抗日将领李友邦将军（1906—1952年）题写的"复疆"摩崖石刻，落款"中华民国三十四年九月"，为1945年8月日寇投

◎ 兑山李氏家庙双喜纹镂雕石窗

◎ 兑山李氏家庙松鼠葡萄纹石柱础

降时，李友邦率台湾抗日义勇队返台途经厦门时留下的字迹，表达其对国土光复、台湾回到祖国怀抱的欣喜之情。李友邦遗孀在1998年后曾多次率亲友到兑山寻根谒祖，两岸李氏宗亲互动频繁。

锦园林氏宗祠

位于厦门市集美区杏滨街道锦东路173号。始建于宋，清代重建，1988年重修。建筑坐东朝西偏北，前、后两落大厝，中有天井及两侧廊庑，面宽10米，通进深19米，前有砖埕。前落大厝面阔3间，进深2间，凹寿门，开中门及

◎ 锦园林氏宗祠大门

◎ 锦园林氏宗祠（从西向东拍摄，2009年）

◎ 锦园林氏宗祠后厅

两侧边门，中门悬"林氏宗祠"匾，屋面三段脊；后落为敞厅，面阔3间，进深3间10米，抬梁式梁架，悬山顶，燕尾脊，厅内悬挂清光绪年"翰林""进士"匾额及新制"文魁""武魁"匾。后厅墙壁嵌立大、小石碑2方，大者为清乾隆四十二年（1777年）《奉宪勒禁所争原地永远不许起

◎ 锦园林氏宗祠后厅神龛

盖房屋碑记》，宽0.63米，高2.4米；小者为清乾隆十五年（1750年）所立，宽0.42米，高1米。建筑中保存大量清代石、木建筑构件和数对明代覆盆式柱础、莲瓣纹柱础等，以及清光绪年石香炉和"锦园宫"大铁炉，均具有较高文物价值和历史研究价值。锦园林氏迁自海沧锦里。

◎ 锦园林氏宗祠覆盆式石柱础

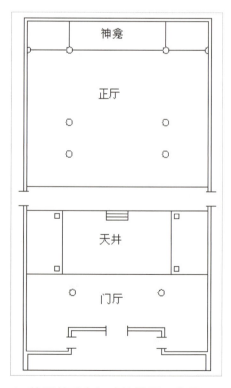

◎ 锦园林氏宗祠建筑平面示意图

◎ 锦园林氏宗祠内铁炉

碗窑王氏宗祠

位于厦门市集美区后溪镇后溪村碗窑自然村中部。始建于南宋，清代重建，2007年重修。坐北朝南，单体大厝建筑，前有庭院及院墙、院门，面宽12米，通进深21米。大厝为敞厅形式，面阔3间，进深3间12.7米，抬梁式梁架，硬山顶，燕尾脊。此建筑为闽南常见的单体祠堂建筑，仍保留清代木构梁架及石门框、台阶、石柱础等房屋建筑构件，具有一定文物价值。

据考古资料记载，1981年文物调查时，于碗窑自然村发现大规模古窑址。2001年，福建省博物馆和厦门市博物馆联合对古窑址进行考古发掘，证实古窑址烧造年代始于北宋末期，南宋时期达到鼎盛。窑址主要生产青瓷器，

◎ 碗窑王氏宗祠（从南向北拍摄，2009年）

◎ 碗窑王氏宗祠主体建筑

◎ 碗窑王氏宗祠厅内八角形石柱础

◎ 碗窑王氏宗祠厅内鼓形石柱础

145

产品以外销为主。窑址附近的苎溪是重要运输水路，顺苎溪而下便可通往下游出海口的杏林湾而运销外地。碗窑古窑址是厦门已发现的宋代著名外销瓷窑址之一，烧窑规模大、时间长，碗窑自然村的形成和碗窑王氏宗族开基的历史，与碗窑古窑场的兴烧年代和窑场工匠的定居繁衍存在密切关系，有待进一步探讨和研究。

珩山王氏支祠

　　位于厦门市集美区后溪镇后垵村田厝自然村东北约500米圣果院北侧。始建于元代，明清时期多次修葺，近年于原址翻修。建筑坐东北朝西南，为单体大厝，前有石埕，两侧廊庑（榉头），石埕前的院墙正中设有院门，总面宽12米，通进深17米。大厝面阔3间，进深2间10米，为中厅及两侧厢房布局，硬山顶，燕尾脊。建筑中仍保存部分原有墙体和数对元明时期梭形石柱。

◎ 珩山王氏支祠（从西南向东北拍摄，2009年）

　　据圣果院保存的元至正十九年（1359年）《龙山圣果院祠堂内碑记》记载，元至正甲午年（1354年），圣果院尽毁于兵火，至正丁酉年（1357年）由王西隐、王廷佐父子及寺僧南宗等信众重建寺院。碑文载："构祠堂于西偏，以奉宗祧之祀，复捐己田叁十亩以赡其用，更始至正丁酉八月落成，戊戌春正月难哉，于是载酒酌客，嘱予记之。"由此可知，该建筑始建历史悠久，与相邻的圣果院的兴建和发展历史有密切关系，是研究圣果院历史和王氏姓氏源流的相关文物古迹。

◎ 珩山王氏支祠后厅

珩山王氏长房祖祠

位于厦门市集美区后溪镇崎沟村前行东。始建于元末,清代光绪三十年(1904年)和1963年重修,2002年翻修。建筑坐西北朝东南,主体为单落大厝,前有庭院和院门,面宽12米,通进深23米。大厝为敞厅形式,面阔3间,进深3间13米,厅中设神龛,供奉神祖牌位,抬梁式梁架,硬山顶,燕尾脊。厅中北壁立有清光绪三十年《重修碑记》,碑宽0.49米,高1.2米,带座通高1.5米;南壁立有1963年《重修碑记》。此建筑为典型的闽南单落祠堂建筑,建筑中仍保留较多清代石、木建筑构件,具有一定文物价值。

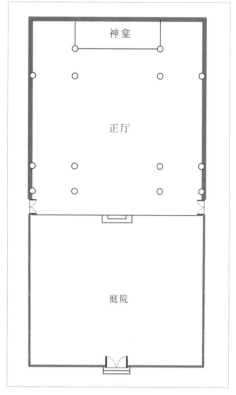

◎ 珩山王氏长房祖祠建筑平面示意图

◎ 珩山王氏长房祖祠(从东南向西北拍摄,2009年)

◎ 珩山王氏长房祖祠厅堂

◎ 珩山王氏长房祖祠厅堂内神龛

◎ 珩山王氏长房祖祠清光绪年《重修碑记》

珩山王氏家庙

位于厦门市集美区后溪镇后垵村龙头西17号旁。始建年代不详，清代、民国时期和2004年重修。建筑坐北朝南偏西，前、后两落，中有天井及两侧廊庑，面宽12米，通进深26米，前有砖埕。前落正面为横向檐廊，正中开凹寿门，门上悬"王氏家庙"匾，抬梁式梁架，硬山顶，

◎ 珩山王氏家庙（从西南向东北拍摄，2009年）

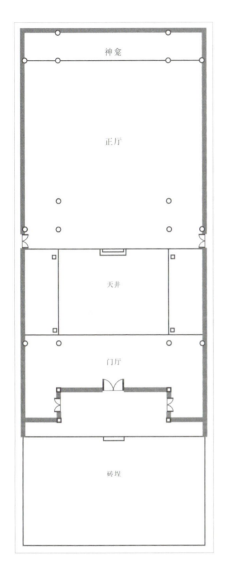

◎ 珩山王氏家庙建筑平面示意图

◎ 珩山王氏家庙后厅

◎ 珩山王氏家庙后厅神龛

三段脊；后落为敞厅，面阔3间，进深3间14米，中设大神龛，厅中悬有清光绪丁丑科（1877年）状元、书法家王仁堪"状元及第"匾额。家庙中保留大量清代建筑石、木构件，极为精美，并有数对楹联石柱，均具有较高的文物价值。

◎ 珩山王氏家庙屋脊上吻兽

据王氏族谱记载，珩山王氏于宋末由泉州南安经同安西门外和集美苎溪苏营村迁此开基，繁衍生息，其后裔藩衍新加坡、中国台湾等地，以新加坡华侨居多，在台湾的王氏宗亲有四五千人。

◎ 珩山王氏家庙花篮形垂栱

◎ 珩山王氏家庙门前抱鼓石

高浦高氏宗祠

位于厦门市集美区杏林街道浦城路62号。始建年代不详，清康熙年间重建，1933年和1965年重修，1989年和2008年再修。建筑坐南朝北偏西，为前、后两落大厝，中为天井及两侧廊庑，面宽11米，通进深22米，厝前有大石埕。前落面阔3间，进深1间，凹寿门，中门悬"高氏宗祠"匾，抬

◎ 高浦高氏宗祠（从北向南拍摄，2009年）

◎ 高浦高氏宗祠大门

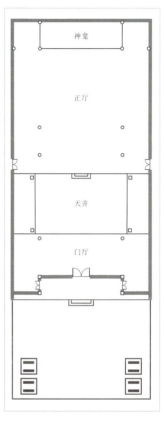

◎ 高浦高氏宗祠建筑平面示意图

梁式梁架，三段脊；后落为敞厅，面阔3间，进深3间，厅内悬挂"副元""中营参将"等匾额，抬梁式梁架，硬山顶，燕尾脊。建筑中保留较多清代石、木构件，包括前落正面石雕墙基、墙裙、墙堵和镂雕石窗、抱鼓石以及内部的石柱、柱础等，均具有较

◎ 高浦高氏宗祠正厅

◎ 高浦高氏宗祠大门边双螭纹镂雕石窗

高历史价值和艺术价值。石埕有4对新立旗杆石。

据高浦高氏族谱记载，宋末高氏由晋江安海迁徙至高浦，与石氏联姻，遂成当地望族，此后"高浦"逐渐取代原有"鹤浦"地名。

鹤浦郑氏家庙

位于厦门市集美区杏林街道高浦社区南门路34号旁。始建于明弘治年间，清初"迁界"时遭毁，后重建。1985年及2005年又重修。建筑坐北朝南偏东，前、后两落大厝，中为天井及两侧廊

◎ 鹤浦郑氏家庙（从南向北拍摄，2009年）

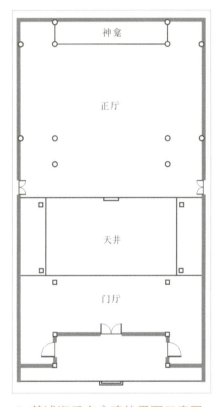

◎ 鹤浦郑氏家庙建筑平面示意图

神龛

正厅

天井

门厅

◎ 鹤浦郑氏家庙正厅

庑，面宽11米，通进深21米，前有石埕。前落面阔3间，进深2间，凹寿门，中门及两侧边门，中门悬"鹤浦郑氏家庙"匾，硬山顶，三段式翘脊；后落为敞厅，面阔3间，进深3间11米，抬梁式梁架，硬山顶，燕尾脊，

◎ 鹤浦郑氏家庙大门

◎ 鹤浦郑氏家庙门前抱鼓石

◎ 鹤浦郑氏家庙厅堂内"带草堂"匾额

厅内神龛悬挂"带草堂"木匾。建筑中保存较多原有建筑石构件，包括房基、龙纹镂雕石窗、石柱础等，具有一定的文物价值，是典型的闽南传统祠堂建筑。

据高浦郑氏族谱记载，郑氏"带草堂"支系先祖郑崇于明洪武二十三年（1390年）调任高浦守御千户所总旗使，驻守高浦，遂开基于此，此后郑氏渐成高浦望族。

鹤浦大观郑氏家庙

位于厦门市集美区杏林街道高浦社区西潭路81号旁。始建年代不详，清代重建。建筑坐东朝西偏北，前、后两落大厝，中为天井及两侧廊庑，面宽10米，通进深20米，前有石埕。前落大厝面阔3间，进深1间，凹寿门，中门及两侧边门，抬梁式梁架，硬山顶，三段式燕尾脊；后落为敞厅，面阔3间，进深3间11米。20世纪50年代曾作为生产队用房，前落隔间为财务室，1970年"文革"期间，神龛及部分木构件被拆除，2010年后因梁、柱残损严重，后落原有梁架更换为简易梁架支撑，木柱为石柱替代。

◎ 鹤浦大观郑氏家庙（从西向东拍摄，2009年）　　◎ 鹤浦大观郑氏家庙正厅

此建筑正面及前落的石、木建筑构件精细考究，有石雕的垂莲栱、镂雕石窗、刻字门楣和花鸟纹石柱础、瓜棱石柱，以及木构梁架上的狮座斗抱、花鸟纹随巾等，用料上乘，雕琢精细，具有较高文物价值和艺术价值。

◎ 鹤浦大观郑氏家庙瓜棱形石柱

◎ 鹤浦大观郑氏家庙凹寿门上方狮座斗抱木雕　　◎ 鹤浦大观郑氏家庙石雕莲花坐斗和垂莲栱　　◎ 鹤浦大观郑氏家庙双螭抱炉纹镂雕石窗

马銮杜氏家庙

位于厦门市集美区杏滨街道马銮社区衙宅路58-1号。始建年代不详，明隆庆年间重建，清康熙五十二年（1713年）、乾隆四年（1739年）、乾隆十三年（1748年）、光

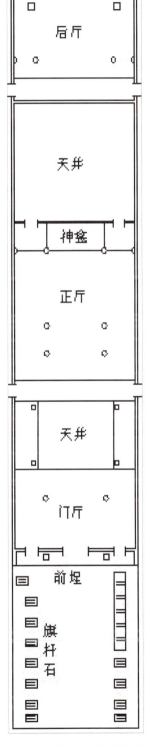

◎ 马銮杜氏家庙建筑平面示意图

◎ 马銮杜氏家庙（从西南向东北拍摄，2009年）

绪十五年（1889年）、民国时期及1984年先后重建、重修，现建筑大部分为1889年重建时的风貌。建筑坐东北朝西南，为前、中、后三落大厝，面宽10米，通进深41米，包括家庙前面进深较长的石埕及池塘，石埕两侧排列17对旗杆石。前落面阔3间10米，进深2间，前部为宽檐廊，平开三门，中门悬"杜氏家庙"匾，硬山顶，三段脊。中落为敞厅，面阔3间，进深3间13米，抬梁式梁架，硬山顶，燕尾脊；厅内设大神龛，悬挂数方匾额，其中有清光绪二十六年（1900年）清廷为灌口黄庄杜文昆所题"乐善好施"匾，厅堂南壁嵌有清康熙五十一年（1712年）"同安銮江杜氏大祖祠重修"黑石质地石碑，宽0.32米，高0.43米，旁有仿刻大石碑。后落面阔3间，进深2间，南壁嵌有明嘉靖二十五年（1546年）

◎ 马銮杜氏家庙门前抱鼓石

◎ 马銮杜氏家庙中落大厝

◎ 马銮杜氏家庙中厅梁架木雕

◎ 马銮杜氏家庙中厅清光绪二十六年题"乐善好施"匾额

南京大理寺丞林希元撰《复业记》石碑，宽0.89米，碑高2.3米，含底座通高2.64米。祠堂中还保存大量极具特色的原有建筑石木构件，包括前落门面石雕柜台脚和墙堵、夔龙纹镂雕窗以及檐廊对看堵的双螭团炉纹、团鹤纹灰塑等。此外，门前涡纹和缠枝花卉纹抱鼓石寓意子孙绵延不断；中落檐廊正中砛石体量巨大，长8.74米、宽0.7米、厚0.28米，几乎接近厅堂宽度，寓意子孙人丁兴旺，如此巨大石料应是旧时通过祠前海边码头载运此地。此祠堂保存的建筑形制及其大量建筑原物构件和古碑、匾额、旗杆石等，均具有较高的文物价值。

◎ 马銮杜氏家庙门廊双螭抱炉纹灰塑

◎ 马銮杜氏家庙门廊团鹤纹灰塑

◎ 马銮杜氏家庙明嘉靖二十五年《复业记》石碑

◎ 马銮杜氏家庙清康熙五十一年"同安銮江杜氏大祖祠重修"碑

西滨陈氏宗祠

位于厦门市集美区杏滨街道西滨社区西滨中路516号。始建于明，清代重建，1988年重修。建筑坐东朝西，前、后两落大厝，中为天井及两侧廊庑，面阔12米，通进深23米，祠前水泥埕，祠后有"化胎"护坡。前落建于石构台基上，面阔3间，进深2间，双凹寿门，有中门及两侧边门，中门悬有1986年题"陈氏宗祠"木匾，门厅为抬梁式梁架，硬山顶，三段脊。后落正厅为敞厅形式，

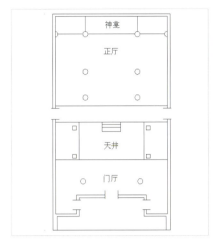
◎ 西滨陈氏宗祠建筑平面示意图

◎ 西滨陈氏宗祠（从西向东拍摄，2009年）

◎ 西滨陈氏宗祠大门上"陈氏宗祠"木匾

◎ 西滨陈氏宗祠门前抱鼓石

◎ 西滨陈氏宗祠后厅

157

面阔3间，进深3间，抬梁式梁架，硬山顶，燕尾脊，厅内神龛悬有"德芳堂"匾额。此建筑保存大部分清代石木建筑构件，包括房基、柱础、墙堵、梁柱、木雕及门前抱鼓石等，为典型的闽南传统祠堂建筑。前埕立有2对旗杆石，埕边小路旁可见单只宋代石狮。2021年4月，祠堂门前1对抱鼓石曾被盗，由公安部门破获后归于原位。

◎ 西滨陈氏宗祠后厅神龛

◎ 西滨陈氏宗祠门廊木雕垂莲栱和花篮

◎ 西滨陈氏宗祠埕边宋代石狮

英村平阳汪氏家庙

位于厦门市集美区后溪镇英村三里8-4号。始建于明，清代重建，1965年大修，2006年翻修。建筑坐北朝南，为前、后两落大厝，中有天井及两侧廊庑，面宽10米，通进深21米，祠前有砖埕。埕后戏台，戏台后一口风水池（鲤鱼池）。前落面阔3间，中为双凹寿门，中门上悬

◎ 英村平阳汪氏家庙正厅

◎ 英村平阳汪氏家庙（从南向北拍摄，2009年）

"汪氏家庙"匾，屋面为三段脊；后落为敞厅，面阔3间，进深3间，抬梁式梁架，硬山顶，燕尾脊。建筑中保留部分原有石构墙基及柱础、抱鼓石、门窗等石、木构件，并保留清光绪戊子年（1888年）麒麟纹石香炉。

◎ 英村平阳汪氏家庙门前抱鼓石

◎ 英村平阳汪氏家庙厅内神龛

◎ 英村平阳汪氏家庙内清代石香炉

据《汪氏族谱》记载，元代初年，惠安上埔汪隆衍居后溪英村，成为英村汪氏开基祖。清乾隆三年（1738年），英村汪氏族人迁居台北八里乡及三重市等地，现台湾有汪氏宗亲三万多人，1994年，台湾汪氏宗亲回乡寻根。此建筑是研究集美汪氏源流变迁历史及涉台关系的文物古迹。

◎ 英村平阳汪氏家庙双螭抱炉
纹镂雕木窗

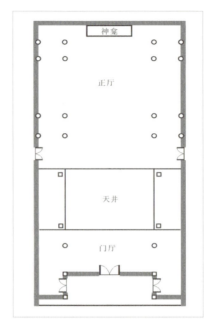

◎ 英村平阳汪氏家庙建筑平面示
意图

陈井陈氏家庙

　　位于厦门市集美区灌口镇陈井二里156号。始建于明，清康熙五十一年（1712年）重建，清光绪年间及1987年、1991年重修。坐东朝西偏北，为单落大厝形式，前有土埕。建筑面阔3间13米，进深3间16米，正面为横向檐廊，平开三门，主厅为敞厅形式，抬梁式梁架，硬山顶，燕尾脊，脊堵高大，厅内神龛上悬有"祚胤堂"匾。整体建筑举架高大宽敞，

◎ 陈井陈氏家庙远眺

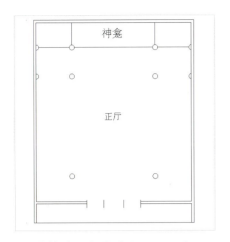

◎ 陈井陈氏家庙建筑平面示意图

◎ 陈井陈氏家庙（从南向北拍摄，2009年）

平开三门形式少见，基本保留原有建筑风貌，梁架斗抱漆金木雕、柱础石雕以及山尖灰塑、瓷片剪粘等精细考究，具有清代早期建筑风格，并保留数对明代覆盆式石柱础。厅内南壁立有清康熙壬辰年（1712年）"陈洪达捐地建祖祠"记事碑，宽0.53米、高1.97米，并保存有清同治甲子年（1864年）和宣统二年（1910年）石香炉。此建筑是集美区现存规模最大、最完整的单体祠堂建筑，即为当地名闻遐迩的"下洋的庵、陈井的祖厝"中所指的"祖厝"。陈井陈氏后裔历史上不断迁徙台湾，现有五六千人，该家庙具有密切的涉台关系。

◎ 陈井陈氏家庙厅堂

◎ 陈井陈氏家庙梁架上漆金木雕

◎ 陈井陈氏家庙山尖灰
塑及瓷片剪粘装饰

◎ 陈井陈氏家庙内明代覆盆式石柱础

◎ 陈井陈氏家庙内记事
碑

西亭陈氏前祖厝

　　位于厦门市集美区杏林街道西亭社区颖川路156号旁,即西亭颖川陈氏"增保堂"。始建于明万历二十八年(1600年),历代修缮,清代重建,1992年重修。建筑坐西南朝东北,为前、后两落带双边护格局,总面宽21米,通进深25米,前有大砖埕。居中的主体大厝由前、后两落及中间天井、两侧廊庑组成,前落面阔3间10米,进深2间,

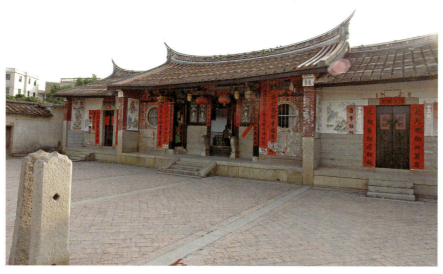

◎ 西亭陈氏前祖厝(从北向南拍摄,2009年)

◎ 西亭陈氏前祖厝后厅

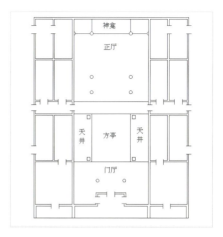

◎ 西亭陈氏前祖厝建筑平面示意图

双凹寿门，抬梁式梁架，硬山顶，燕尾脊；后落为敞厅形式，面阔3间，进深3间12米，中设神龛，悬挂"增保堂"匾额，硬山顶，燕尾脊。建筑中仍保留清代建筑风貌和原有石构房基、抱鼓石、石柱础及旗杆石等精美建筑构件，具有较高文物价值。该祠堂是四观公之弟五龙公分房独立的角落祖厝，其宗亲均为西亭陈氏开基一世祖增保公、二世祖德昌公的后裔。

◎ 西亭陈氏前祖厝门前抱鼓石

◎ 西亭陈氏前祖厝后厅内石柱础

西亭陈氏后祖厝

位于厦门市集美区杏林街道西亭社区颖川路102号旁。始建年代不晚于明代，清代及民国重建，20世纪50年代重修。建筑坐西南朝东北，为前、后两落大厝，中有天井及两侧廊庑，面宽10米，通进深21米，前有砖埕。前落大厝面阔3间，进深2间，抬

◎ 西亭陈氏后祖厝（从南向北拍摄，2009年）

◎ 西亭陈氏后祖厝后厅

◎ 西亭陈氏后祖厝厅内覆盆式石柱础

梁式梁架，悬山顶，燕尾脊；后落大厝为敞厅形式，面阔3间10米，进深3间12米，抬梁式梁架，悬山顶，燕尾脊。建筑保留部分原有木构梁架和石构房基、墙裙、墙堵等，并保留数对覆盆式石柱础；廊庑西壁立有民国五年（1916年）《重修后祖厝碑记》，宽1.3米，带座通高1.5米。此建筑历史较悠久，为西亭陈氏支系祠堂，是四观公分房独立的角落祖厝，后祖厝四观公与前祖厝五龙公为兄弟，同为西亭陈氏开基一世祖增保公、二世祖德昌公的后裔，其传承脉络较清晰，对研究当地开发和西亭陈氏源流具有一定文物价值。

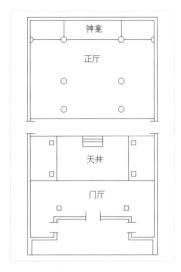

◎ 西亭陈氏后祖厝建筑平
面示意图

◎ 西亭陈氏后祖厝《重修后祖厝碑记》

孙厝孙氏宗祠

　　位于厦门市集美区侨英街道孙厝社区乐安北里209号，又称"元芝堂""孙氏祖祠"。始建年代不晚于明代，清代及民国时期数次重建、重修，1985年、2003年翻修。坐东北朝西南，主体建筑为单体大厝形式，前有庭院，中开小院门，面宽13米，进深18米。

◎ 孙厝孙氏宗祠（从西南向东北，2009年）

◎ 孙厝孙氏宗祠主厝厅堂

◎ 孙厝孙氏宗祠厅内石柱础

大厝为敞厅形式，面阔3间13米，进深3间10米，抬梁式梁架，硬山顶，燕尾脊，厅堂后部神龛上悬"元芝堂"匾，厅内保留覆盆式石柱础2对，八角形石柱础1对。

据2003年《元芝家庙碑志》记载，集美乐安孙氏系禾山（柳塘）始祖孙朱之后裔衍派，宋末先祖元芝暨弟元辉、元恺由柳塘迁此定居，后世尊为厦门孙氏始祖。孙厝孙氏是开发集美较早的姓氏之一，孙厝由此得名，此祠堂对研究集美孙氏渊源流变具有文物研究价值。

◎ 孙厝孙氏宗祠厅内神龛

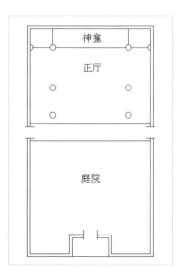

◎ 孙厝孙氏宗祠建筑平面示意图

孙厝孙氏小宗祠堂

位于厦门市集美区侨英街道孙厝社区乐安西里107号。始建于明代，清代重建，1965年和1990年重修。坐东北朝西南，主体建筑为单体大厝建筑，前有庭院和围墙，中开小院门，面宽10米，通进深17米。主体大厝面阔3间10米，进深3间10米，抬梁式梁架，硬山顶，燕尾脊，厅内神龛上悬有"孙氏小宗"匾额。1965年重修时，将木构梁架更换成钢筋混凝土结构，仍保留部分覆盆式柱础、旧砛石等。

该祠堂孙氏后裔历代播迁海外及台湾地区人数众多，新加坡著名企业家、杰出社会活动家和华人社会领袖孙炳炎即出自此支系。

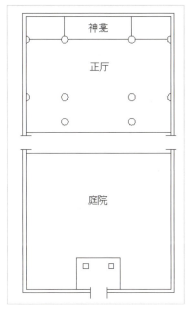

◎ 孙厝孙氏小宗祠堂建筑平面示意图

◎ 孙厝孙氏小宗祠堂（从西南向东北拍摄，2009年）

◎ 孙厝孙氏小宗祠堂厅堂

◎ 孙厝孙氏小宗祠堂厅堂内神龛

叶厝板桥张氏宗祠

　　位于厦门市集美区侨英街道叶厝社区东北部（古榕公园南侧）。始建于明代，清顺治年间毁于兵燹，清康熙辛未年（1691年）复建，清乾隆丁卯年（1747年）重修，但约在1953年又被毁，1985年重建，2003年翻建。建筑坐北朝南偏西，为前、后两落大厝，中有天井及两侧廊庑，面宽13米，通进深22米，前有砖埕。前落面阔3间，进深1间，双凹寿门，抬梁式梁架，三段式燕尾脊。后落面阔3间，进深3间，抬梁式梁架，厅内

◎ 叶厝板桥张氏宗祠（从南向北拍摄，2009年）

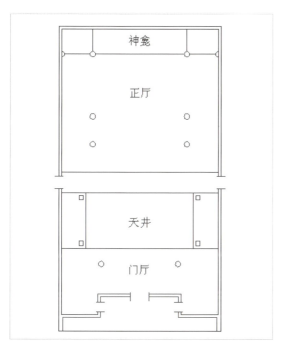

◎ 叶厝板桥张氏宗祠建筑平面示意图

◎ 叶厝板桥张氏宗祠大门

设有神龛，硬山顶，燕尾脊。2003年翻建时，正立面装饰大量青石雕，仅保留下大门边一对清代花鸟纹抱鼓石，祠堂后大片古树林也被辟为休闲公园。

　　该祠始建历史悠久，至清康熙年间，由板桥张氏十四世张文英开始，张氏族人不断藩衍台湾凤山、诸罗等地，其聚居地也称"板桥"，1989年，台湾张氏宗亲开始回乡寻根问祖。

◎ 叶厝板桥张氏宗祠门前抱鼓石

◎ 叶厝板桥张氏宗祠之后的古树公园

刺林内谢氏宗祠

位于厦门市集美区灌口镇浦林村刺林内社143号。始建于明代，清代重建，1992年重修。坐北朝南偏西，前、后两落大厝，中为天井及两侧廊庑，面宽12米，通进深22米，祠前有石埕。前落大厝面阔3间，进深1间，凹寿门，中门悬有"宝树"堂号门匾，抬梁式梁架，硬山顶，三段脊；后落为敞厅，面阔3间，进深3间11米，抬梁式梁架，硬山顶，燕尾脊。建筑中保留大量清代原有石构件，包

◎ 刺林内谢氏宗祠（从南向北拍摄，2009年）

◎ 刺林内谢氏宗祠侧面

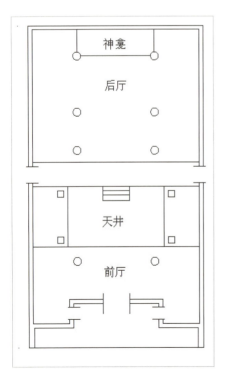

◎ 刺林内谢氏宗祠建筑平面示意图

◎ 刺林内谢氏宗祠正厅

括房基、墙裙、墙堵、柱础及抱鼓石等，其中抱鼓石上浮雕两个西洋人物形象，其一佩剑行进，另一执杖持匕，形象逼真，较为少见。前埕立有2对旗杆石。刺林内谢姓在明代由石塘、东坑迁此，此建筑是研究探讨当地开发历史和集美谢氏源流的历史建筑。

◎ 刺林内谢氏宗祠门前抱鼓石

◎ 刺林内谢氏宗祠抱鼓石上人物纹

仑上黄氏家庙

位于厦门市集美区后溪镇仑上村大社一里。始建于明朝，清代重建，1947年焚毁，1985年重修。建筑坐北朝南偏东，前、后两落，中为天井及两侧廊庑，总面宽11米，通进深18米，祠前水泥埕立有6对旗杆石。前落面阔5间，进深2间，凹寿门，三段式燕尾脊；后落为敞厅形式，面阔5间，进深3间，抬梁式梁架，硬山顶，燕尾脊，厅内供奉先祖牌位。1985年重修时，将原有木构梁柱更换为砖混结构梁架和钢筋水泥柱，土坯墙体改为砖石墙体，但仍保留部分清代石构房基、墙裙、抱鼓石等建筑遗迹，具有一定文物价值。抗战期间，该祠堂曾作为集美小学临时教学点。

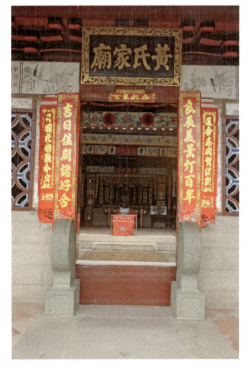

◎ 仑上黄氏家庙大门

◎ 仑上黄氏家庙（从南向北拍摄，2010年）

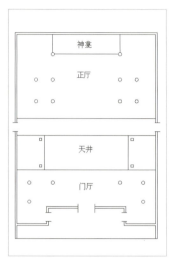

◎ 仑上黄氏家庙建筑平面示意图

　　仑上黄氏为同安金柄黄氏衍派，至明代，黄兵旺（弼）定居仑上。清乾隆年间，仑上黄氏族人开始播迁台湾新北三重。清同治年间，又有仑上另一脉黄氏迁移台南和澎湖。1989年之后，台湾黄氏宗亲每年返乡祭祖。

◎ 仑上黄氏家庙大门边抱鼓石

◎ 仑上黄氏家庙天井和后厅

曾营登瀛陈氏家庙

　　位于厦门市集美区杏滨街道曾营社区龙泉巷。始建于明，清代重建，1936年、1994年及2004年重修。坐东朝西，为前、后两落大厝，中为天井及两侧廊庑，前有庭院及四周院墙，总面宽20米，通进深44米。建筑面宽10米，进深24米。前落大厝面阔

3间，进深2间，凹寿门，悬山顶，三段脊；后落为敞厅，面阔3间，进深4间13米，抬梁式梁架，悬山顶，燕尾脊，厅中悬挂"登瀛堂"匾。建筑中保存较多原有建筑石构件，包括房基、墙裙、柱础等。前埕原立有旗杆石4对，现仅存单根旗杆石存放于院内墙边，长3.9米。

据2005年《重修登瀛陈氏宗祠碑记》记载，曾营登瀛陈氏一世祖陈均用来自广东大埔，为颍川陈氏始祖陈实后裔，嘉禾（厦门岛）陈黯六世孙、陈偁十二世孙，生于明正统庚申年（1440年），明代中叶开基登瀛，距今500多年，以"颍川"为总堂号，"登瀛"为分支灯号。

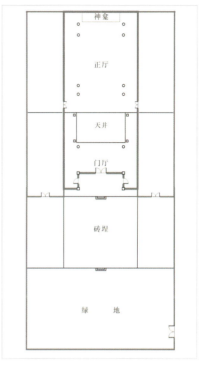

◎ 曾营登瀛陈氏家庙建筑平面示意图

◎ 曾营登瀛陈氏家庙（从西向东拍摄，2009年）

◎ 曾营登瀛陈氏家庙正厅如意花卉纹石柱础

◎ 曾营登瀛陈氏家庙后落厅堂

◎ 曾营登瀛陈氏家庙内保存的旗杆石

曾营曾氏家庙

位于厦门市集美区杏滨街道曾营社区曾营巷212号。建于清代，2004年重修。建筑坐东朝西偏北，为前、后两落大厝，中央有天井及两侧廊道，建筑面宽12米，通进深23米，家庙前有石埕及照壁。前落面阔3间，进深2间，凹寿门，抬梁式梁架，

◎ 曾营曾氏家庙（从西南向东北拍摄，2009年）

◎ 曾营曾氏家庙正厅

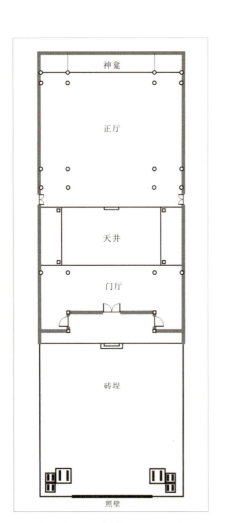

◎ 曾营曾氏家庙建筑平面示意图

◎ 曾营曾氏家庙正厅梁架

悬山顶，三段脊，中门上方悬"曾氏家庙"匾；后落为敞厅，面阔3间，进深4间13米，抬梁式梁架，悬山顶，三段脊，厅内神龛上方悬"厚德堂"匾。建筑中仍保留大量精美的原有石、木建筑构件，包括木构的梁架、狮座斗抱和石雕抱鼓石、人物故事墙堵和水车堵，以及镂雕的圆形、方形石窗等，石埕立有5对清代旗杆石及1对新制旗杆石。此祠堂基本保持原有历史风貌，是典型的闽南传统祠堂建筑，保留下的石木构件均具有较高的文物价值和艺术价值。

◎ 曾营曾氏家庙梁架上座狮木雕

◎ 曾营曾氏家庙门前抱鼓石

◎ 曾营曾氏家庙方形镂雕石窗

◎ 曾营曾氏家庙圆形镂雕石窗

曾营霞祖曾氏家庙

位于厦门市集美区杏滨街道曾营社区龙泉巷336号。建于清代，2009年修葺维护。坐东北朝西南，为单落大厝建筑，前有庭院、围墙及院门，总面宽10米，通进深17米，水泥外埕。主体大厝建筑面阔3间，进深3间11米，抬梁式梁架，悬山

◎ 曾营霞祖曾氏家庙（从西南向东北拍摄，2009年）

顶，燕尾脊，厅中神龛两侧保留原有的金彩古篆楹联："霞蔚云蒸受天之祐""祖功宗德长发其祥"，神龛上方悬"笃亲堂"匾。建筑中仍保留大量原有的清代石构房基、石柱础及木构梁架，厅内悬有清嘉庆丙辰年（1796年）"文魁"匾，中、前、后分别落款："钦点内阁 兵部侍郎兼都察院右副都御史巡抚福建等处地方授都军务兼理粮饷加三级姚□□ 为嘉庆丙辰恩科会试中式第二十四名进士曾□□立。"此建筑为闽南常见的小型祠堂建筑，具有一定的文物价值。

◎ 曾营霞祖曾氏家庙正厅

◎ 曾营霞祖曾氏家庙厅堂

◎ 曾营霞祖曾氏家庙内"文魁"匾（原物）

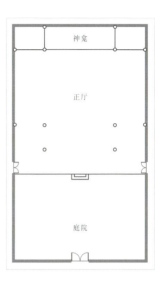

◎ 曾营霞祖曾氏家庙建筑平面示意图

草仔市陈氏祠堂

位于厦门市集美区灌口镇灌口第二社区草仔市里70号。建于清代，1992年重修。坐北朝南偏东，原为前、后二落大厝，中有天井，两侧榉头。前、后落均面阔3间，但

◎ 草仔市陈氏祠堂（从东南向西北拍摄，2009年）

◎ 草仔市陈氏祠堂大门

◎ 草仔市陈氏祠堂正厅

◎ 草仔市陈氏祠堂内的漆金雕龙"圣旨"匾

其后人因分房使用，已建墙将厅堂两侧厢房连同榉头隔开作为私用，只保留下前、后落中厅及中间小天井的纵向格局，仅面宽5米，前、后进深19米，作为陈氏祠堂共用空间。前落面阔1间，进深1间，硬山顶，马鞍脊，大门上方书写"颍川"二字；后落面阔1间，进深2间，后厅悬有漆金雕龙"圣旨"大木匾，木匾宽2.5米，高1.1米，为清乾隆四十九年（1784年）陈国拔题，文字雕刻精细，金彩保留完好，具有较高文物价值和史料价值。此匾所题人物陈国拔与灌口柯氏贞寿牌坊所题陈国璧以及灌口李林陈国瑞故居主人，三者存在密切关系，其人物生平、家族渊源等有待进一步考证和研究。

据1994年《祠堂重修碑》记载，草仔市陈氏祠堂为銮井颍川陈氏宗祠分支，此支脉人丁兴旺、人才辈出，后裔播迁美国、加拿大、新加坡及中国港澳台地区。

顶许许氏祖厝

　　位于厦门市集美区灌口镇顶许村下许社32号旁。为顶许村许氏长房祖厝，建于清乾隆五十七年（1792年）。建筑坐北朝南偏西，原有前、中、后三落大厝及左、右护厝，现前落（门厅）、中落（正厅）于数年前逐渐荒废，多处房顶倒塌。现仅存后落保存较好，为二层楼三合土墙体，石构门框、窗框，面阔3间9米，进深3间9米，马鞍脊，硬山顶，因其墙体以夯土筑成，当地俗称"土楼"。此建筑又称"寿堂"，旧时临终老人移入此房，逝后在此做法事超度，并设为灵堂。原中落大厝墙壁嵌有清乾隆五十七年长方形黑石碑（现另存放），碑宽0.65米、高0.42米，镌刻精美小楷数百字。碑文记载同安许氏源流："……我祖自汉入闽……始祖濙公，汉上柱国、左翊将军，统兵戡乱，镇于同

◎ 顶许许氏祖厝正厅

◎ 顶许许氏祖厝（从南向北拍摄，2009年）

邑，遂家焉，厥后，曰兴公曰舆公踵起滋大事，传其地曰营城，今吾宗之家庙是也……祖宜公（许西安）为一世，二世权公以明经登治平元年进士……四世顺之公为同邑开先理学，从祀紫阳……"碑文还记载该祖厝捐资、修建情况以及祖厝管理事项，管理条文明确约定："议洁净庙宇凡治丧事者不许擅入于内；议农具家器及五谷六畜等物概不许堆入；议庭除阶砌各宜整洁不许堆积粪土以致污秽。"

◎ 顶许许氏祖厝寿堂

◎ 顶许许氏祖厝内记事碑

据《许氏族谱》和民国《同安县志》记载：许濴为西汉征讨南越的左翊将军，"未有同安，先有许督，其址为同安营城"。目前，许濴被视为开发同安第一人，其后裔许西安、许顺之、许巨川等皆为同安历史名人。许濴墓位于同安区新民镇西山村大松自然村，营城许督祠堂位于同安老城区三秀路，顶许许氏祖厝内保留的清代祖厝修建石碑是研究同安历史名人的重要实物资料。

顶许许氏季房祠堂

位于厦门市集美区灌口镇顶许村下许社88号。始建于清乾隆六十年（1795年），2007年重修，2009年装修。坐南朝北偏东，为单落大厝建筑，前有庭院及院门，面宽12米，通进深18米，外石埕立有6对旗杆石。主体大厝为敞厅形式，面阔3间12米，进深3间11米，中设神龛，抬梁式梁架，硬山顶，燕尾脊。祠堂建筑保留原有石构房基、石柱础等建筑遗迹和构件，东壁立有清乾隆六十年《许氏季房祠堂碑记》石碑，宽0.8

◎ 顶许许氏季房祠堂正厅

◎ 顶许许氏季房祠堂（从北向南拍摄，2009年）

◎ 顶许许氏季房祠堂内的《许氏季房祠堂碑记》石碑

米，高1.95米，麒麟纹碑座，通高2.3米。

据顶许许氏季房祠堂石碑记载："……吾始祖濋公，汉上柱国、左翊将军，入闽戡乱，留镇兹土，遂居同邑，今吾宗家庙是其故址也……"碑文内容还记载祠堂所供奉的许氏诸世先祖名录，有开基先祖一世祖许宜（许西安）、二世祖许权、三世祖虚斋、四世祖许顺之和五世祖许巨川等，以及修建祠堂经历和管理祠堂约定等，其内容与《许氏族谱》和民国《同安县志》有关记载资料可相互印证，是研究同安开发历史和古同安历史名人的重要文物。

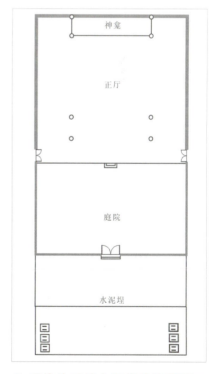

◎ 顶许许氏季房祠堂建筑平面示意图

田厝王氏祖厝

　　位于厦门市集美区后溪镇后垵村田厝社田北27号旁，为田厝王氏十一房祖厝，建于清代早中期。坐东朝西，原建筑为前、中、后三落大厝带双边护形式，因年久失修，现仅存前、中落大厝及北侧护厝，面宽20米，通进深20米。前落大厝面阔3间12米，进深1间，硬山顶，燕尾脊；后落大厝面阔3间，进深2间11米，前有横向檐廊，主体由中间厅堂及两侧厢房组成，厅后设寿屏及神龛，供奉神祖牌，屋面为硬山顶，单条燕尾脊。此建筑年久失修，保存状况较差，多处修补和改建，中央天井两侧榉头改建为花岗岩石

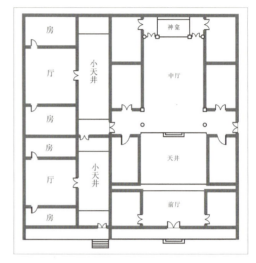

◎ 田厝王氏祖厝建筑平面示意图

和水泥结构，后落檐廊一侧木柱改为水泥柱加固。此建筑仍保留清代早中期建筑形制简约和装饰简朴的历史风貌，护厝过水廊隔墙红砖镂雕钱纹窗花具有特色。

◎ 田厝王氏祖厝（从西南向东北，2009年）

◎ 田厝王氏祖厝后厅　　◎ 田厝王氏祖厝中厅神龛　　◎ 田厝王氏祖厝护厝过水廊砖雕镂窗

溪西杨氏家庙

位于厦门市集美区后溪镇溪西村长房38号旁，即碧溪始祖杨氏家庙。始建年代不详，清代重修，2001年重修。建筑坐东南朝西北，前、后两落，中为天井及两侧廊庑，面宽11米，通进深20米，祠前有砖埕，两侧各立3对旗杆石。前落面阔3间，中为双凹寿门，中门悬"杨氏家庙"匾，两侧石刻楹联："地接河南碧溪衍派""脉分山北凤鳢开基"，屋面为三段式屋脊；后落为敞厅形式，面阔3间，进深3间，厅中设神龛，供奉溪西杨氏开基祖杨耕道等先祖牌位，屋面举架为抬梁式梁

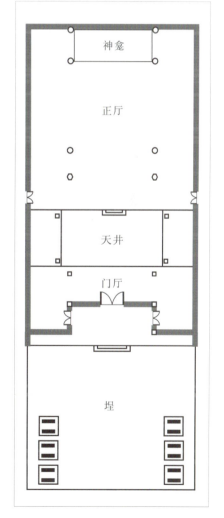

◎ 溪西杨氏家庙建筑平面示意图

◎ 溪西杨氏家庙（从东北向西南拍摄，2009年）

◎ 溪西杨氏家庙正厅

架，硬山顶，燕尾脊。建筑中保留大量雕饰精美的清代石构件，包括前落门面墙裙、墙堵、门框及门梁上的麒麟纹、花鸟纹和人物故事纹等石雕板，以及建筑中抱鼓石、六角形楹联石柱、石柱础和前埕旗杆石等，均具有较高的艺术价值和文物价值。家庙旁相邻的另一祖厝内存放着一块清代"奉政大夫"匾额，与杨氏家庙是否有关有待考证。

◎ 溪西杨氏家庙门前抱鼓石

◎ 溪西杨氏家庙前落门面石雕双螭团炉纹墙堵

据清代编修的《弘农堂杨氏族谱》和2001年《碧溪杨氏家庙重修序》碑记载，元末碧溪杨氏由河南光州固始入闽，一世祖寺丞（官名）率长子耕道、次子耕德抵溪西居住，长子耕道开基于此，次子耕德另辟上厝而居。数百年间，杨氏后裔播迁海内外及集美后溪，海沧新垵、霞阳，同安马巷，厦门湖里和泉州晋江等地。清乾隆年间，溪西杨氏后裔一脉移居台湾高雄美浓，一脉移台北县，还有一脉移台中清水镇。1990年以后，台北市双园、台北县芦州、台南市住里等杨氏宗亲曾回溪西寻根问祖，此建筑也是一处较重要的涉台文物古迹。

◎ 溪西杨氏家庙云鹤纹石雕
之一

◎ 溪西杨氏家庙云鹤纹石雕
之二

◎ 溪西杨氏家庙旁祖厝内"奉
政大夫"匾额

下庄杨氏小宗祠

位于厦门市集美区后溪镇溪西村下庄里122-1号，即西门角杨氏小宗祠。建于清代，21世纪初重修。建筑坐东朝西偏南，为前、后两落大厝，中

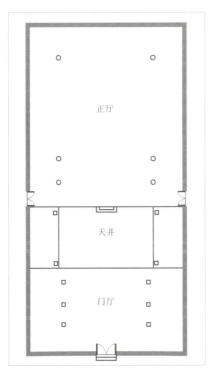

◎ 下庄杨氏小宗祠建筑平面示意图

◎ 下庄杨氏小宗祠（从西向东拍摄，2009年）

◎ 下庄杨氏小宗祠后落厅堂

为天井及两侧廊庑，面宽9米，通进深18米，前有铺砖石埕。前落面阔3间，进深2间，穿斗式梁架，三段脊；后落为敞厅，面阔3间，进深3间10米，抬梁式梁架，硬山顶，燕尾脊。建筑中保留较多清代建筑石构件和木构梁架，早年因作为生产队仓库，于正立面塌寿门和檐廊外侧进行封堵，加建石墙和开设小门。现檐廊两端对看堵上仍保留松鹤纹和竹鹿纹石雕板，原塌寿门旁1对抱鼓石也移于小门边，建筑后落仍保留数对石柱础和方形、圆形石柱，屋脊上装饰瓷片剪粘花鸟人物图案，并立有红陶脊兽。

相传明代，下庄社杨氏为防御山贼、海盗，围绕下庄社筑造起下庄城，开有东、西、南、北4个城门，墙高6～7米、宽2～3米、占地约20亩，原北门位置即在现在保国宫和城隍庙大门前。

◎ 下庄杨氏小宗祠正厅清代石柱础

◎ 下庄杨氏小宗祠松鹤纹石雕墙堵

◎ 下庄杨氏小宗祠竹鹿纹石雕墙堵

苏营陈氏宗祠

位于厦门市集美区后溪镇后溪村苏营村东南部，即皇渡庵旁。建于清代，1998年重修。坐西北朝东南，为前、后两落大厝，中为天井及两侧廊道，面宽10米，进深18米，祠前有水泥埕。前落面阔3间，进深1间，凹寿门，中门悬"陈氏宗祠"匾，三段式燕尾脊；后落面阔3间，进深2间10米，中厅及两侧厢房，硬山顶，燕尾脊，厅内神龛保留精美漆金木雕，两侧楹联："世世继鹤浦祖先遗志""代代兴陈氏元房子孙"。建筑中还保留着大量清代石构房基、墙裙及八角形、四角形、瓜棱形等各式柱础。苏营村人文底蕴深厚，开发历史悠久，此祠堂对研究陈氏迁徙和开发苏营具有一定文物价值。

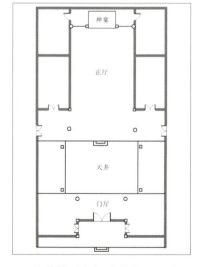

◎ 苏营陈氏宗祠建筑平面示意图

◎ 苏营陈氏宗祠（从东南向西北拍摄，2009年）

◎ 苏营陈氏宗祠正厅内神龛

◎ 苏营陈氏宗祠内八角形石柱础

◎ 苏营陈氏宗祠内瓜棱形石柱础

杏林周氏家庙

位于厦门市集美区杏林街道杏林社区苑东路168号与291号之间，又称"大榕树下祖厝"。始建年代不详，清代重建，1982年、1994年重修。坐西南朝东北，前、后两落大厝，中有天井及两侧廊庑，总面宽14米，通进深20米，前有大砖埕。前落大厝面阔3

◎ 杏林周氏家庙（从东北向西南拍摄，2009年）

集美文物

◎ 杏林周氏家庙正厅悬挂"吏部主政"匾额

◎ 杏林周氏家庙后落厅堂

◎ 杏林周氏家庙门厅梁架

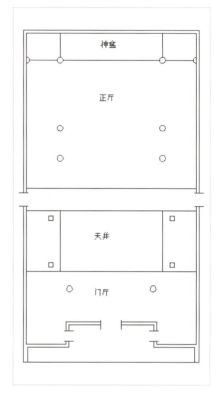

◎ 杏林周氏家庙建筑平面示意图

间，双凹寿门，门上悬"周氏家庙"匾，抬梁式梁架，悬山顶，三段脊；后落为敞厅，面阔3间，进深3间，抬梁式梁架，悬山顶，燕尾脊。厅中设神龛，神龛上方悬挂厦门地方名人周殿薰题"吏部主政"古匾。此建筑保留较多原有建筑石构件，包括房基、石窗、柱础及抱鼓石等，抱鼓石尤为高大，前埕立有4对旗杆石。此建筑为典型传统闽南祠堂建筑，具有较高文物价值。

188

　　周殿薰（1867—1929年），字墨史，为厦门近代历史名人。其学识渊博，1885年被聘为玉屏书院大董，1897年科考中举，1904年起长期兼任慈善机构"同善堂"总董，1908年任厦门最早中学——厦门中学堂董事会会董兼教员，1910年入京会考获殿试一等，授吏部主事，后不满社会现状而辞官回厦执教同文书院。辛亥革命后被推选为厦门参事会副会长，共同维护社会治安，1920年发起倡办厦门图书馆。周殿薰故居位于厦门市思明区中华街道周宝巷26号。

◎ 杏林周氏家庙门前抱鼓石

◎ 杏林周氏家庙厅内石柱础

◎ 杏林周氏家庙门前镂雕龙纹石窗

前场周氏家庙

　　位于厦门市集美区杏滨街道前场村前场155-1号。始建年代不详，清代修建，

◎ 前场周氏家庙（从西向东拍摄，2009年）

◎ 前场周氏家庙厅堂

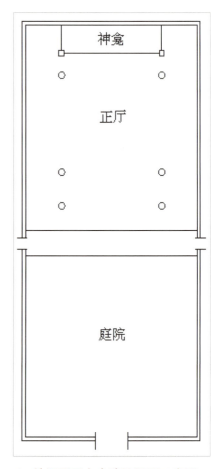

◎ 前场周氏家庙建筑平面示意图

◎ 前场周氏家庙正厅内神龛

1926年重修，1993年重修。建筑坐东朝西偏北，为单落大厝，前有庭院、院墙及院门，面宽11米，进深24米，外埕有新近所立旗杆石。主体大厝为敞厅形式，面阔3间11米，进深4间12米，屋顶举架高大，抬梁式梁架，硬山顶，燕尾脊，檐廊较宽，其地面与厅堂地面略有错层，据周氏宗亲介绍，相传此为该支系曾出过朝廷高官的特殊形制。厅中还悬有仿制的"进士""文魁"匾。建筑中保存部分清代房基、柱础、石柱及木构梁架。

前场周氏开基于宋代，后裔曾陆续藩衍到台湾云林等地，具有一定涉台关系。

蔡林林氏宗祠

　　位于厦门市集美区杏滨街道西滨社区蔡林社159号。始建年代不详，清代重建，后倒塌，1998年重建。坐东朝西，前、后两落（门厅、正厅）大厝建筑，中有天井及两侧廊道，建筑面宽11米，通进深21米，前有水泥埕，立有1对旗杆石。前落面阔3间，进深1间，凹寿门，双燕尾脊，中门上悬挂"林氏宗祠"匾；后落为敞厅形式，面阔3间，

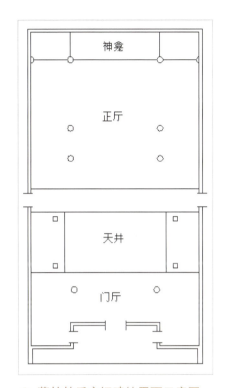

◎ 蔡林林氏宗祠建筑平面示意图

◎ 蔡林林氏宗祠（从西向东拍摄，2010年）

◎ 蔡林林氏宗祠正厅

◎ 蔡林林氏宗祠大门

进深3间，抬梁式梁架，硬山顶，燕尾脊。建筑中保留部分清代建筑石构件，包括房基、抱鼓石、柜台脚墙裙、石柱及木构大门、漆金木雕神龛等，具有一定文物价值。

◎ 蔡林林氏宗祠门前抱鼓石

后尾角六路陈氏祠堂

位于厦门市集美区集美街道浔江社区尚南路16号，即后尾角陈氏（七房）祖厅。集美陈氏现有七房角，指开基祖陈基膝下四子分出的四房中的二房角（明代进士陈文瑞属此）和长房派下的六个房角。陈嘉庚、陈敬贤兄弟所属的后尾角（五房）以及陈文确、陈六使兄弟所属的清宅尾角均为六个房角之一。建于清代，坐东朝西，前、后两落大厝，面阔19米，进深18米，砖埕进深5米。前落面阔5间，有中厅及两侧各2间

◎ 修缮后的后尾角六路陈氏祠堂（从西南向东北，陈新杰拍摄，2023年）

厢房，屋面硬山顶，三段式燕尾脊；后落面阔5间，进深2间9.5米，中厅及两侧各4间厢房布局，前落背面及后落前部均有小巷弄，榉头前有步口廊，为典型的闽南古厝"大六路"格局，故又称"后尾角六路陈氏祖厅"。

清康雍时期，后尾角陈氏后人先后播迁台湾嘉义、台南、高雄等地，并将后尾角地方保护神李府元帅及三太子哪吒民间信仰香火传到这些地方。多年来常有台湾陈氏宗亲前来祭祖寻根。

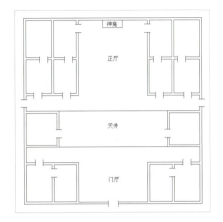

◎ 后尾角六路陈氏祠堂建筑平面示意图

◎ 后尾角六路陈氏祠堂前厅背面（2009年）

◎ 后尾角六路陈氏祠堂后厅（2009年）

黄地刘氏祖厝

位于厦门市集美区后溪镇黄地村的西南部村边。建于清代，坐西南朝东北，为前、后两落大厝带双边护龙的大型古厝，总面积约280平方米。居中的前、后落主体大厝面宽约16米，进深17.6米。前落面阔5间，进深1间，前为长檐廊，以小块山石垒砌抬高建筑基础，正中石门框上镌刻"分支别派"四字，抬梁式梁架，悬山顶，屋脊为闽南山区民居"爬狮"（下山虎）形式。后落面阔5间，进深1间9米，由中厅及两侧各2间厢房组成，悬山顶，三段脊。此建筑基本保持山区民居的历史风貌，依前低后高山势而建，其"爬狮"屋面、毛石墙裙、"干打垒"版筑墙体和素土夯实地面、卵石天井等具有地域特色，也是一处典型的山区民居。

◎ 黄地刘氏祖厝（从东北向西南拍摄，2009年）

◎ 黄地刘氏祖厝门匾

◎ 黄地刘氏祖厝后厅及天井

黄庄杜氏祠堂

  位于厦门市集美区灌口镇灌口第二社区黄庄里。建于清末，1999年重修。建筑坐东北朝西南，祠堂原为前、中、后三落大厝，"文革"时曾作为仓库，后前、中落倒塌，仅存后落大厝；现将前、中落房基及后落围以院墙，开设院门，院落总面宽12米，通进深22米。后落大厝面阔3

◎ 黄庄杜氏祠堂"福寿"匾

◎ 黄庄杜氏祠堂（从西南向东北拍摄，2009年）

间12米，进深1间6米，中为敞厅，两侧厢房，硬山顶，燕尾脊；厅内神龛上悬挂"福寿"木匾，前、后落款"慈禧皇太后御笔""光绪二十四年十二月初一日"，此为清光绪二十四年（1898年）慈禧太后为杜文炅母亲寿辰所题。院内立有清光绪壬寅年（1902年）《清界捐缘碑》，为当年建造祠堂的捐资记事碑，石碑宽0.95米、高1.58米。

清末著名华侨杜文炅出自灌口黄庄。据有关资料记载，杜文炅（1842—1912年），灌口黄庄人，缅甸华侨，热心家乡慈善、公益事业，曾为1900年庚子赔款而倾资解囊，进京捐款，并捐资修建了灌口至长泰山重的商旅古道等。

◎ 黄庄杜氏祠堂庭院内清代
《清界捐缘碑》

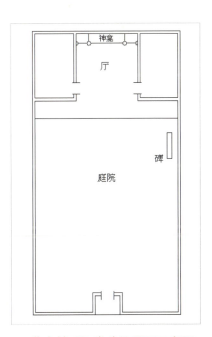

◎ 黄庄杜氏祠堂建筑平面示意图

銮井陈氏家庙

位于厦门市集美区杏滨街道马銮社区溪头路35-1号，即銮井陈氏宗祠，旧称"銮井祖祠"。始建年代不详，清代重修，2004年重修。建筑坐北朝南偏西，主体建筑为单落大厝，厝前有围墙庭院，中设院门，上镌"陈氏宗祠"，总面宽10米，通进深17米。大厝为敞厅形式，面阔3间10米，进深3间10米，抬梁式梁架，硬山顶，燕尾脊，厅内设有神龛。厅堂墙壁嵌有4方黑色小石碑，其中东壁嵌有清乾隆三十八年（1773年）《重修銮井祖祠乐输题名》碑，高0.29米、宽0.96米；西壁嵌有清光绪丁亥年（1887年）《重修銮井祖祠碑记》1方和清末《重修銮井祖祠碑记》石碑一组2方，前者高0.27米、宽0.32米，后者分别高0.3米、宽0.46米，碑文均为镌刻的小楷字体。建筑中保留原有的部分石构墙基、柱础及木构梁架等。祠堂前立有4对旗杆石。

据2004年銮井陈氏理事会《陈太源故居遗址》石碑记载，颍川銮井陈邕裔孙陈太源生于元延祐二年（1315年），卒于明

◎ 銮井陈氏家庙（从南向北拍摄，2009年）

◎ 銮井陈氏家庙正厅

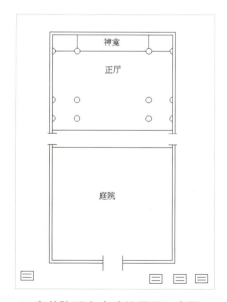

◎ 銮井陈氏家庙建筑平面示意图

永乐四年（1406年），元至元六年（1340年）由同安诗坂分衍马銮溪头路，娶妻林雪芬，生养陈文、陈武、陈英、陈烈四子，繁衍安仁里十多个陈姓村庄，裔孙分衍广东、漳州、台湾及国内外。

◎ 銮井陈氏家庙清光绪丁亥年《重修銮井祖祠碑记》

◎ 銮井陈氏家庙清乾隆三十八年《重修銮井祖祠乐输题名》碑

銮美王氏家庙

位于厦门市集美区杏滨街道马銮社区銮美大路201号。始建年代不详，清代重建，1985年重修。建筑坐北朝南偏东，主体为单落大厝，前有庭院和院墙，中设院门，面宽13米，通进深21米。大厝为敞厅形式，面阔3间13米，进深3间13米，抬梁式梁架，

◎ 銮美王氏家庙（从东南向西北拍摄，2009年）

◎ 銮美王氏家庙主体建筑

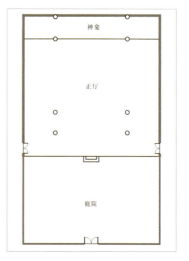

◎ 銮美王氏家庙建筑平面示意图

◎ 銮美王氏家庙厅堂

屋面举架较宽大，硬山顶，燕尾脊，中厅神龛悬有"开闽第一"木匾，神龛内供奉王潮、王审知、王审邦三兄弟画像。祠堂内保存较多清代石构房基、大型石柱础等，外庭院石埕立有2对旗杆石。此建筑为闽南常见小型祠堂建筑，对研究当地开发历史和王氏姓氏源流具有一定价值。

◎ 銮美王氏家庙内石柱础

銮美王氏小宗祠堂

　　位于厦门市集美区杏滨街道马銮社区銮美大路200号。始建年代不详，清代重建，1985年重修。建筑坐北朝南偏东，主体为单落大厝，前有庭院和院墙，中设院门，面宽11米，通进深17米。主体大厝为敞厅形式，面阔3间11米，进深3间11米，抬梁式梁架，硬山顶，燕尾脊。祠堂内保存原有石构房基和数对清代石柱础等，是闽南常见的小型祠堂建筑，对研究当地开发历史和王氏姓氏源流具有一定价值。

◎ 銮美王氏小宗祠堂（从西南向东北拍摄，2009年）

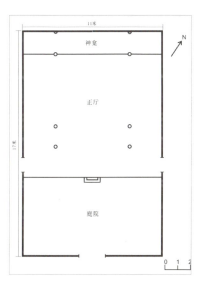

◎ 銮美王氏小宗祠堂建筑平面示意图

◎ 銮美王氏小宗祠堂厅堂

◎ 銮美王氏小宗祠堂内石柱础

西井陈氏祖祠

　　位于厦门市集美区后溪镇前进村社区西井三里43号东侧。始建年代不详，清代修建，1986年重修。坐北朝南偏西，为单体大厝，前有庭院及院墙，中开院门，面宽11米，通进深15米。大厝为敞厅形式，面阔3间，进深4间9米，硬山顶，燕尾脊，厅内供奉西井开基祖及先祖牌位。此建筑于20世纪六七十年代曾作为粮食仓库，于敞厅前部砌建墙体进行封堵，将厅内部分木柱改为砖柱加固。1986年为加固建筑屋面，又将梁架改为钢筋混凝土结构，现建筑外观仍基本保留历史原貌，并保存部分清代建筑石构件，包括房基、柱础、石柱等。

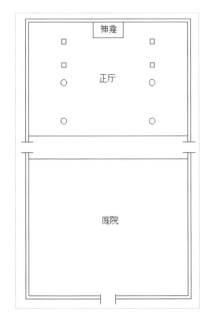

◎ 西井陈氏祖祠建筑平面示意图

◎ 西井陈氏祖祠（从南向北拍摄，2010年）

◎ 西井陈氏祖祠厅堂

据族谱资料，西井陈氏为南院陈氏十五世长房陈从周后裔，早年由厦门湖里殿前迁此，清乾隆年间，西井陈氏族人迁徙至台湾嘉义鹿草定居繁衍，形成村社也取名"西井"，现已有数千人。1992年鹿草陈氏宗亲回乡寻根，在其祖居地祠堂西侧依古制重砌四角井并勒石纪念。

◎ 西井陈氏祖祠内石柱础

◎ 西井陈氏祖祠前的四角井

五、寺庙宫观

寺庙宫观是祭拜神灵的场所和寄托信众精神的公共建筑，也是一个地方社会、经济、历史、文化的缩影。这些建筑大多是筹集了各种财力和物力而建造的，因此建筑形制、布局、装饰、材料、工艺等方面较为讲究、细致，体现了劳动人民的智慧和创造力、想象力，传递着丰富的历史人文信息。

集美与闽南地区相同，由于兼处内陆和沿海不同地理区域以及历史上外来移民不断等原因，自古便流行多元化神祇崇拜，中国传统儒、道、释宗教与闽南地方民间信仰杂处并存，后期甚至发展到有的宫庙将宗教神佛与民间神祇同祀共奉。顶许净心堂供奉的传统宗教和民间信仰神祇甚至达到了20尊，有除瘟辟邪、求子、求财、求寿、保平安、求科考中第等多种功能，这种"一庙多神"的形式符合各种信众不同心理需求的实际需要，也有助于宫庙香火兴旺。集美民间信仰神祇多种多样，较为特殊的有灌口凤山祖庙供奉的大使公、李二郎，英村南岳祖庙供奉的南岳大帝，孙厝云龙岩宫奉祀的真异大师，排前山峰宫和上塘瑞塘宫奉祀的娘嬭祖、王姬娘娘，深青保灵宫供奉的子龙爷赵云，东辉山口庙和西亭朝旭宫奉祀的辅顺、辅胜将军，以及皇渡庵奉祀的飞天大圣等。

集美寺庙宫观为闽南传统砖石木结构，历经重建和修葺，现存建筑基本为清代风貌。通常为前、后两殿，前殿一般有柱廊，平开三川门，中门双狮镇守，两侧麒麟壁瑞兽看护，门廊两端为对看堵龙虎壁，体现驱邪镇煞的神威；屋面为三段式屋面和三川脊，原为板瓦屋面，后期多见改用琉璃筒瓦铺设，屋脊往往装饰华丽，正中大脊顶、脊堵两侧和垂脊脊端是装饰重点，垂脊脊端排头也称牌头，往往饰有剪瓷、灰塑人物，既装饰屋面，又起到防止屋面被大风掀起的作用。凹寿门形制较少，如孙厝云龙岩宫、铁山忠惠宫。规模较大的宫庙往往还在两侧建有配套的建筑，作为看管房和居住房，通常称为"释仔宅"或"释仔寺"，也称为"护厝"，坑内灵山宫古碑中称"室仔寺"，首见于古碑中。

集美宫庙建筑历史悠久，保留着精美的文物构件和丰富的历史信息。圣果院是集美始建年代最早的宫庙建筑，其建筑形制规格较高，寺院内保留的元、明、清及民国不同时期石碑，是研究该寺院历史发展脉络的重要史料文物。高浦鳌江宫、鹤浦西安宫、马銮天后宫分别供奉妈祖天后和保生大帝，建筑中的斜墁御道和落轿石是民间信仰最高级别建筑的特有形制。许多宫庙建筑还在正面廊道使用蟠龙石柱、祥云石柱，精致的蟠龙石柱大部分采用细密坚硬的辉绿岩（青斗石）制作，石柱粗大，构图讲究，层次丰富，雕琢工艺精细入微，其中以兑山金鞍山寺和杏林朝元宫龙柱最具代表。李林徵善堂和黄庄福寿宫，建造工艺精湛，是古代工匠比拼智慧、技艺的"对场作"的可贵实例。

集美部分寺庙保留下的碑刻还记载着旧时修建寺庙时乡人和信众的捐助名录，其中捐款货币名称包括洋银、站银、英、英艮、佛银（即印有外国国王头像）、盾等，它们是研究集美侨乡外来文化、海洋商贸历史的珍贵资料。

圣果院

位于厦门市集美区后溪镇后垵村田厝自然村东北约500米（现珩山街1183号）。始建于唐，为泉州僧人卓猷创建，初名"泗洲堂"，传后因腊月间，院中龙

◎ 圣果院（从南向北拍摄，2009年）

◎ 圣果院前殿正面

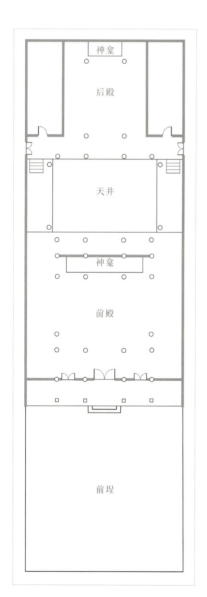

◎ 圣果院建筑平面示意图

◎ 圣果院前殿内

眼树结出果实，信众以为圣上
所赐之果，遂改名"圣果院"。
寺院"迄宋代废兴凡几"，迨至
元代，乡人"西畴王君"重修，
至元"泰定庚午年"（此应为至
顺庚午年，即1330年），其子王
西隐扩建。元至正甲午年（1354
年），寺院尽毁于兵火，到至
正丁酉年（1357年），复由西
隐、廷佐父子及寺僧南宗等重
建寺院，并增建王氏宗祠于西
偏，翌年落成。此后历明清至
民国时期及现代续有重修、重
建。现建筑坐北朝南偏东，前、
后两殿，中有天井及两侧廊庑，
面宽14米，通进深31米。前殿
面阔5间，连同前、后廊进深6
间，前廊卷棚顶，两端侧面红
砖小拱门；前殿为三川门，穿
斗式梁架，重檐歇山顶，殿内
供奉三宝佛。后殿面阔5间，进
深3间，悬山顶，三段式翘脊，

◎ 圣果院前殿背面

◎ 圣果院后殿

◎ 圣果院内覆盆式柱础之一

◎ 圣果院内覆盆式柱础之二

◎ 圣果院前廊

奉祀开闽王王审知、清水祖师及保生大帝。前殿后墙背面立有3方石碑，其中有《两征勋迹》碑，高2.04米，宽0.91米，正中碑额直镌篆体"两征勋迹"四个大字，碑文分为左、右两部分：右半部为元至正十九年（1359年）《龙山圣果院祠堂内碑记》，碑首题"元嘉山阳应张仲复记"；左半部为明天启三年（1623年）《重立圣果院祠堂内碑记》，碑首题"明邑侯讳待鄞县进士后升御史祀名宦有传"。还有《邑侯刘功德碑》，包括清康熙五十八年（1719年）和清乾隆四十九年（1784年）两方题记，分成左、右两半同镌于此碑，载述寺院历代兴废修建捐资及纠纷判定谳事，并特载"明邑人刘汝南、康尔韫皆读书其间"。还有清宣统三年（1911年）《重修圣果院》碑，镌刻乡里人捐资大量洋艮（银）和大艮（银）重修庙宇。现殿宇中保存大量元、明、清不同时期建筑石构件，大量梭形石柱和圆形石柱及覆盆石柱础具有元、明时期风格。寺院

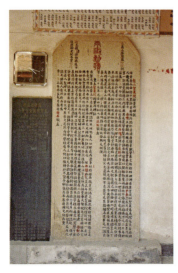

◎ 圣果院元至明《两征勋迹》碑

◎ 圣果院清代《邑侯刘功德碑》

◎ 圣果院旁的1957年《珩山圣果院桥》碑

旁另有清光绪丙申年（1896年）《珩山保圣果院桥》碑、清宣统元年（1909年）《重修圣果院桥》碑和1957年《珩山圣果院桥》碑，已收入寺院内保护。圣果院是集美区现存建造年代最早、历史脉络清晰和留存文物较丰富的古建筑。

坂头琔琳院

位于厦门市集美区后溪镇坂头村坂头水库内的石兜水库坝址东北面400米岸边。始建于五代，几经兴废，清代重建，近年荒废，前殿木结构门面已残损，一侧加建土坯墙小隔间，殿内奉祀观音大士、保生大帝及清水祖师，后增加池王爷。建筑坐北朝南，前、后两殿，面宽9米，进深20米，原两侧及后部的禅房、释仔宅均已倒塌。前殿面

◎ 坂头琔琳院（从南向北拍摄，2009年）

◎ 坂头琔琳院前殿龙虎壁灰塑

◎ 坂头琔琳院后殿

◎ 坂头琔琳院后殿双层叠放的石柱础

◎ 坂头琔琳院楹联石柱之一

◎ 坂头琔琳院楹联石柱之二

◎ 坂头琔琳院楹联石柱上落款"咸丰元年"等字

阔3间，进深2间，抬梁结构，三段式板瓦屋面；后殿面阔3间，进深3间9米，抬梁式梁架，悬山顶，保存3对清咸丰元年（1851年）梭形楹联石柱，石柱下承托清代鼓形与五代覆盆式莲瓣纹上下叠置的双层石柱础，其中镌刻联对："大士大慈大悲滋大化""真人真心真性炼真丹"和"南海藏身　法雨覃敷沾苎水""白礁发迹　祥云遍覆霭琔琳"。殿内和殿前地面可见散落的多方石碑，包括清乾隆五十六年(1791年)和乾隆辛亥年（1791年）两方重修"捐资"石碑、清嘉庆己未年（1799年）石碑和嘉庆丙寅年（1806年）重修碑以及清咸丰元年记事小石碑，其中碑文载："琔琳者，苎溪名刹也。"建筑四周还散落数件八角形、

◎ 坂头琔琳院前大石槽

◎ 坂头琔琳院前散落的清乾隆时期石碑

鼓形、覆盆式石柱础及梭形石柱等。殿前空地原有2个大石槽，较大者长约3米、宽1米、高0.9米，20世纪90年代曾被盗，后由林业公安部门追回其中一件略小石槽。此寺庙是集美历史最为悠久的古寺庙之一。

集美社龙王宫

位于厦门市集美区集美街道岑东社区银江路29号。始建于五代时期，明、清重建，1949年及1994年曾重修。坐东朝西，为前、后两殿建筑，中有小天井，面宽12米，通进深16.2米。前殿为方形，面阔3间，进深2间，中开大门，门前及两侧廊道连接呈"凹"字形，抬梁式卷棚顶；廊道正面1对蟠龙石柱、两侧各1对祥云石柱。前殿门前1对涡纹抱鼓石，两侧墙堵有夔龙纹镂雕大圆窗，门上悬挂石雕龙纹"龙王宫"青石匾，前殿两侧各有两个边门，殿内水泥柱及抬梁梁架，歇山顶，筒瓦屋面，殿内供桌奉祀开漳圣王陈元光及其父、子三圣侯，早年还供奉

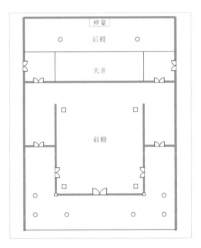

◎ 集美社龙王宫建筑平面示意图

◎ 集美社龙王宫（从西南向东北拍摄，2009年）

◎ 集美社龙王宫前殿内部

◎ 集美社龙王宫前殿廊道

◎ 集美社龙王宫前殿边门及云龙纹石柱

◎ 集美社龙王宫前殿石雕龙纹圆窗

◎ 集美社龙王宫后殿

开闽王王审知。后殿为后期翻修建筑，面阔3间，进深1间，奉祀龙王爷，左右分别奉祀注生娘娘和地藏王，后壁正中悬有石雕龙纹"圣旨"青石匾，高0.8米，宽0.5米。此建筑前殿布局特殊，保存大量原有石柱、石窗、抱鼓石、柱础及石雕板、石匾等构件，原宫前还有旗杆石，均具有较高艺术价值和文物价值。

集美三面临海，自古以来当地民众以海谋生很多，为祈求海上作业得到神灵保佑，先后在集美半岛南端的西隅、东隅兴建奉祀龙君的龙王宫和奉祀天后妈祖的鳌头宫（原址在鳌园内）。五代时，龙王宫香火已盛。明万历七年（1579年），陈元光再次受封"开漳圣王"，集美乡人扩建龙王宫，增建前殿奉祀陈元光及父、子三圣侯。据1994年《重修集美龙王宫碑记》记载：集美陈氏先祖于五代时开基集美即建造龙王宫，其后庙宇虽有兴废，但香火绵延不已。1949年1月，陈嘉庚胞弟陈敬贤的夫人王碧莲女士回集美并捐资重修扩建，1994年，集美海内外族亲集资再修，2021年，政府出资全面揭顶大修。

龙王宫前殿平面布局较特殊，民间流传着有关改朝向的不同版本。相传旧时龙王宫前即为银江（现为杏林湾），正对着南面的宝珠屿，明末清初时，居住在杏林高浦的海上豪强郑彩受封南明"建国公"后，益加位高势大，因常往返于厦门并从宫前海面过往，不愿落下船帆拜祀龙君，而下令强拆龙王宫；之后陈元光后裔又奉旨重建龙王宫，并将宫殿朝向改成现有朝向。此外，另有龙王宫曾于明正德年间改朝向的说法。

"龙王宫"后来也成为集美码头、汽车站和火车站交通枢纽地域的代名词，因20世纪20年代，陈嘉庚倡建的同集公路修建后，在龙王宫前建造了码头，此地成为集美对渡厦门高崎的深水渡口。1955年和1956年相继建成的高集海堤和集杏海堤在这里连通，进出厦门岛的鹰厦铁路也从这里经过，集美学村的汽车站、火车站都建在这里。20世纪60年代后，龙王宫前海域逐渐淤积，龙王宫码头最终失去交通功能，渐渐淡出人们的视野，每年农历五月初五和九月十六，集美村社的民众仍在此举行祭祀龙君和三圣侯的活动。

◎ 集美社龙王宫大门上"龙王宫"石匾

◎ 集美社龙王宫后殿"圣旨"石匾

兑山金鞍山寺

◎ 兑山金鞍山寺（从东向西拍摄，2009年）

◎ 兑山金鞍山寺后殿

位于厦门市集美区侨英街道兑山社区兑山路1～116号小区内。当地称“后店宫”，相传始建于南宋时期，此后多次修葺，1959年特大台风时倒塌，1986年马来西亚槟城李氏乡谊会出资重建。该寺建于高地上，四周开阔，现为宽敞的公园广场，以栏杆围护，广场内建有仿古亭子、假山等。建筑坐西朝东，由前、后两殿及后部释仔宅组成，总面宽16米，通进深39米。前殿面阔5间，进深1间，平开三门，三川式翘脊和三段式屋面，硬山顶；后殿面阔3间，进深3间，奉祀保生大帝，抬梁式梁架，重檐歇山顶。建筑中保留较多精美建筑石构件，包括阶石、砱石、墙裙以及石柱、龙柱、石狮、抱鼓石、柱础等。寺内前、后各有1对白色花岗岩石和青石蟠龙柱，其中最精彩的是后殿的青斗石蟠龙石柱，以透雕和高浮雕技法在整根大石柱上雕琢出盘曲遒劲、翻江倒海的苍龙教子图，并在龙纹中点缀造型精巧、形象生动的八仙人物，手中拐杖细如火柴梗，此对龙柱堪称闽南古建筑中蟠龙石柱的代表作，具有极高的艺术和文物价值。

据记载，清康熙年间，兑山李氏族人迁居台湾芦州，随身携带该寺保生大帝、妈祖及池王爷香火，建成保和宫。1998年，台北芦州李氏乡亲开始回乡寻根，从此每年到该寺进香祭拜。

◎ 兑山金鞍山寺后
殿龙柱（北侧）

◎ 兑山金鞍山寺后
殿龙柱（南侧）

◎ 兑山金鞍山寺石
雕龙柱细部之一

◎ 兑山金鞍山寺石
雕龙柱细部之二

板桥智门院

位于厦门市集美区侨英街道东安社区天马山南麓。寺院古名"南峰院"，元至正年间改称"智门院"。明洪武辛亥年（1371年）重修，明嘉靖中叶为许缙绅所毁；清康熙庚寅年（1710年）重建单殿形式，清乾隆甲戌年（1754年）年扩建为前、后两殿，并建文昌祠于后，为当地张氏族人所祀之正神。民国十一年（1922年），浒井新加坡侨裔

◎ 板桥智门院大门

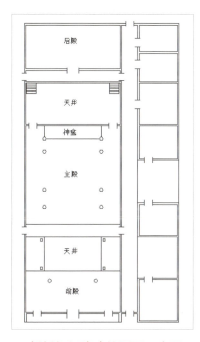

◎ 板桥智门院建筑平面示意图

◎ 板桥智门院（从南向北拍摄，2009年）

◎ 板桥智门院中殿

张扶来出资重修，1996年，新加坡华侨及台湾板桥乡亲捐资重建。建筑现为前、中、后三殿，坐北朝南偏西，东侧建有释仔宅，总面宽19米，通进深37米，前有水泥埕。前殿面阔3间12米，前为横廊，三川门，中门悬"智门院"匾额，抬梁式梁架，三段式屋面，三川脊。中殿为敞厅形式，抬梁式梁架，硬山顶，正中神龛奉祀保生大帝，厅内保存3对梭形楹联旧石柱，惜1996年重修时重琢抛光并加刻楹联。后殿为文昌祠，供奉文昌帝君及观音大士，面阔3间，进深1间，由中厅及两侧厢房构成。此建筑经重修后仍保留部分原有建筑石构件，其历史悠久，近年新加坡及中国台湾等地乡亲频繁到此进香，是一处具有涉台关系的寺庙建筑。

白虎岩

位于厦门市集美区后溪镇新村村（第二农场）北1公里的崎桌尖山东北面山腰白虎岩。始建于明建文年间，清雍正及同治年间重修，宫内供奉白虎神、地藏王及观音佛祖、清水祖师。白虎岩坐东北朝西南，以巨岩

◎ 白虎岩洞口上方"壁立朝天"摩崖石刻

◎ 白虎岩外观（从西南向东北拍摄，2009年）

下岩洞为殿宇，巨岩高约15米、宽约17米、深约20米；岩洞内最宽约12米，进深约7.5米，高1.5～3米，面积约70平方米。洞口两侧砌建石墙，正中开长方形石框大门，门框镌刻楹联："天开度门一时知""西方降来修人众"。洞口上方巨石上横镌楷体巨字"壁立朝天"摩崖石刻，篇幅长2.4米、高0.75米，字径约0.4米，落款"万历八年重九日""徽州休宁潘桂书"。洞内地面保留旧花岗岩石板，西壁上有两处石刻，其一为"雍正元年重修"，另一为"同治九年重修"；正中石供案侧面镌刻"建文二年置"及"清同治九年重修"铭文，案上摆放清光绪辛卯年（1891年）"真隐堂王爷"铭文的石香炉。

闽南古寺庙也称"岩"。据民国《同安县志》记载，此地旧时白虎为患，后被僧人

◎ 白虎岩内神龛

◎ 白虎岩内镌刻"建文"年号石供桌

◎ 白虎岩内清代石香炉

制伏，"同时脱化"，白虎岩因此得名，"邑人范方、周尔发、林嘉采题有匾额、诗序"。白虎岩周围巨石林立，形成众多石洞，人称"白虎十八洞"。宫庙北侧另有一大岩洞，曾为私塾书房，岩洞旁可见单根旧旗杆石。革命战争年代，白虎岩也曾是陶铸领导的闽西南游击队的活动据点和联络点，如今白虎岩所在山体已开发为集美著名风景区，此庙宇成为景区中的重要人文景观。

石兜真德殿

位于厦门市集美区后溪镇新村村田浦自然村西南约500米。真德殿原位于坂头水库内石兜村，其历史可溯及明初，所奉祀保生大帝香火请自白礁慈济宫，早年神灵供于钱氏祠堂内，清光绪年间另建真德殿奉祀。1958年修建坂头水库和石兜水库时，殿址淹没于库区中，1991年，台湾新竹吴氏乡亲捐资依原殿形制重建。现建筑坐西朝东，为前、后两殿，左、右释仔宅，前有石埕，占地面积约1500平方米。前殿面阔3间，进深2间，三川门，三段式翘脊；后殿面阔3间，进深3间，抬梁式梁架，硬山顶，燕尾脊。殿内保存清代保生大帝木雕坐像，高0.86米，宽0.42米，神像结构特殊，手、腿、肩等关节均以卯榫衔接，活动自如。殿中还有清代"中坛元帅"木雕神像和"真德殿"石香炉等。

◎ 石兜真德殿供奉的保生大帝木雕神像

◎ 石兜真德殿主殿内神龛

◎ 石兜真德殿清代龙纹石香炉

◎ 石兜真德殿（从东向西拍摄，2009年）

　　唐末时，石姓先祖石螽扈随军入闽征讨黄巢，驻军苎溪之畔，驻扎之地被称为"石兜"，石姓后裔后移居高浦等地生息繁衍，成为闽南石姓开基祖和最早开发厦门的"东黄西石"望族之一。此庙香火传衍历史悠久，殿内木雕神像制作奇特、罕见，香火早年传至台湾新竹、台北、台中、台南及附近文山、田埔、石星等地，信众颇多，至今仍香火延续不断。

东辉山口庙

　　位于厦门市集美区灌口镇东辉村西侧1公里大坂山东南麓。始建于明洪武元年（1368年），清代重建；民国四年（1915年）被北洋军吴大洪部烧毁，民国戊午年（1918年）重建中殿，规模较小；1992—1996年重建为前、中、后三殿及南侧释仔宅；2009年整体重修及主殿神龛，并增建北侧释仔宅。现建筑坐西北朝东南，为前、中、后三殿及两侧释仔宅，总面宽26米，通进深29米，前有大石埕。前殿面阔3间，进深

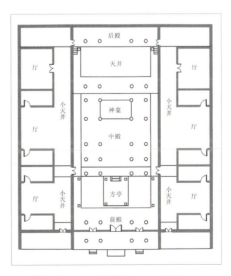

◎ 东辉山口庙建筑平面示意图

◎ 东辉山口庙（从东南向西北拍摄，2009年）

1间，平开三门，中殿为重檐歇山顶，前有方形拜亭，殿内奉祀辅顺、辅胜两位将军，后殿奉祀观音大士。

　　清初，随着灌口一带乡民赴台垦殖，山口庙的香火也传至台湾，至今台湾三重、板桥、台北、头城、新竹等地均建有庙宇。1914年全国讨袁爱国运动中，同安革命党人庄尊贤等人曾在山口庙进行革命活动，以此作为晋南同溪讨袁联军弹药仓库，但遭到同安北洋军攻占和破坏，联军被迫转移到偏远的后山（钉顶尾山）笔架山寨。此建筑经翻建后尚保留少量清代石构件，现为东辉和双岭等地村民的民间信仰活动场所，是一处承载着革命故事的历史建筑。

◎ 东辉山口庙近景

◎ 东辉山口庙天井保留的清代石台阶

此宫庙主祀的神灵较特殊。据记载，辅顺将军原名"马仁"，河南光州人，唐总章二年（669年）随陈政入闽平叛。马仁为开漳名将，智勇双全，漳州建州时，经陈元光举荐，授为"司马职"。他习医善药，辟地屯农，作战刚猛英勇，后沙场战死，即使头颅被削仍立于马背上而不倒，被视为非同寻常。宋绍兴年间，朝廷以明威将军追封为殿前都检威武辅顺上将军，民间称"辅顺公""马王公"或"舍人公""太子公"，一向为畲族和台湾漳籍人士所信奉，每年农历九月廿三为辅顺将军诞辰日，漳台两地同时祭祀。

孙厝云龙岩宫

位于厦门市集美区侨英街道孙厝社区乐安南里128号。始建于明初，清代重建，20世纪20年代重修，解放初期整体落架翻修，1990年修缮屋面，并新做八仙人物等装饰。建筑坐东朝西偏北，前、后两殿，两殿之间有卷棚顶方形拜亭连接，两侧

◎ 孙厝云龙岩宫（从西向东拍摄，2009年）

◎ 孙厝云龙岩宫门前石狮

◎ 孙厝云龙岩宫建筑平面示意图

◎ 孙厝云龙岩宫拜亭及后殿

◎ 孙厝云龙岩宫后殿神龛

◎ 孙厝云龙岩宫方亭梁架上漆金木雕

小天井，主体建筑南侧新建释仔宅，总面宽16米，通进深23米，宫庙后保留特有"化胎"护坡。前殿面阔3间9米，进深2间，凹寿门，大门镌刻楹联："云映殿堂浮木建""龙驱霖雨拔茶为"，殿内抬梁式梁架，三段式屋面和三川式花脊，前、后四条垂脊脊端饰排头，绿色琉璃筒瓦屋面，脊柱饰双龙、弥勒佛及八仙、刀马人物等；后殿面阔3间，进深3间9米，抬梁式梁架，中厅神龛主祀真异大师，上方悬挂"敕封惠应大师"匾额。殿内还保留清同治壬戌年（1862年）"云龙岩敕封真异惠应大师"字样的麒麟

◎ 孙厝云龙岩宫后殿前廊龙柱

纹石香炉。此庙保留较多的清代建筑构件，四根蟠龙青石柱卷棚顶拜亭尤具特色，石柱龙首采用超高凸雕工艺实为少见，门前石狮及宫内楹联石柱等也具有很高文物价值，殿内墨彩壁画内容包括孙应生平事迹及明清戏剧脚本《粉妆楼》等，绘画精湛，具有一定历史艺术价值。宫庙前埕保留1对花岗岩素面抱鼓石，具有明代风格。孙厝是陈嘉庚母亲的娘家。1927年陈嘉庚回集美时，曾捐资托付孙氏族人孙老本重新修葺云龙岩宫；20世纪50年代，陈嘉庚和新加坡爱国侨领、孙厝人孙炳炎又捐资、筹资翻建。

◎ 孙厝云龙岩宫石雕龙柱细部

◎ 孙厝云龙岩宫石埕前的宋代抱鼓石

"惠应大师"据传为集美孙厝人孙应，自小聪颖，不茹荤不受室，年轻时皈依佛教，创立安溪泰湖岩，弘法授徒，为民治病，曾进京治愈宋太祖赵匡胤母亲顽疾，被敕封为"真异大师"；至明代，朝廷又追赐"惠应大师"。孙应97岁高寿升化后，香火返回故里孙厝云龙岩，此后云龙岩香火分炉台湾金门、台北、彰化、台南及东南亚新加坡、泰国、印尼、马来西亚等地，近年来台湾本岛和金门等地信众、香客频频回到祖庙寻根进香。云龙岩宫现为厦门市涉台文物古迹。

英村南岳祖庙

位于厦门市集美区后溪镇英村社区何山埔南部村边，也称"南岳宫"。始建不晚于明代，清代重建，原为五殿，20世纪50年代渐废，现存后殿建筑及殿后的释仔宅。建筑坐北朝南，面阔3间11.2米，进深3间11.5米，三川门，中门悬"南岳庙"匾，中厅为

◎ 英村南岳祖庙殿内神龛

◎ 英村南岳祖庙（从南向北拍摄，2009年）

敞厅形式，前有檐廊，厅内后部并排三神龛，正中主祀南岳大帝，东侧开一角门通后部释仔宅，抬梁式梁架，硬山顶，燕尾脊。殿内保留大量原有石、木建筑构件，包括砥石、大石柱、柱础等。大门镌刻楹联："南岳称名　声誉震四海""紫薇显著　保祐亿万民"。厅内梁架、牌楼面和通梁上的漆金木雕、狮座斗抱等雕工精细，漆金、彩绘保存较好；殿内还保存有清光绪戊申年（1908年）"南岳庙圣侯公"款的福禄寿三星纹石香炉，以及清代麒麟纹、祥云拱日纹石香炉共3件。

　　清乾隆年间，英村汪氏族人携该庙香火迁台，台北八里乡南岳宫和三重市南圣宫均为南岳祖庙的分炉，1994年之后常有台湾宗亲回乡进香拜祖。此建筑基本保留原有风貌，仍保有大量原有建筑构件，石木构件雕琢技艺精湛，建筑整体具有较高文物价值。

◎ 英村南岳祖庙花鸟纹石柱础

◎ 英村南岳祖庙梁架漆金木雕

◎ 英村南岳祖庙清代祥云拱日纹石香炉

◎ 英村南岳祖庙石香炉

◎ 英村南岳祖庙清光绪戊申年福禄寿三星纹石香炉

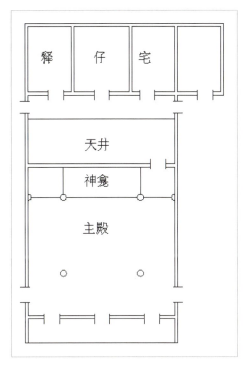

◎ 英村南岳祖庙建筑平面示意图

田头万寿宫

位于厦门市集美区灌口镇田头村洋坑172号旁，又称"三保庵"。始建年代不详，明弘治十三年（1500年）重建，清咸丰二年（1852年）重修。1997年再修时，在夯土外墙的外侧加厚0.3米夯土墙，至今保存较好。此种加固方法，既保留了原有土墙构造，又起到加固墙体作用，值得借鉴。建筑坐北朝南偏东，前、后两殿，中有方亭连接，

◎ 田头万寿宫（从东南向西北拍摄，2009年）

◎ 田头万寿宫前殿门廊

两侧小天井，天井旁有过水廊，总面宽15米，通进深21米，宫前有大石埕。前殿面阔5间，进深2间，前为横向门廊，三川门，抬梁式梁架，悬山顶，三段式翘脊。后殿为敞厅，面阔5间，进深3间，前部为宽檐廊，厅内共设5座神龛，奉祀三宝佛、保

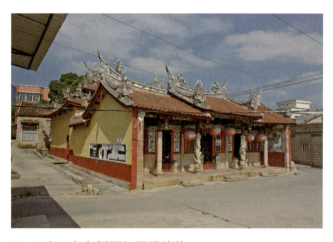

◎ 田头万寿宫侧面加固后墙体

◎ 田头万寿宫门前石阶

◎ 田头万寿宫方亭及后殿

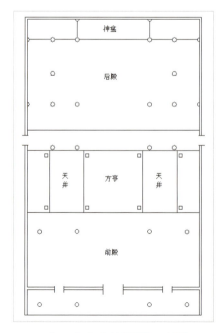

◎ 田头万寿宫建筑平面示意图

◎ 田头万寿宫中门石狮

◎ 田头万寿宫边门抱鼓石之一

◎ 田头万寿宫边门抱鼓石之二

生大帝及广惠尊王，殿内为穿斗与抬梁式混合梁架，重檐歇山顶，穿斗梁架中柱高达8.4米，檐廊石雕龙柱高达3.2米。整体建筑举架高大、宽敞，保存大量原有建筑石构件和大部分木构梁柱，包括房基、墙裙、墙堵、石狮、抱鼓石、柱础及2对蟠龙石柱、数对楹联石柱等，其中有石柱对联："棋山落脉即是鱼山法界""玉兔朝堂何非鹿苑名场"。后殿东壁嵌有明弘治庚申年（1500年）《檀越募建神堂》

◎ 田头万寿宫后殿明弘治庚申年《檀越募建神堂》碑

碑，宽0.52米，高0.32米。此建筑形制特殊，后殿龙柱及壁柱高度较为少见，整体基本保持原有建筑风貌，遗存较多，具有较高的文物价值。

◎ 田头万寿宫大龙柱之一

◎ 田头万寿宫大龙柱之二

◎ 田头万寿宫后殿神龛及梁架结构

◎ 田头万寿宫大龙柱上的款识

双岭大伯公庵

位于厦门市集美区灌口镇双岭村寨内自然村北1公里的越尾山南麓鹧鸪坑。因供奉大伯公神祇,俗称"大伯公庵"。建于明嘉靖癸亥年(1563年),1980年重修。坐西南朝东北,为单体单间石结构建筑,正面大门呈敞开形式,其他三面墙体以条石围砌,前、后两坡屋面及翘脊均以石板、条石砌构,面阔2.5米,进深3米。庵内正中设有花岗岩条案,奉祀大伯公,案上摆放清嘉庆二十二年(1817年)兽面纹石香炉。门梁条石横镌"大明嘉靖癸亥捌月吉日堡众仝立"。

据资料记载,自明嘉靖年开始,不断有倭寇骚扰厦门内陆山区甚至深入长泰等

◎ 双岭大伯公庵附近古道

◎ 双岭大伯公庵(从东北向西南拍摄,2009年)

地，双岭村地处偏僻山区，附近的越尾山古道曾是倭寇取道侵扰内地长泰山重的过往之地，因此，为防范倭患，山重村在明代天启年间修建了坚固的孟宁堡，双岭村也在清雍正五年（1727年）修建了嘉福寨，寨堡遗迹仍存。此庵与双岭村嘉福寨、越尾山古道相距不远，石刻落款"堡众"二字，表明在明嘉靖年已建有古堡，这些文物古迹均为研究集美西北部山区明清时期社会状况和明末清初抗倭历史的可贵资料。

◎ 双岭大伯公庵门梁上明嘉靖癸亥年石刻

◎ 双岭大伯公庵内清代石香炉

西滨大明庵

位于厦门市集美区杏滨街道西滨社区西滨南路555号。始建于明，清代重建，1990年重修。坐东北朝西南，为单体建筑，面阔3间12米，进深3间13米，前有水泥埕，东侧另建有三层附楼。

主体建筑前部为横向长檐廊，平开三川门，中门悬"大明庵"木匾，抬梁式梁架，三段式绿色琉璃筒瓦屋面和三川式翘脊；厅内正中神龛供奉三宝佛，两侧供奉保生大帝和姑妈祖。建筑中保存大量明代和清代建筑石木

◎ 西滨大明庵（从南向北拍摄，2009年）

◎ 西滨大明庵内神龛

◎ 西滨大明庵梁架结构

◎ 西滨大明庵内清代麒麟纹石香炉

构件，正面保留原有石构基础及整面石构墙堵，古风犹存。墙堵从下至上有柜台脚、门墩石、墙裙、楹联门框、镂雕窗、雕花石板和门梁等，正中大门两侧镌刻寺名冠头对联："大而化 圣而神 民生在抱""明也山 秀也水 地脉钟灵"；廊两侧有灰塑龙虎壁。殿内神龛两侧有明正德庚午年（1510年）楹联石柱："大而化之 说法现身仍空色相""明则诚矣 练丹济世悉见真心"，以及清光绪戊子年（1888年）楹联石柱等。殿内还保留原有木构梁架和狮座、雀替等木雕以及花鸟纹神龛罩门。神龛上方"慧光广泽"匾为清代旧物，龛前有清光绪丙午年（1906年）"保生大帝"款石香炉。此建筑历史悠久，

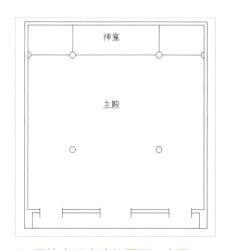

◎ 西滨大明庵建筑平面示意图

传承有序，保存的明清建筑构件较多，建筑整体保存较完整，具有较高的文物价值。

◎ 西滨大明庵中门

◎ 西滨大明庵镂雕石窗

◎ 西滨大明庵石雕墙堵

西滨清惠宫

　　位于厦门市集美区杏滨街道西滨社区西滨中路556号。此宫源自西滨陈氏开基先祖陈清惠，故名。始建年代不详，明代和清代重建，近年曾重修。建筑坐东朝西偏北，为单体建筑，面阔3间9米，进深3间9米，殿前有砖埕。建筑前部为横向檐廊，平开三川门，中门上悬"清惠宫"匾，抬梁式梁架，悬山顶，板瓦屋面，燕尾脊；殿内神龛奉祀大使公，神龛上悬有清光绪辛巳年（1881年）"神威赫耀"匾额。北壁嵌有落款"嘉靖癸亥年"《复业记》碑，石碑宽0.63

◎ 西滨清惠宫（从西向东拍摄，2009年）

◎ 西滨清惠宫殿内神龛

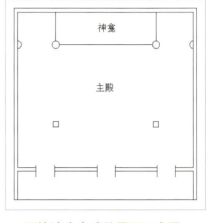

◎ 西滨清惠宫建筑平面示意图

米，高1.44米，连底座通高1.94米。此建筑保留较多原有石木建筑构件，包括基石台阶、墙裙墙堵、石窗、柜台脚和门框门梁、楹联石柱、石狮等，历史悠久，具有较高的文物价值。

◎ 西滨清惠宫梁架结构

◎ 西滨清惠宫龙虎壁灰塑

◎ 西滨清惠宫内明代《复业记》碑

◎ 西滨清惠宫镂雕龙纹石窗

◎ 西滨清惠宫清光绪辛巳年"神威赫耀"匾

灌口凤山祖庙

　　位于厦门市集美区灌口镇第二社区凤山里1号。始建于明天启、崇祯年间，奉祀秦代治水有功的蜀郡太守李冰次子，俗称"李二郎"。清初扩建为庙，清乾隆年间重建，成宫殿式建筑。清光绪己亥年（1899年），印尼华侨黄志信捐银七千元重修。1929年，缅甸仰光同安安仁里公会捐款重修主殿和廊庑，改为钢筋混凝土的仿木结构梁架和屋面。1950年曾作为国家粮库。1960年建左侧护厝。1990年建左、右侧钟、鼓楼。1991年建成右侧护厝。1998年建左偏殿，同时重修戟门和主殿。主体建筑坐东朝西，基址

◎ 灌口凤山祖庙（从西向东拍摄，2009年）

◎ 灌口凤山祖庙前殿背面

◎ 灌口凤山祖庙后殿

◎ 灌口凤山祖庙正殿内部

高于周围地坪，前有宽敞庙埕，西北角有后建的门楼。主体建筑为中轴线上的戟门、天井和主殿，面宽约18米，通进深约29米。左、右两侧分别有长条形护厝和钟、鼓楼。戟门面阔5间，进深2间，前、背为宽敞廊道，平开高大三川门，中门上悬"凤山祖庙"匾额，屋面为三段式翘脊，明间和次间凸起，两侧梢间略低一层，前、后两坡铺设绿色琉璃瓦，各有四条垂脊，端部饰剪瓷排头。主殿为敞厅形式，面阔5间，进深3间，重檐歇山顶，仍保留着当年绿色琉璃筒瓦，殿内主祀李冰及次子李二郎，梁架上保留着落款辛未年（1931年）的彩绘山水人物花鸟图案。戟门和主殿之间为大天井，两侧廊庑。宫庙内保留有清代建筑基础、墙堵、门梁、石柱、柱础及石狮、抱鼓石等大量精美石构件。石柱形式多样，除前、后廊道4根蟠龙石柱，还有少见的瓜棱形、倭角方形、八角形石柱及大量楹联石柱；青石雕工艺精湛，题材丰富，寓意李冰父子"斩蛟降龙治水"以及"浴马""王母庆寿""蟾宫折桂、独占鳌头""八仙过海""渔樵耕读"等；楹联字体多样，书法艺术价值极高，人文内涵丰富，其中正大门两侧分别镌刻"灵镇凤山　棋峰圃岫舒丹翮""炉传夔峡　灌水岷江带锦纹"和"灵昭蜀下　籍驿吏而传炉肇裡前代""庙建国初　化指挥以著像垂镇此邦"；廊道石柱镌刻"凤坐回顾棋山一脉　地灵特萃""灌口原承川口二郎　神道常尊"。石雕及楹联石柱多处镌刻"乾隆丙午"款识等。戟门外东壁立有清乾隆时期石碑《灌口凤山祖庙》及《祖庙经费收支管理公约碑记》各1方，形制基本相同，均为倭首长方形，各高1.2米，连碑座通高1.61米，宽0.71米，厚0.15米和0.18米，碑文记载祀庙之由来以及祀业经费管理公约等事宜，其中内容："灌口者何？本真君著灵西川灌口县而得名也。凤山祖庙者何？明启、祯间牧童常叱牛于此牧之，得一炉，镌曰

◎ 灌口凤山祖庙大门

李府清元真君，盖四川来为深青驿吏而道于此者……夫真君当秦时佐对父冰守蜀，安制毒龙，祀之宜也……"

　　据资料记载，战国时期李冰任秦国蜀郡太守，组织民工治理岷江水患，造福于民，与次子李二郎共同主持修建都江堰水利工程而垂名于世。李二郎因协助其父治水有功，逝后被民间奉为保护神，朝廷敕封为"李府清元真君二郎神"，四川多地立庙奉祀。明末时，西川灌县（今都江堰）籍人氏调任集美灌口深青驿驿丞，遂将奉祀二郎神香火

◎ 灌口凤山祖庙前殿前廊

◎ 灌口凤山祖庙楹联石柱之一

◎ 灌口凤山祖庙楹联石柱之二

◎ 灌口凤山祖庙前殿墙堵石雕板

集美文物

传入当地。因神祇灵异，有求必应，明末时乡人改庵建庙，即凤山庙。此后香火益加兴旺，漳泉古道来往商旅、行人及附近村民到此进香后，便在凤山脚下摆摊开店，渐成集市，"灌口"地名也因凤山庙奉祀的神灵来自西川灌县而得名。凤山庙香火于明末之后相继分炉漳、泉、台、澎及东南亚各地，厦门俗称"大使公""李二郎""二郎神"，泉州称"日月使"，漳州称"清元真君"，台湾称"王孙大使""日月大使"，虽各地奉祀名称有所不同，但根脉同源。凤山庙是闽南、台湾地区及东南亚、南亚等地奉祀李府清元真君的祖庙，仅台湾就有160多座分炉、分庙。

灌口凤山祖庙也是一处具有书院文化底蕴和革命纪念意义的历史建筑。清乾隆十一年（1746年），同安知县张荃在庙旁创建凤山书院，建前、后两进的文昌祠及书舍三间。清宣统二年（1910年），堂长陈师勋奉命将书院改为凤山两等小学堂（引自民国《同安县志》），成为同安县最早的近代学堂之一。民国六年（1917年）由陈宗河发起和华侨黄文荣、张永福捐资支持，学堂又扩大为凤山小学校。凤山书院自创办后，培育

◎ 灌口凤山祖庙浴马图石雕板

◎ 灌口凤山祖庙旁《灌口凤山祖庙》碑

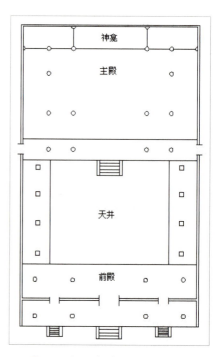

◎ 灌口凤山祖庙建筑平面示意图

出许多仁人志士，有闽南小刀会首领黄志信和辛亥革命先贤庄尊贤、陈少瀛、陈飚臣、庄佑南、陈延香、肖甸邦等，因此也是辛亥革命在同安的发祥地。1914年反对北洋军阀统治和讨袁爱国运动期间，书院作为灌口革命军晋南同溪讨袁联军指挥部，革命军与同安北洋军曾在此展开激烈战斗，留下可歌可泣的英勇事迹。

前场广利庙

位于厦门市集美区杏滨街道前场村前场189-1号。始建年代不晚于明代，清代重建，1992年重修。宫庙建于旧时临海较高台地上，现庙前有砖埕平台和坡下数级石阶。建筑坐东朝西，前、后两殿，中有天井及两侧廊庑，面宽8米，通进深16米。前殿面阔3间，进深2间，前部为横向长檐廊，三川门，中门悬"广利庙"匾，抬梁式梁架，三段式翘脊；后殿为敞厅，面阔3间，进深3间，厅内奉祀开闽王——王审知，抬梁式梁架，硬山顶，燕尾脊。建筑中保存原有石构墙基、墙裙、抱鼓石及部分木构柱梁、门窗等，并保存着数对明代风格的覆盆式柱础和清嘉庆戊辰年（1808年）"广利庙"麒麟纹石香炉。

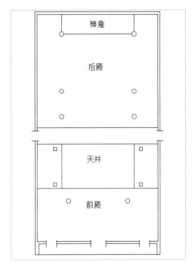

◎ 前场广利庙建筑平面示意图

◎ 前场广利庙（从西向东拍摄，2009年）

◎ 前场广利庙后殿

◎ 前场广利庙门前抱鼓石

◎ 前场广利庙内覆盆式石柱础

◎ 前场广利庙清代石香炉

　　旧时，前场处于瑶山溪流入马銮湾的入海口位置，港阔水深，由码头可直接用海船装卸货物出海，连接厦门港和其他海港码头，而瑶山溪上游又可连接漳泉古道和闽南商业重镇灌口，因此自古以来前场便是灌口一带远近闻名的货物商品交易集散地，清末、民国时期达到鼎盛，至今广利庙前还保留着百余米长的商业旧街及古码头、古桥遗址等。前场的繁华直至1958年，由于马銮海堤建成，海路受阻隔，交通优势不再，商贸集市才日渐衰落，直至今日。前场广利庙香火源自同安北辰山广利庙，它见证了数百年来前场商贸集市的兴衰过程。

西亭朝旭宫

位于厦门市集美区杏林街道西亭社区湖内自然村东部村边大榕树下。始建于明，清代重建，1992年翻建。建筑坐西朝东，由单体单间建筑和方形拜亭组成，面宽6米，进深6米，连拜亭通进深11米。大门上嵌"朝旭宫"石匾，硬山顶，燕尾脊，宫内奉祀辅顺将军。建筑中仍保留清代石构基石、墙裙及龙纹镂雕石窗，并存有清"道光丁亥年"款识等3件石香炉。此宫旧时临海，地势略高，附近建有码头，香火曾传至台湾台北等地，具有一定涉台关系。

◎ 西亭朝旭宫（从东南向西北拍摄，2009年）

◎ 西亭朝旭宫正面

◎ 西亭朝旭宫内部

◎ 西亭朝旭宫龙纹镂雕石窗

◎ 西亭朝旭宫内清代石香炉

上塘瑞塘宫

位于厦门市集美区灌口镇上塘村上塘社183号。始建于明，清代重建，1988年重修。坐东南朝西北，前、后两殿，中为天井及两侧廊庑，面宽8米，通进深17米。前殿面阔3间8米，进深2间，前为门廊，三川门，抬梁式梁架，硬山顶，板瓦屋面，三段式翘脊，两坡各四条垂脊，脊端饰排头。后殿为敞厅，面阔3间，进深3间，抬梁式梁架，硬山顶，燕尾脊，厅内主祀保生大帝，陪祀娘嬷祖、注生娘娘。殿内保存较多清代建筑石构件和部分木构梁架，

◎ 上塘瑞塘宫（从北向南拍摄，2009年）

◎ 上塘瑞塘宫后殿

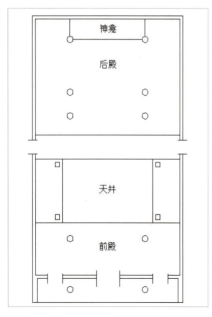

◎ 上塘瑞塘宫建筑平面示意图

石构件包括前、后殿各有1对蟠龙石柱和房基、石雕墙裙、人物纹石雕板、柱础、数对楹联石柱等，具有较高文物价值，其中门廊楹联镌刻"治乳显神奇　宫回造化""捐躯飨将士　即炳乾坤"。

该宫奉祀的娘嬷祖，即"王姬娘娘"，俗称"娘嬷""三夫人"。史书记载为唐代名将张巡爱

妾，睢阳守城粮尽无物可食时，其舍身飨将士，使军民得以固守城池，民间因其忠贞节烈事迹而奉祀为神。此宫庙是一处文物内涵较丰富的闽南传统寺庙建筑。

◎ 上塘瑞塘宫楹联石柱之一

◎ 上塘瑞塘宫楹联石柱之二

◎ 上塘瑞塘宫前廊人物纹石雕板

东宅玉石宫

位于厦门市集美区后溪镇东宅村。始建年代不晚于明代，清代重建，1965年、1999年翻修。建筑坐东北朝西南，为前、后两殿，中有拜亭连接，两侧小天井，主殿

◎ 东宅玉石宫（从西南向东北拍摄，2009年）

◎ 东宅玉石宫前廊蟠龙石柱

东侧建有释仔宅，总面宽17米，通进深18米。前殿面阔3间10米，进深2间，前有横向长檐廊，立花岗岩蟠龙石柱1对，三川门，中门上悬"敕封玉石宫保生大帝"匾，红色筒瓦屋面，三川式翘脊，两坡各四条垂脊饰排头；后殿为敞厅，面阔3间，进深3间10米，抬梁式梁架，燕尾脊，正中神龛奉祀保生大帝，龛上悬挂"保我黎民"木匾。此宫庙保留较多具有特色的清代建筑石构件，包括前殿正面门廊的柜台脚墙裙、花鸟纹墙堵、镶嵌青石雕人物纹的花岗岩门梁及楹联门框、龙柱等，石刻楹联："白礁神医秘传一线""玉石帝泽普济群生"。宫庙内还保存清嘉庆丙寅年（1806年）麒麟纹石香炉，宫外散见明代覆盆石柱础及清代抱鼓石等构件。此建筑历史悠久，仍保存较多原建筑构件，早年香火分炉台湾，具有一定文物价值和涉台关系。

◎ 东宅玉石宫后殿及方亭

◎ 东宅玉石宫清代石香炉

◎ 东宅玉石宫旁明代石柱础

深青茂林庵

位于厦门市集美区灌口镇深青村东北村边。始建年代不详，清康熙三十年（1691年）重建，但又毁于战乱；清光绪十九年（1893年）由乡老带头于菲律宾棉兰老岛邦募捐居住国货币（盾币）回乡扩建，民国初年，前、中殿及部分后殿被北洋军焚毁。20世纪30年

◎ 深青茂林庵（从东向西拍摄，2009年）

代和1995年重修后殿,2006年重建前、中殿并整体装修。建筑坐西朝东偏南,前、中、后三殿,面宽22米,进深31米,占地面积约660平方米。前殿三川门,三段式花脊;中殿抬梁式梁架,重檐歇山顶,殿内供奉清水祖师、清元真君等;后殿保留数对落有名款的清代方形石柱,款识有"弟子苏绅光敬奉柱子一对""明癸堂喜助一对""大岭苏众观奉"等,殿内奉祀三宝佛。后殿北廊壁立有清康熙三十年重修的《功德碑》,碑高1.45米、宽0.45米,记载当年施主捐资"站银壹百肆拾叁两"重修殿宇之事。

茂林庵建于深青驿楼旁。据村中老人口述(引自《走进深村》),茂林庵最早设于驿站内,为祈求行旅平安而建,最早供奉三保公,规模仅一殿,因周边树林茂密,取名茂林庵。现庵内供奉三宝佛和清元真君、清水祖师。清元真君俗称"大使公",即四川都江堰李二郎,传为明末西川灌县人氏调任深青驿驿丞时所带来香火。清初长泰籍驿信官分炉到长泰溪东祖籍地供奉。清代中期,深青村苏氏族人大量迁居台湾高雄;

◎ 深青茂林庵中殿

◎ 深青茂林庵后殿

◎ 深青驿驿楼遗址及碑廊(从南向北拍摄)

◎ 深青茂林庵后殿落款石柱 之一　　◎ 深青茂林庵后殿落款石柱 之二　　◎ 深青茂林庵清康熙三十年 《功德碑》

20世纪90年代，台湾苏氏宗亲开始回乡寻根，根据族谱记载谱系脉络，同深青村族亲对接上血脉关系，从此往来频繁。

城内城隍庙

位于厦门市集美区后溪镇后溪村城内自然村南部。城内又称"霞城"，清康熙元年（1662年），福建总兵施琅在此驻扎建城，并于城址南门临海门内兴建城隍庙，庙宇临海并建于临海门旁，也称"霞海城隍"。清道光元年（1821年），同安人陈金绒奉请霞城城隍爷金身渡台，但在1853年与台北艋舺少数民族争斗中，同安人遭遇失败，只得从大火中抢出城隍爷金身退至台北大稻埕，并于1859年重建霞海城隍庙。

清初，因海禁"迁界"，

◎ 城内城隍庙（从西南向东北拍摄，2009年）

霞城及城隍庙曾一度废弃，但此后香火延续。1958年，城隍庙被拆改为仓库，霞城古石墙也被大量拆除，只留下古城北门及门旁的一段残垣。1991年由台胞兴资重建城隍庙，采用钢筋混凝土梁柱结构和大量青石雕装饰。现建筑坐东北朝西南，为前、后两殿，中央有天井及两侧廊庑，面宽12米，通进深31米，殿前有大水泥埕，占地约800平方

◎ 城内城隍庙后殿

米。前殿面阔3间，进深2间，重檐歇山顶；后殿面阔3间，进深3间，重檐歇山顶；东、西两廊有钟、鼓亭。前殿梁架上悬有清代"洞悉阴阳"木匾，前、后落款"光绪甲申年蒲月榖旦""鼎美官炉商叶自成叩"。殿内保存附近发现的城内城南门"临海门"石匾，长2米，宽0.62米，厚0.16米，前、后落款分别为"钦命总督福建部院少保兼太子太保兵部尚书李奉旨""钦命镇守福建同安等处地方总兵官都督佥事施琅，总督标下督造官副将黄兆、参将李成德，同安县知县卞甘添，同安镇标分防原副将吴魁，督工白礁司巡检张思荣。康熙元年捌月日建"，与北门"搭辰门"石匾落款相同。

◎ 城内城隍庙内清光绪甲申年"洞悉阴阳"匾

◎ 城内城隍庙保存的"临海门"石匾

城内城隍庙是众多台湾霞海城隍庙的祖庙，每年都有台湾等地信众前来进香，是研究海峡两岸城隍信仰的重要历史遗迹。

顶许净心堂

位于厦门市集美区灌口镇顶许村下许社。始建年代不晚于清雍正辛亥年（1731年），清道光己丑年（1829年）至壬辰年（1832年）重建，民国十二年（1923年）重修，"文革"期间受破坏，曾改为仓库，神像被毁，2000年后殿翻修，

◎ 顶许净心堂（从西南向东北拍摄，2009年）

◎ 顶许净心堂大门

◎ 顶许净心堂拜亭及后殿

2007年前殿翻修。因有本乡进士许捷标为净心堂题写中门门联："净无点尘 万古钦清水""心有余爱 千秋祝保生"，又称"进士庵"。建筑坐东北朝西南，前、后两殿，中有拜亭连接，两侧小天井，靠墙有过水廊。建筑面宽14米，通进深21米，前有大石埕。前殿面阔5间，进深3间，前部为宽檐廊，平开三川门，后部为敞厅，抬梁式梁架，三段脊屋面；后殿面阔5间14米，进深3间9米，明间及次间为敞厅，梢间为偏房，抬梁式梁架，硬山顶屋面，燕尾脊。该宫庙主祀三宝佛，附祀弥勒佛、观音佛及散财童子、龙女、清水祖师、保生大帝、关帝、阎罗王、哪吒、玄天上帝、神

◎ 顶许净心堂后殿清道光年款　　◎ 顶许净心堂"道光壬辰"款　　◎ 顶许净心堂保存的石雕板
　　龙柱　　　　　　　　　　　　　石雕门梁

农氏、代天巡狩王爷公、注生娘娘、虎仔爷、福德正神、三元帅、雷公电母等，儒释道崇祀与民间信仰在此交融互补，是集美已发现奉祀神祇最多的宫庙。建筑中保留大量清代道光年间的石柱、门墩石、柱础、门梁、墙裙、墙堵等精美石雕建筑构件。前、后殿檐廊各有1对青石蟠龙石柱，雕琢精湛，还保留有11对完整楹联石柱以及残缺、落单各1根，字体包括楷、隶、行、篆等，题款者有进士、举人、太学生、监生、贡生、生员、秀才，具有很高书法艺术价值和文物研究价值。宫内另存有清雍正辛亥年带座大石香炉和清道光壬寅年（1842年）石香炉各1座，以及清光绪年《净心堂》带座残碑。旧时宫庙前有水运码头，许溪由西向东经庙前流向杏林海湾。此建筑体量较大，保存大量精美建筑构件和楹联书法，具有较高文物价值。

◎ 顶许净心堂楹联石柱之一　　◎ 顶许净心堂楹联石柱之二　　◎ 顶许净心堂内清雍正年石
　　　　　　　　　　　　　　　　　　　　　　　　　　　　　　　香炉

姜屿铁炉宫

位于厦门市集美区后溪镇前进村西井一里30号、村北路旁，又称"铁场宫"。明正德十年（1515年）兴建，清道光元年（1821年）扩建，1996年台湾乡亲捐资重建，1997年竣工，整体建筑改为现代钢筋混凝土结构。建筑现为前、后两殿，两侧连建廊庑式释仔宅，总面宽27米，通进深22米。前殿面阔3间11米，三川门，重檐歇山顶；后殿面阔3间，进深3间，奉祀关圣帝君，重檐歇山顶，神龛上悬挂仿制的清道光元年"允塞天地"匾，落款"石兜武进士敬献"。建筑内仍保留和利用部分原有蟠龙石柱、楹联石柱、石匾、石雕板等。东侧释仔宅沿用清道光元年六角楹联石柱2对，存放门墩石2对；西侧释仔宅沿用清代蟠龙石柱4对

◎ 姜屿铁炉宫（从东北向西南拍摄，2009年）

◎ 姜屿铁炉宫后殿神龛

◎ 姜屿铁炉宫释仔宅内保存的龙柱之一

◎ 姜屿铁炉宫释仔宅保存的龙柱之二

◎ 姜屿铁炉宫释仔宅保存的楹联石柱

和清道光元年楹联石柱5对，正面过水门上嵌"礼门""义路"原建筑旧石匾和石雕门梁等。前殿侧案摆放"合境平安"旧香炉。

◎ 姜屿铁炉宫释仔宅保存的楹联石刻之一

◎ 姜屿铁炉宫释仔宅保存的楹联石刻之二

◎ 姜屿铁炉宫释仔宅保存的楹联石刻之三

◎ 姜屿铁炉宫释仔宅保存的楹联石刻之四

据有关资料记载，铁炉宫历史可溯及唐末，时开闽王王审知三兄弟率农民起义军入闽，途经泉州、同安等地，曾于西井村北部起炉灶铸兵器，附近散布着铁渣，当地称为"铁场"，至今仍有"铁渣湾""铁渣仑"等地名。元成宗乙未年（1295年），又有江西人在此地樟树旁架起炉灶打造农具和刀枪，并从家乡带来奉祀关帝爷（据称关帝是铁匠出身）的香火，建造小庙祭拜。明正德乙亥年（1515年），姜屿山乡众兴建铁炉宫，清道光元年又扩建为两落一天井规模，从此香火兴旺，远近闻名。相传清嘉庆年石兜武进士吴安邦入京赴试曾到铁炉宫进香祈愿，金榜题名后特为宫庙敬献"允塞天地"匾额。

◎ 姜屿铁炉宫释仔宅保存的石匾

◎ 姜屿铁炉宫释仔宅存放的门墩石

姜屿铁炉宫历史悠久，人文典故丰富，清康熙年间香火分炉台湾嘉义县鹿草乡西井村圆山宫、草湖保安宫及台北中和南天宫等，现宫内所保留的建筑构件具有较高历史价值和书法艺术价值。

锦园宫

位于厦门市集美区杏滨街道锦园社区锦北路58-1号。建于清乾隆乙未年（1775年），清嘉庆九年（1804年）重建，20世纪90年代重修。建筑坐东南朝西北，前、后两殿，中有天井及两侧过水廊，面宽9米，通进深18米，前有石埕。前殿面阔3间，进深2间，前为横向檐廊，三川门，中门上悬有"锦园宫"木匾，绿色琉璃筒瓦屋面，三川式翘脊，两坡各四条垂脊并饰有剪瓷排头；后殿为敞厅，面阔3间，进深3间，抬梁式梁架，

◎ 锦园宫（从西北向东南拍摄，2009年）

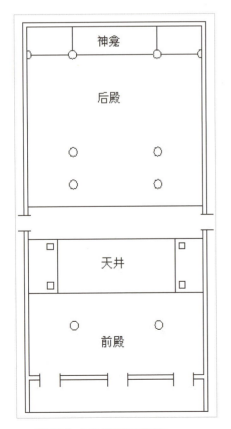

◎ 锦园宫建筑平面示意图

◎ 锦园宫前殿背部

◎ 锦园宫中门

琉璃瓦屋面，燕尾式翘脊，厅内神龛主祀观音菩萨，龛上悬"观音堂"匾。建筑保存大量原有石构基础、墙裙、墙堵、石窗、门梁、石柱、柱础及木构梁柱等，石柱楹联、石框门联及石雕构件等多留有捐建年款和捐建人姓氏。大门两侧门框楹联和后殿八角石柱楹联均落款"嘉

◎ 锦园宫大门匾额

◎ 锦园宫天井及后殿

◎ 锦园宫后殿

◎ 锦园宫后殿神龛

庆甲子年"，后殿蟠龙石柱落款"嘉庆九年"，中门"锦园宫"木质匾额落款"清乾隆
乙未年"。殿内暗八仙纹、鱼化龙纹和游龙纹石柱础各1对，纹饰少见。此建筑基本
保留清代历史风貌，并保留大量原有建筑石、木构件，雕饰精美，整体具有较高文物
价值。

◎ 锦园宫镂雕双螭抱炉纹石窗　　◎ 锦园宫龙纹石柱础　　◎ 锦园宫鱼跃龙门纹石柱础

大岭万安宫

位于厦门市集美区灌口镇田头村大岭自然村。始建年代不详，清乾隆三十八年
（1773年）重建，2008年重修。建筑坐北朝南偏西，前、后两殿，中有天井及两侧过

◎ 大岭万安宫（从南向北拍摄，2009年）

◎ 大岭万安宫后殿

◎ 大岭万安宫大门边石雕麒
麟壁

水廊，面宽8米，通进深18米，前有水泥埕。前殿面阔3间，前为横向门廊，三川门，门前1对石狮，中门悬"万安宫"匾，抬梁式梁架，三川式翘脊；后殿为敞厅，主祀保生大帝，面阔3间，进深3间10米，前廊有1对蟠龙石柱，抬梁式梁架，燕尾脊，硬山顶。建筑保留较多清代建筑石构件，包括房基、柱础、墙堵、门框、麒麟纹石雕板和龙柱、石狮及数对楹联石柱等，雕琢精细，部分石构件刻有宫殿重建年款和捐助人名款等，其中门梁上镌刻"时大清乾隆三十八年岁次癸巳梅月重建万安宫并祝宝殿玲珑欣再造无疆德泽遍乡村""乡宾苏弼清、苏俊臣仝乐助青石狮、石通梁、通梁柱、加冠进禄、麒麟斗石、窗下运脚、踏石一块、平铺二块"等铭文内容，是鉴定该建筑建造年代的重要依据。该建筑具有较高的历史研究价值和文物价值。

◎ 大岭万安宫门前石狮

◎ 大岭万安宫门梁上 "大清乾
隆三十八年"等铭文

◎ 大岭万安宫门梁上有关捐
建石构件的铭文

高浦鳌江宫

　　位于厦门市集美区杏林街道高浦社区杏滨路北侧的高浦南路。始建年代不详，清乾隆五十六年至六十年（1791—1795年）重建，民国时期及1992年重修。建筑坐北朝南偏西，前、后两殿，中有天井及两侧过水廊，面宽13米，通进深26米，前有大石埕。前殿面阔3间，进深2间，前有宽门廊，平开三川门，中门悬"鳌江宫"匾，抬梁式梁架，

◎ 高浦鳌江宫（从南向北拍摄，2009年）

◎ 高浦鳌江宫前殿中央的御道

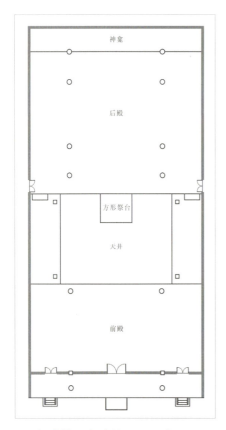

◎ 高浦鳌江宫建筑平面示意图

◎ 高浦鳌江宫主殿

◎ 高浦鳌江宫主殿前落轿石

◎ 高浦鳌江宫前殿蟠龙石柱

三川脊，两坡各四条垂脊，脊端饰剪瓷排头，硬山顶。后殿为敞厅，面阔3间，进深4间，中设神龛奉祀天后妈祖，抬梁式梁架，硬山顶，燕尾脊。殿内保存大量清代精美建筑石构件具有很高的文物价值，包括3对雕琢精湛，分别落款"乾隆辛亥年"、"乾隆伍拾陆年"及"乾隆乙卯年"的青石蟠龙柱和花岗岩石蟠龙柱，以及前殿龙虎壁、镂雕石窗、墙堵石雕板、墙头镇邪狮和各式石柱础等，尤其石柱础上所雕饰的海屋添筹、鲤鱼跃龙门、双龙抢珠、梅枝竹林、奔鹿跑马等花纹，精雕细刻，内容丰富。该宫庙前殿大门前正中有花岗岩斜墁御道，为神灵轿辇出巡之道，主殿前天井有神辇落轿的方形石台。该宫庙妈祖信仰活动由来已久，每逢农历五月初五妈祖诞辰之时，信众必往湄洲进香，五月初六，宫庙妈祖神祇出巡高浦本境，俗称"割

◎ 高浦鳌江宫前殿石雕龙虎壁之一

◎ 高浦鳌江宫前殿石雕龙虎壁之二

◎ 高浦鳌江宫后殿龙柱上年款标识　◎ 高浦鳌江宫后殿龙柱之一　◎ 高浦鳌江宫后殿龙柱之二

◎ 高浦鳌江宫海屋添筹纹石柱础

◎ 高浦鳌江宫鱼跃龙门纹石柱础

香"，由三川门的中门出入，初五至初七举行祭祀妈祖活动，并延请闽南戏班于宫前戏台连续谢戏3天。

高浦地处集美杏林半岛南端，在白鹤岭向东南面海中延伸的岬角上，其东、西、南三面为鳌江所拥，如白鹤傲立水边，因此古时雅称"鹤浦"。此地自唐代开埠，宋时为"同邑名区"，其时经济富庶，市井繁华，人文蔚起，朱熹游此后曾著文盛赞："环浦皆山也，襟浦皆水也，山水合则龙聚，龙聚则地真……惟同有浦，乃山水之最佳也……"高浦历史上曾是海防重镇，明洪武二十年（1387年）设高浦巡检司，洪武二十三年（1390年）升为高浦守御千户所，翌年修建高浦城，规模和驻兵均超过嘉禾岛（厦门岛）的中左守御千户所，鳌江宫即位于高浦城南门旁。

排前山峰宫

位于厦门市集美区灌口镇上塘村排前社179号。当地俗称"娘嬷宫",因宫里供奉的"王姬娘娘"当地人俗称"娘嬷""三夫人"。建筑始建年代不详,清嘉庆庚辰年(1820年)迁此重建,清光绪壬午年(1882年)重修,2008年重修。建筑坐东朝西偏北,前、后两殿,中有天井及两侧过水廊,面宽10米,通进深19米,前有石埕。前殿面阔3间,进深2间,前为横向门廊,三川门,中门石门梁镌

◎ 排前山峰宫(从西向东,2009年拍摄)

◎ 排前山峰宫后殿

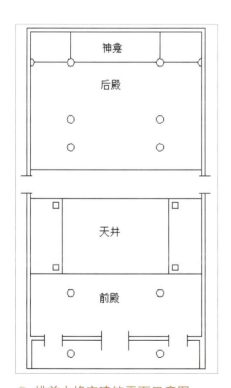

◎ 排前山峰宫建筑平面示意图

◎ 排前山峰宫主殿神龛

◎ 排前山峰宫后殿"群仰母仪"匾额

◎ 排前山峰宫中门

刻"节著睢阳"四个大字，两侧有嘉庆庚辰年石刻门联："形胜现莲华　长昭福地""神光敷梓里　共仰徽声"，穿斗式梁架，三段式翘脊，前、后两坡各有四条垂脊饰排楼；后殿为敞厅，面阔3间，进深3间，抬梁式梁架，硬山顶，燕尾脊，厅堂内供奉娘嬷祖。厅内悬挂清道光丁未年（1847年）灌口巡检陈沣撰题"群仰母仪"匾额。建筑中保留大量原有建筑石构件和木构梁架，有墙基、墙裙、石雕板、石狮、楹联石柱、柱础等。楹联中有清光绪辛巳年（1881年）户部主政欧阳寅题"国史重书劳　百里睢阳双烈士""民情隆祀典　千秋巾帼一杯羹"，户部员外郎黄景琛题"阳城伸大节　忠烈双全""唐代著神威　灵光永耀"。前殿南壁嵌有清光绪壬午年山峰宫重修捐资碑，碑宽1.4米、高0.87米。碑文记述山峰宫原为建于排前村前右侧山脚下的山傍庵，清嘉庆庚辰年依其旧制迁建于此，历时一甲子后因建筑遭风雨侵蚀，于清光绪壬午年重修；碑文中的乡人捐资钱款以英、佛（银）元为主。

◎ 排前山峰宫清代楹联石柱之一

◎ 排前山峰宫清代楹联石柱之二

◎ 排前山峰宫清光绪年楹联石柱之一

◎ 排前山峰宫清光绪年楹联石柱之二

◎ 排前山峰宫前廊"守城"图
石雕

◎ 排前山峰宫龙虎壁之一

◎ 排前山峰宫龙虎壁之二

据《旧唐书》《新唐书》《资治通鉴》等文献记载，唐代安史之乱时，公元757年，唐代名将张巡、许远等将官率万余兵马对抗十余万叛军，死守睢阳（今河南商丘），日久粮绝，无物可食，战况极度惨烈，张巡、许远不得已而"烹僮杀妾"以飨将士，惨烈悲壮誓死守城直到最后。此后，张巡爱妾舍身就义、救世拯民的忠贞气节为世人敬仰，民间奉祀为神。唐宋之后随着中原文化传入福建，在闽南一带可见祭奠张巡、许远的"双忠庙"，但祭祀张巡之妾（三夫人）的宫庙却很少。此庙是专祀王姬娘娘的庙宇，楹联内容多与其事迹有关，前廊还有"守城"图石雕。此建筑文物丰富，祭祀独特，是研究闽南民间信仰的可贵实例。

◎ 排前山峰宫后殿梁架上漆金木雕狮座斗抱

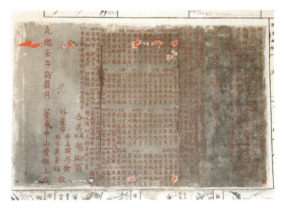

◎ 排前山峰宫内清光绪年重修捐资碑

大岭头安泰宫

位于厦门市集美区灌口镇田头村大岭自然村大岭山大岭头，海拔570米。大岭头是旧时灌口古镇通往内地长泰山重古道中翻越大岭山最高处的山顶山坳，此地既是古道的必经之地，也是古代同安与长泰两县的交界处。清嘉庆三年（1798年），同安、长泰两地族贤、乡亲共同捐资于大岭头古道旁兴建宫庙，故名"安泰宫"，2001年曾重修。安泰宫坐西南朝东北，为单间单体建筑，面宽3.8米，进深4.8米，宫前石埕进深3.7米。建筑整体由花岗岩条石和石板砌建，包括房梁、屋顶、屋脊，宫内正面墙体嵌立《福德正神》石碑，奉祀土地公，碑前有石供案和清代麒麟纹石香炉。宫旁立有清光绪十八年（1892年）两地共立的《长泰县、同安县交界碑》，石碑宽0.53米、高0.96米，碑文正中镌刻"山重乡、大岭乡，长泰县、同安县交界碑"，前、后分别落款"光绪拾捌年正月建"和"长泰县王、同安县李合立"。此庙是研究古代长泰山区与厦门沿海地区之间交通历史的可贵实例。

◎ 大岭头安泰宫（从东北向西南拍摄，2009年）

◎ 大岭头安泰宫内《福德正神》碑及供案

◎ 大岭头安泰宫旁的《长泰县、同安县交界碑》

高浦西竺寺

位于厦门市集美区杏林街道杏林东路56号。
始建年代不详，传建于明末清初，清嘉庆戊辰年
（1808年）及民国二年（1913年）重修，"文革"
期间被毁，1990年翻建后殿，1991—1999年再
次全面翻建。建筑坐南朝北，前、后两殿，左、
右为二层释仔宅，均为钢筋混凝土梁架结构，总
面宽27米，通进深36米。前殿为天王殿，面阔3
间11米，重檐歇山顶；后殿为大雄宝殿，面阔3
间，二层楼阁重檐歇山顶结构。后殿保留部分原
有石构墙基、墙裙、柱础及木雕饰板等，一层厅
堂供祀观音菩萨，厅内保存3对行、草书体的楹

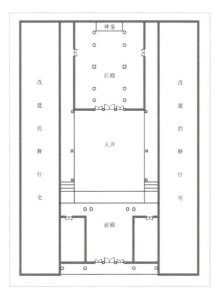

◎ 高浦西竺寺建筑平面示意图

联石柱，分别落款"嘉庆戊辰年"及"民国二年"，均具有较高书法艺术价值；前殿后
廊立有民国癸丑年（1913年）《重修西竺寺缘题芳名》碑，碑宽0.68米，连碑座通高1.57
米。此寺历史悠久，是研究当地宗教历史的文物古迹。

◎ 高浦西竺寺（从东北向西南拍摄，2009年）

◎ 高浦西竺寺后殿内部

◎ 高浦西竺寺《重修西竺寺缘题芳名》碑

◎ 高浦西竺寺楹联石柱"嘉庆戊辰年"款识

◎ 高浦西竺寺楹联石柱

深青泽深宫

位于厦门市集美区灌口镇深青里71号。始建年代不详，清代重修，20世纪50年代重修梁架及屋面，1994年再修。建筑坐东南朝西北，为前、后两殿，南侧连建释仔宅，总面宽18米，通进深18米。前殿面阔3间10米，凹寿门，开中门及两侧边门，大

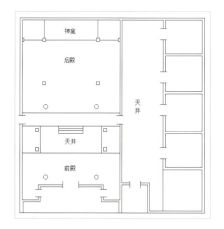

◎ 深青泽深宫建筑平面示意图

◎ 深青泽深宫（从西北向东南拍摄，2009年）

门框镌刻楹联："大德广生封大帝""深仁厚泽镇深青"，抬梁式梁架，两坡筒瓦屋面，三段式翘脊，四条垂脊饰排头。后殿为敞厅，檐廊1对浅浮雕云龙石柱，厅内抬梁结构，下承4根方形石柱，殿内奉祀保生大帝，硬山顶，燕尾脊。建筑内保留石基础、阶石、门梁、石雕墙堵及石柱、柱础等大量清代建筑石构件，并有清光绪丙申年（1896年）麒麟纹石香炉，具有较高文物价值。

◎ 深青泽深宫前殿大门

◎ 深青泽深宫"渡江访友"石雕

◎ 深青泽深宫后殿

◎ 深青泽深宫龙柱之一

◎ 深青泽深宫龙柱之二

清中期，深青苏氏族人大量迁移台湾高雄路竹乡等地，并携带深青宫保生大帝香火到台湾兴建东安宫。1997年后，台湾苏氏乡亲开始回乡寻根、祭祖。

坑内昭灵宫

位于厦门市集美区灌口镇坑内村的西南村边。建于清嘉庆十二年（1807年），1994年翻修。建筑坐东北朝西南，前、后两殿，中为天井及两侧过水廊，面宽10米，进深

◎ 坑内昭灵宫大门

◎ 坑内昭灵宫（从西南向东北拍摄，2009年）

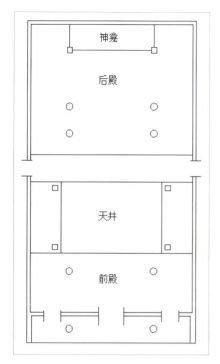

◎ 坑内昭灵宫建筑平面示意图

◎ 坑内昭灵宫后殿

17米，宫前有水泥埕。前殿面阔3间，进深2间，前部为横向长檐廊，三川门，中门悬"昭灵宫"匾，抬梁式梁架，三段式翘脊，前、后两坡屋面，四条垂脊饰排头；后殿面阔3间，

◎ 坑内昭灵宫后殿楹联石柱

◎ 坑内昭灵宫龙虎壁石雕

◎ 坑内昭灵宫内石香炉

进深3间，抬梁式梁架，硬山顶，燕尾脊，厅后有奉祀保生大帝神龛。建筑中保留部分清代石构房基、墙裙、柱础及龙虎壁石雕、八仙纹门梁等，有数对带款识的楹联石柱、门框对联。殿内还保存清光绪辛卯年（1891年）等石香炉2个。此建筑保存原有建筑构件较多，整体具有一定文物价值。

皇帝井与皇渡庵

位于厦门市集美区后溪镇苏营村东南部村边。此井始建年代不详，清道光二十年（1840年）和1997年重修。相传唐宣宗李忱登基前云游入闽，曾于此井汲水酿酒、烹茗而名。民国《同安县志》记载："皇帝井在仁德里苏营，相传唐宣宗到此掬饮因名。"

◎ 皇帝井（从南向北拍摄，2009年）

◎ 皇帝井东侧水井

◎ 皇帝井西侧水井

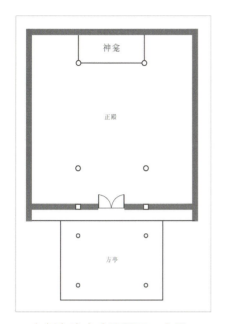

◎ 东侧皇渡庵建筑平面示意图

皇渡庵前有半月形井台围栏区域，朝向东南，内有古井两口，东、西并列。井后各立一方石碑，以装饰石狮柱头的矮柱围护。石碑均为长方形倭角形制，碑面布局和浮雕花纹基本相同，碑额正中均为神主牌式长方框内镌刻"清"字，左右双龙夹护，但碑刻文字有所不同。东侧石碑正中直镌楷书"古唐皇帝井"大字，落款"道光庚子年重修"，碑高1.47米，连碑座通高1.66米，宽0.48米，厚0.11米；西侧石碑正中直镌楷体"龙泉井"大字，落款"道光庚子年新建"，碑高1.47米，连碑座通高1.64米，宽0.48米，

◎ 东侧皇渡庵（从东南向西北拍摄，2009年）

◎ 东侧皇渡庵正面

◎ 东侧皇渡庵殿内

◎ 东侧皇渡庵石雕墙堵

◎ 东侧皇渡庵内龙柱

◎ 东侧皇渡庵楹联石柱之一

◎ 东侧皇渡庵楹联石柱之二

◎ 东侧皇渡庵"憨番抬厝角"石雕

◎ 东侧皇渡庵龙柱上"道光己丑"款识

厚0.10米。东侧古井旁另立一小石碑，高0.76米，宽0.3米，厚0.07米，镌刻吟咏龙泉井的行书七言古诗一首，署名"陈上章"。两口水井水质清澈，水面距井口仅1米，井口内径0.5米，井栏呈六边形，以六块企口榫花岗岩石板拼砌，边长0.53米，高0.42米，厚0.09米。两井之间有石构半月形浅底池（村民曾用作洗衣池），弦长3.92米，半径2.6米。长方形井台宽10.4米，进深5.5米，铺设石板地面，四周有花岗岩护栏，栏杆柱头花式各异。

皇渡庵位于皇帝井井台之后约30米，为东、西并排的两座建筑，均坐西朝东偏南，形制基本相同，为单殿式建筑，前部连建四柱单间方亭，总面宽7米，通进深7.5米，主殿为抬梁式梁架，重檐歇山顶。

东侧皇渡庵始建年不详，清道光己丑年（1829年）重建，1983年重修。主殿正面墙堵以原有石构为主，保存较完整，包括柜台脚、麒麟堵、龙虎壁、镂雕石窗及门梁、楹联门框、厝角和壁柱等石雕，殿内奉祀飞天大圣，保存着清道光己丑年蟠龙石柱、"飞天大圣题乩"款识的楹联石柱，以及清嘉庆庚辰年（1820年）"福善无私"匾和清道光己丑年"皇渡庵"匾、清道光庚寅年（1830年）"聪明正直"匾等，该宫庙保留的数对带款识的楹联圆柱和拜亭的六角楹联石柱采用楷、隶、篆不同书体，具有较高书法艺术水平。

◎ 西侧皇渡庵（从东南向西北拍摄，2009年）

西侧皇渡庵始建年代不详，清道光庚子年（1840年）重建，1987年重修。主殿正面由石构墙裙和木构直棂槛窗、木雕龙纹门扇等构成，设有石门槛。殿内供奉保生大帝，并保存有清道光庚子年重建、同治壬申年（1872年）重修的"皇渡庵"匾及原有花岗岩门槛石、拜石和方形石柱，惜近年重修时于旧石柱上加刻对联，损坏原有价值。

◎ 西侧皇渡庵殿内

◎ 西侧皇渡庵内"皇渡庵"匾

　　唐宣宗名李忱（810—859年），为唐宪宗李纯第十三子，封光王，唐会昌六年（846年）即位。相传李忱即位前因皇室内部争斗遭受排挤，一度离京云游、遁迹入闽，明《闽书》和清《福建通志》《泉州府志》《厦门志》等志书载其入闽，曾遁迹于同安安仁里十二都夕阳山义安寺（今海沧区东孚镇）。传当时夕阳山有古道，宣宗在此与高僧黄檗唱吟论道，现附近还留有浴龙池、浴龙桥及龙门岭等古迹，宣宗登位后还赐名义安寺为真寂寺。又传李忱往夕阳山时，途经苎溪过苏营村，遇苏公、陈婆夫妇，给予留宿具食。李忱登基后感念其恩而命筑水渠，引苎溪之水灌田数百顷，乡人称之"陈婆陂"，并奉苏公、陈婆为"田祖"，建庵纪念，配祀于"皇渡庵"中。

坑内灵山宫

　　位于厦门市集美区灌口镇坑内村前山社。始建年不详，清道光甲午年（1834年）重建，1997年重修。建筑坐东南朝西北，前、后两殿，中有天井及两侧过水廊，北侧连接新建的释仔宅，总面宽18米，通进深19米。前殿面阔3间10米，进

◎ 坑内灵山宫（从西北向东南拍摄，2009年）

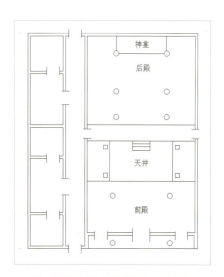

◎ 坑内灵山宫建筑平面示意图

◎ 坑内灵山宫后殿

◎ 坑内灵山宫后殿龙 　　◎ 坑内灵山宫后殿龙 　　◎ 坑内灵山宫门前石狮
　　柱之一 　　　　　　　　柱之二

深2间，前部为横向檐廊，三川门，中门悬"灵山宫"匾额，门前1对石狮，檐廊有清道光甲午年八角楹联石柱，抬梁式梁架，三川翘脊，前、后四条垂脊端部饰排头；后殿面阔3间，进深3间，前廊1对花岗岩蟠龙石柱，抬梁式梁架，硬山顶，燕尾脊，厅内神龛奉祀保生大帝。建筑中保留大量清代石构件和部分木构梁架等，其中有落款清道光甲午年楹联石柱，楹联冠以宫庙名："灵弈聿昭　原止慈以恒济""山河并寿　缘容保而好生"和"灵以宫名　一灵长赫矣""山当阙拱　四山护前乡"。宫前墙边立有清末民初《筑灵山宫室仔寺碑记》，宽0.48米，高0.8米，"室仔寺"即释仔宅。此建筑中保存较多原有建筑石构件，整体具有较高文物价值。

◎ 坑内灵山宫前《筑灵山宫室仔寺碑记》

马銮昭应宫

　　位于厦门市集美区杏滨街道马銮社区海口路57-1号。始建年代不详，清道光戊戌年（1838年）重建，民国时期及近年重修。建筑坐东朝西偏南，前、后两殿，中有天井及两侧过水廊，面宽9米，通进深19米，前有石埕。前殿面阔3间，进深2间，三川门，

◎ 马銮昭应宫（从西向东拍摄，2009年）

◎ 马銮昭应宫前殿背面

◎ 马銮昭应宫后殿

中门悬"昭应宫"匾，前有宽檐廊，抬梁式梁架，三川式翘脊。后殿为敞厅，面阔3间，进深3间，主祀保生大帝和大使公，抬梁式梁架，硬山顶，重檐歇山顶。天井两侧过水廊立有新、旧石碑6方，其中有清道光二十年（1840年）《重修昭应宫碑记》，宽0.76米，高1.67米；民国十一年（1922年）《重修昭应宫碑记》，宽0.56米，高1.56米，碑文为当地近代企业家、慈善家杜德乾（号四端）所撰。宫内还保留原有木构梁架和大量精美石雕，包括前殿门侧石狮1对和前、后殿龙柱各1对以及龙

◎ 马銮昭应宫中门

◎ 马銮昭应宫内清道光年篆书楹联石柱

◎ 马銮昭应宫龙柱上"道光戊戌年"落款

◎ 马銮昭应宫内清代和民国时期《重修昭应宫碑记》

虎壁、麒麟墙堵等，另有大量落款清代"道光戊戌年""道光十八年"的楹联石柱，书体兼具楷、隶、篆等，楹联内涵、书法、雕刻俱佳，具有很高的艺术价值和文物价值。

铁山忠惠宫

位于厦门市集美区灌口镇铁山里111号。又称"忠惠尊王庙"，建于清道光十八年（1838年），清光绪丁酉年（1897年）重建，2005年重修。

◎ 铁山忠惠宫（从西北向东南拍摄，2009年）

◎ 铁山忠惠宫大门

271

集美文物

◎ 铁山忠惠宫门前石狮

◎ 铁山忠惠宫方亭及后殿

◎ 铁山忠惠宫后殿神龛

建筑坐东南朝西北，前、后两殿，中有方亭连接，两侧小天井，总面宽8米，通进深15米，宫前有水泥埕。前殿面阔3间，进深2间，前为横向檐廊，凹寿门，门上悬"忠惠宫"匾，抬梁式梁架，三段式屋面和三川式翘脊，前、后两坡各有四垂脊并饰排楼；后殿为敞厅，面阔3间，进深3间，厅内神龛供奉忠惠尊王王审知，抬梁式梁架，硬山顶。建筑中保存大量清代石木建筑构件，包括木构梁架，石构房基，石雕龙虎壁，墙裙墙堵，门梁和方、圆形龙纹镂

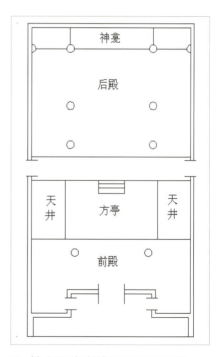

◎ 铁山忠惠宫建筑平面示意图

窗及柱础，楹联石柱，石狮等，其中前殿大门旁石狮及后殿蟠龙石柱雕琢讲究。殿内保留4对楹联石柱等，内涵典故与所奉神祇相关，如大门两侧的清光绪丁酉年楹联："履乔迁都身膺威武""宽利薄赋地镇偏安"。殿内还存有清代麒麟纹石香炉2只。天井东壁立有清光绪乙巳年（1905年）《公约碑记》，为当地打铁珩社禁赌族规公约，石碑为倭首长方形，宽0.51米，高0.91米。此宫庙奉同安北山广利庙为祖庙，保存大量精美建筑构件，具有较高文物价值。

◎ 铁山忠惠宫镂雕龙纹圆窗

◎ 铁山忠惠宫清光绪丁酉年《公约碑记》

◎ 铁山忠惠宫内清代石香炉

马銮天后宫

位于厦门市集美区杏滨街道马銮社区马銮大路185-1号。始建于清道光甲辰年（1844年），20世纪60年代因年久失修，栋宇颓废倒塌，1996年重修。建筑坐西朝东偏南，前、后两殿，中有方形卷棚顶拜亭连接。面宽9米，通进深19米。前殿面阔3间，进深2间，前为横向宽廊，三川门，门上悬"天后宫"匾，三川式翘脊，绿色琉璃筒瓦，两坡各四条垂脊，脊端饰排头。后殿为敞厅，面阔3间，进深3间11米，厅中设神龛，奉祀天后妈祖，抬梁式梁架，硬山顶，单条燕尾脊。殿内保存大量原有建筑石构件，

◎ 马銮天后宫（从东向西拍摄，2009年）

◎ 马銮天后宫方亭及后殿

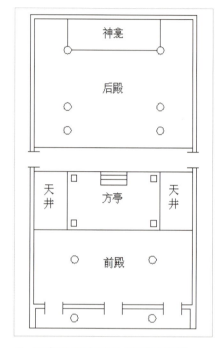

◎ 马銮天后宫建筑平面示意图

除原有房基外，还有前殿廊道的青石蟠龙柱、大门前石狮及麒麟纹石雕墙堵等，殿内还存有清道光年石香炉。建筑两侧山墙角牌石前有散落的清初质朴风格的1对抱鼓石。此建筑保存较多原有建筑石构件，具有较高文物价值。

◎ 马銮天后宫前殿廊道龙柱

◎ 马銮天后宫中门石狮

◎ 马銮天后宫前散落的抱鼓石

陈井定光堂

位于厦门市集美区灌口镇陈井一里160号。始建年不详，清道光辛丑年（1841年）重建，光绪丁未年（1907年）重修，2000年重

◎ 陈井定光堂（从西向东拍摄，2009年）

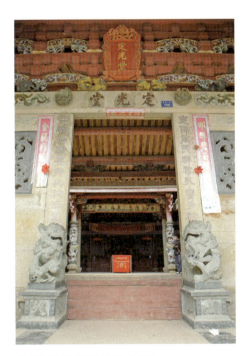

◎ 陈井定光堂前殿大门

◎ 陈井定光堂后殿

◎ 陈井定光堂后殿梁架结构

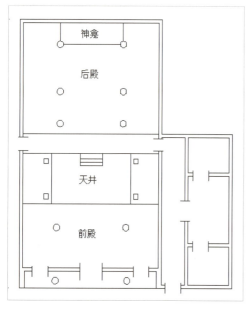

◎ 陈井定光堂建筑平面示意图

修两廊及部分梁柱、屋顶。建筑坐东朝西，前、后两殿，中有天井及两侧过水廊，南侧连建释仔宅，总面宽17米，通进深22米，前有水泥埕。前殿面阔3间11米，进深2间，前为横向门廊，平开三门，中门石雕横梁镌刻"定光堂"三字，抬梁式梁架，三段式翘脊；后殿为敞厅，面阔3间，进深3间11米，抬梁式梁架，硬山顶，燕尾脊，厅内奉祀保生大帝、大使公及天后妈祖等。建筑中木构梁架基本为清代原物，并保留大量精美的建筑石构件，包括石柱、柱础及石雕墙堵、龙虎壁等。前、后殿前廊各有一对雕琢精细的蟠龙石柱，其中后殿龙柱顶端采用仰覆莲石雕柱头衔接上方木柱梁架，其形式及功能极为少见。大门有清光绪丁未年镌刻的庙名冠头门联："定保万民　群黎永膺多福""光被四表　銮井共沐深恩"。后殿一对清道光辛丑年石柱镌刻"乃圣乃神　井疆悉属小民戴德""曰母曰后　士女咸为赤子沾恩"。此建筑基本保留清代建筑风貌，建筑形制和建筑构件均具有较高文物价值。

◎ 陈井定光堂前殿青石雕龙虎壁之一

◎ 陈井定光堂前殿青石雕龙虎壁之二

◎ 陈井定光堂前殿檐廊石雕龙柱　　◎ 陈井定光堂后殿龙柱之一　　◎ 陈井定光堂后殿龙柱之二

李林徵善堂

位于厦门市集美区灌口镇李林村536号。始建年代不详，清道光年间和2000年重修。建筑坐西朝东，前、后两殿，中有天井及两侧过水廊，面宽12米，通进深19米，前有砖埕，占地约500平方米。前殿面阔3间，进深2间，前有宽敞门廊，三川门，穿斗式梁架，三段式花脊，红色筒瓦屋

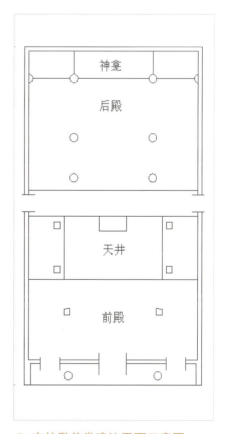

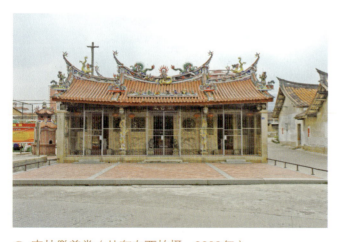

◎ 李林徵善堂（从东向西拍摄，2009年）　　◎ 李林徵善堂建筑平面示意图

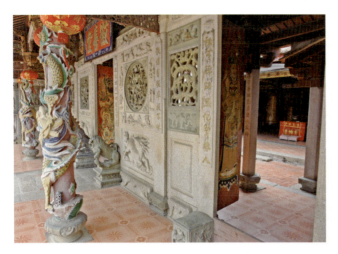

◎ 李林徵善堂前殿门廊

◎ 李林徵善堂后殿

◎ 李林徵善堂后殿内部

面前、后共八条垂脊，脊端饰剪瓷排头。后殿为敞厅，面阔3间，进深3间10米，抬梁式梁架，硬山顶，燕尾脊，厅内供祀准提菩萨、保生大帝及清水祖师。建筑中保留大量清代建筑石构件和部分木构梁架，门廊石雕最为精彩，正面墙堵从下到上有龙纹柜台脚、麒麟纹石雕墙裙、镂雕石窗、人物故事纹门梁，两侧龙虎壁上嵌满历史典故石雕板。中门石狮镇守，两侧边门安置雕花门墩石，门廊1对五彩蟠龙石柱保存完好。堂内还有精美的六角楹联石柱、各种花鸟纹石柱础等。

◎ 李林徵善堂镂雕石窗

此建筑别具特色之处在于它的"对场作"技艺，整体由分别由两班工匠师傅共同建造。从建筑的前殿、过廊到后殿以中轴线对分左、右两半，两侧相应位置所采用的青斗石材质颜色、木构架的坐斗和雀替的规格尺寸以及木雕题材、楹联书体等，略显不同，但均材料考究、技艺精湛，让人赞叹不已，至今仍基本保留原有历史风貌，成为古代建筑匠师们对场比拼技艺的经典作品，具有很高的艺术价值和文物价值。

◎ 李林徵善堂中门两侧不同颜色的石狮

◎ 李林徵善堂后殿梁架

后溪观音寺

位于厦门市集美区后溪镇后溪村北部、通往坂头水库路旁的苎溪桥东桥头，古称"佛祖宫"，

◎ 正在维修的后溪观音寺（从南向北拍摄，2009年7月）

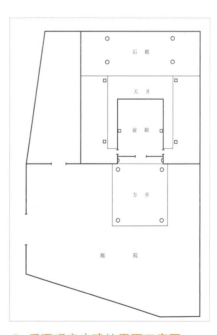

◎ 后溪观音寺建筑平面示意图

◎ 维修后的后溪观音寺（2009年12月拍摄）

◎ 后溪观音寺前殿大门

又称"观音寺""迎恩殿"。始建于清道光十年（1830年），后殿曾于清同治三年至十三年间（1864—1874年）筹建但未成，至光绪戊寅（1878年）始成，整体于清光绪丙申年（1896年）重建，2006年重修后殿，2009年下半年重修前殿、翻建拜亭。建筑坐西北朝东南，前、后两殿，左、右建有护厝式释仔宅，殿前有歇山顶方形拜亭，面宽15米，进深约22.7米。寺院前有院埕，院宽24米，进深21米。前殿面阔1间5.8米，进深3间7.7米，凹寿门，门上悬"迎恩殿"匾，殿内后墙正中有墨彩龙纹壁画，神坛奉祀观音佛祖，以抬梁式梁架和砌砖隔墙承重屋面；后殿为大雄宝殿，面阔3间，进深2间，三段脊。前殿门面保留大量原有花岗岩石、青斗石精美石雕及木雕等，有龙虎壁、

◎ 后溪观音寺禄星纹石雕门簪

◎ 后溪观音寺寿星纹石雕门簪

◎ 后溪观音寺清光绪年《观音佛祖》碑

◎ 后溪观音寺门梁龙纹及人物纹石雕之一

◎ 后溪观音寺门梁龙纹及人物纹石雕之二

◎ 后溪观音寺前殿厝角人物纹石雕

◎ 后溪观音寺前殿清光绪丙申年《重修佛祖宫》碑

麒麟堵和人物故事、八仙人物、花鸟纹等石雕板，门梁上高浮雕龙纹及象征禄、寿的三星人物门簪，大门石框两侧镌刻"慧眼大开光普照""慈云广覆泽罩敷"等，多处石雕落款捐建者姓名及道光庚寅年（1830年）和道光十年等。前殿东壁嵌有清光绪丙申年《重修佛祖宫》碑，石碑倭首长方形，宽0.66米，高0.4米。东侧释仔宅墙壁嵌立清光绪戊寅年《观音佛祖》碑，石碑倭首长方形，宽0.75米，高2.07米，镌刻乡人和信众捐助"英银""银元"名录。殿前拜亭地面有一长方形"洗脚石"，凿凹槽以蓄水，由"霞城内黄莫率侄眼敬献石窟一所以供足用"，"霞城内"即今后溪村城内，古称"霞城"。旧时此庙处于漳泉两地古驿道苎溪桥旁，为方便过往路人进庙祭拜，后溪城内信众捐此洗脚石，用于香客净足后进殿行香。

◎ 后溪观音寺拜亭内"洗脚石"

此寺院建于古代交通要道旁，并保留较多清代建筑石木构件及碑刻等，具有较高文物价值和研究价值，惜门梁石雕及大门楹联于2009年重修时被重刻改制。据资料介绍，北宋大观年间苎溪桥建成时，桥东建有泗洲院，奉祀泗洲文佛，后改奉观音菩萨称"观音院"。相传南宋幼帝昺南逃经此驻跸，后人故称"迎恩殿"。2003年重修时曾出土一尊残缺的泗洲石佛像。此寺院香火绵延，见证了数百年来漳、厦两地古道交通、商贸往来的繁华与兴衰。

内林永济宫

位于厦门市集美区杏林街道内林社区内中里，又称"永济堂"。始建年代不详，现存建筑修建于清咸丰乙卯年（1855年），1987年重修。坐北朝南，为单体大厝式建筑，面阔3间11米，

◎ 内林永济宫（从南向北拍摄，2009年）

◎ 内林永济宫前廊龙柱

进深3间11米，三川门，中门悬"永济宫"匾，门前为横向檐廊，立有蟠龙石柱1对，中门旁两侧1对青石狮镇守，厅堂神龛奉祀保生大帝，抬梁式梁架，硬山顶，燕尾脊。建筑内仍保存部分原有房基、墙裙、柱础及清咸丰乙卯年楹联石柱1对，具有一定文物价值。

◎ 内林永济宫建筑平面示意图

◎ 内林永济宫中门石狮

◎ 内林永济宫神龛

鹤浦西安宫

位于厦门市集美区杏林街道高浦社区鹤浦路。据1995年重修石碑记载，该宫庙始建年代不详，传为西安王氏先辈首建，至清咸丰七年（1857年）由王、郑两姓族人重建。1937年抗战前夕，建筑面临倒塌，宫庙理事会召集村民重修。解放后曾作为集体仓库。1982年和1995年两次重修，2018年原址翻建。建筑坐北朝南偏

◎ 鹤浦西安宫（从南向北拍摄，2009年）

◎ 鹤浦西安宫中门石狮

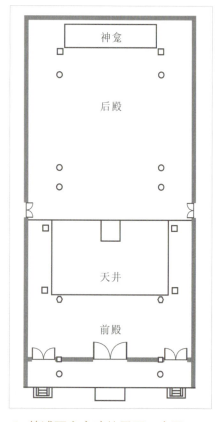

◎ 鹤浦西安宫建筑平面示意图

◎ 鹤浦西安宫后殿

◎ 鹤浦西安宫后殿神龛

东，前、后两殿，中有天井及两侧过水廊，面宽10米，通进深22米，前有石埕。前殿面阔3间，进深2间，三川门，中门悬"西安宫"木匾，门前为横向宽廊，立有石雕蟠龙石柱1对，板瓦屋面，三川式翘脊，两坡各有四条垂脊均饰排头；后殿面阔3间，进深3间，抬梁式梁架，硬山顶，燕尾脊，厅内主祀保生大帝，配祀土地公、注生娘娘。建筑中保留大量精美建筑石构件，包括龙虎壁、石雕墙堵、楹联石柱、石柱础、镂雕石窗及石狮、龙柱等，石构件上可见"咸丰七年"和"咸丰丁巳年"等款识，其中后殿石柱镌刻楹联："西被东渐 大道原该治道""安民护国 保生克济群生"。此宫庙举办大道公信仰活动历史悠久，每逢元月初九前往白礁慈济祖宫进香，神辇由中川门进出，前殿大门前正中的花岗岩斜墁御道和主殿前天井内的方形神辇落轿石均为原构件。

◎ 鹤浦西安宫前殿龙柱之一

◎ 鹤浦西安宫前殿龙柱之二

◎ 鹤浦西安宫龙虎壁之一

◎ 鹤浦西安宫龙虎壁之一

深青保灵宫

位于厦门市集美区灌口镇深青里277号前。建于清代，近年重修。建筑坐西北朝东南，为单殿单间建筑，马鞍脊，硬山顶，脊饰双龙抢珠，宫前连建方形拜亭，总面阔5米，通进深10米。殿内供奉子龙爷（即赵云）。建筑中仍保留原有石构墙裙、墙堵、门框、门梁、门墩、石窗等，大门框上镌刻楹联："战胜推常山第一""勋名夸

◎ 深青保灵宫（从东南向西北拍摄，2009年）

◎ 深青保灵宫大门

◎ 深青保灵宫漆金木雕麒麟纹
灯梁托座

◎ 深青保灵宫大门
边镂雕石窗

蜀郡无双"，殿内还保留原有漆金木雕麒麟纹灯梁托座。

深青村自宋元设有古道和驿站以来，过往者甚众，并有商业街市，外来人多，从事各种行业，因此村中多种姓氏杂处，神祇信仰多样，除子龙爷外，还有保生大帝、清水祖师、清元真君（李二郎）、关帝爷、辅顺和辅胜将军、大伯公、林纱娘、陈靖姑、李三娘、二娘嬷、福德正神、禅师公等。村内原有多座土楼式古民居，每座土楼都有相应供奉的神祇宫庙，曾经多达16座，现仍存大小宫庙11座。赵云，字子龙，常山真定（今河北正定）人，为三国时期蜀国名将，逝后谥"顺平侯"。此宫庙虽小，但历史悠久，所奉祀的神祇较为罕见，是了解和探讨当地历史文化及厦门地区民间信仰的可贵实例。

仑上极山岩宫

位于厦门市集美区后溪镇仑上村苏厝里120号。始建于明朝中叶，清代重建，1948年毁于大火，"文革"期间遭破坏，1992年原址重建。建筑坐西朝东，前、中、后三殿，南侧并列单殿式文昌祠，后部为二层小楼，建筑总面宽19米，通进深22米，前部有石埕。前殿面阔3间9米，凹寿门，门上悬"极山岩"匾额，琉璃瓦三段式翘脊；前、中殿之间以拜亭连接，中殿主祀护国尊王、中坛元帅；后殿隔成3间，奉祀阎罗王爷等民间神祇及观音菩萨。建筑内保留少量清代石构房基、台阶等建筑构件，前埕新

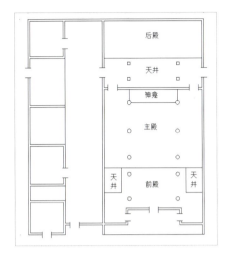

◎ 仑上极山岩宫建筑平面示意图

◎ 仑上极山岩宫（从东北向西南拍摄，2010年）

立旗杆石1对。清乾隆年间，仑上埕边角黄氏族人迁居台湾新北三重，该宫护国尊王金身随护赴台；1989年，台湾黄氏乡亲回乡寻根，与海内外信众捐资于原址重建，1992年落成。目前，来此进香还有周边的兑山、锦园、苏营等信众。

◎ 仑上极山岩宫中殿

◎ 仑上极山岩宫后殿

浦林东亭宫

位于厦门市集美区灌口镇浦林村刺林内社。始建年代不详，清光绪丁酉年（1897年）重建，2004年重修。建筑坐北朝南，前、后两殿，中为天井及两侧过水廊，面宽8米，通进深20米，前有石埕。前、后殿均翻建一新，前殿面阔3间，正面为青石雕墙堵，红色筒瓦屋面，三川式翘脊；后殿面阔3间，奉祀保生大帝和注生娘娘。建筑中保留少量原有构件，后殿可见清光绪丁酉年六角楹联石柱，宫墙外西壁立有清光绪二十三年（1897年）《亭宫后殿碑记》和《谨将捐资芳名开列于左》石碑两方，石碑形制规格相同，均呈倭首长方形，各宽1米、高2.13米，记载乡人捐资"艮盾"修庙之事宜。此宫庙遗址对研究地方民间信仰具有一定价值。

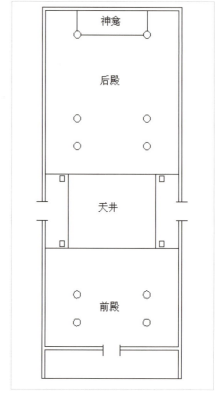

◎ 浦林东亭宫建筑平面示意图

◎ 浦林东亭宫（从西南向东北拍摄，2009年）

◎ 浦林东亭宫后殿楹联石柱之一　　◎ 浦林东亭宫后殿楹联石柱之二　　◎ 浦林东亭宫保留的清代石碑

浦林龙西宫

　　位于厦门市集美区灌口镇浦林村杜岱社。始建年代不详，清代重建，抗战时受损重修屋面。建筑坐东朝西偏南，前有水泥埕。为单体大厝形式，面阔3间9米，进深3间10米，前为横向檐廊，中开大木门，两侧圆形红砖镂窗，龙纹墨彩灰塑对看堵；殿内4根对称楹联石柱，为抬梁金柱，硬山顶，板瓦屋面，单条燕尾脊。殿内设神龛，正中主祀保生大帝，左、右配祀阎罗天子、注生娘娘，后壁墙面留有早年神像墨彩壁画。宫内两侧墙壁满绘"说唐"典故，部分脱落。脊檩彩绘双龙戏珠纹。梁架上悬有"保

◎ 浦林龙西宫（从西向东拍摄，2009年）

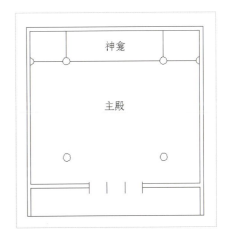

◎ 浦林龙西宫建筑平面示意图

◎ 浦林龙西宫内部

生大帝"大匾额，前、后落款"维乾隆庚子年桂月谷旦"和"信士潘克侯次房……"。殿内还保留清光绪辛丑年（1901年）龙纹、麒麟纹石香炉4件。

殿内后壁神祇壁画及两侧山墙人物故事壁画，为1950年所绘，并留有画作敬奉者姓名，其运用墨彩、蓝彩，勾绘出各种人物，笔触精细流畅，形象生动传神，具有较高的绘画艺术价值，可惜"文革"时曾作为仓库，墙体书写宣传标语，壁画受到损坏。目前建筑年久未修，基本保留原有石木构件和梁架结构，古风犹存，但因香火未续，室内存放杂物，建筑失于维护和保养，墙体及梁架、屋脊等多处出现空鼓、糟朽及开裂等现象，亟待修缮。

◎ 浦林龙西宫脊檩上双龙戏珠纹彩绘

◎ 浦林龙西宫墨彩壁画

◎ 浦林龙西宫内"阎罗天子"壁画

◎ 浦林龙西宫内"保生大帝"匾额

◎ 浦林龙西宫清光绪辛丑年龙纹石香炉

马銮忠惠庙

位于厦门市集美区杏滨街道马銮社区勤学路2-2号。建于清光绪辛卯年（1891年），原名"济善堂"，2000年重修。建筑坐东北朝西南，前、后两殿，中有卷棚顶方亭连接，北侧建释仔宅，面宽16米，通进深15米，前有砖埕。主体面阔3间9米，进深2

◎ 马銮忠惠庙（从西南向东北拍摄，2009年）

◎ 马銮忠惠庙中门

◎ 马銮忠惠庙主殿神龛

◎ 马銮忠惠庙厝角望狮

◎ 马銮忠惠庙檐廊漆金木雕

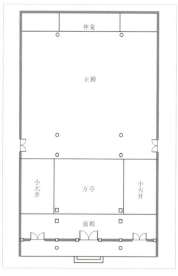

◎ 马銮忠惠庙建筑平面示意图

间，三川门，三川式翘脊，前、后两坡屋面各有四条垂脊，脊端饰排头；后殿面阔3间，进深3间9米，奉祀关圣帝君、通天大帝，屋面硬山顶，燕尾脊。前殿南壁立有天运己未年（1919年）《忠惠庙序头碑文》，碑宽0.55米、高1.08米；北壁另立天运己未年《忠惠庙捐款》碑，碑宽0.57米、高1.06米。据碑文记载，此庙建于清光绪辛卯年，原名"济善"，奉祀关圣帝，后分炉于云头的名曰"济隆"，分炉于厦门岛的分别名曰"聚省""聚济""广善"；经20余年后，上述五堂合而为一，筹资共建"二进一护"格局的忠惠庙，中殿奉祀文衡圣帝、纯阳吕帝、严星教主，左、右殿分别配祀尊王、仙姑，同时倡议"办义塾、开医院、

◎ 马銮忠惠庙前廊人物纹石雕

◎ 马銮忠惠庙龙虎壁之一

◎ 马銮忠惠庙龙虎壁之二

◎ 马銮忠惠庙内《忠惠庙序头碑文》碑

惜字纸、恤贫困"等善举。现建筑内保存大量原有建筑石构件,包括墙裙、楹联门框、门廊两侧的龙虎壁、厝角望狮、镂雕石窗及殿内石柱础、部分漆金梁枋木雕等,是一处具有较高文物价值的闽南传统宫庙建筑。

马銮銮美宫

位于厦门市集美区杏滨街道马銮社区銮美大路204号。始建年代不详,清光绪年间重建,1959年"8·23"特大台风时殿宇倒塌,1990年重修。建筑坐西南朝东北,前、后两殿,中为天井及两侧过水廊,面宽9米,通进深18米,前有石埕。前殿面阔3间,进深2间,前有宽廊道,三川门,中门悬"銮美宫"匾,抬梁式梁架,三段式翘脊,前后各有四条垂脊,脊端饰剪瓷、灰塑排头。后殿为敞厅,面阔3间,进深3间,奉祀保生大帝,抬梁式梁架,单条燕尾式翘脊。前殿中川门为祭典活动时神辇出巡通道。建筑中保留大量精美建筑石构件,包括房基、柱础和前

◎ 马銮銮美宫(从东北向西南拍摄,2009年)

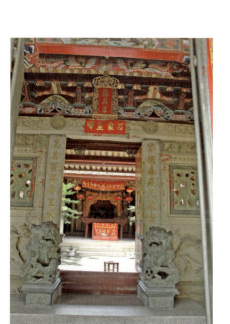

◎ 马銮銮美宫中门

◎ 马銮銮美宫后殿

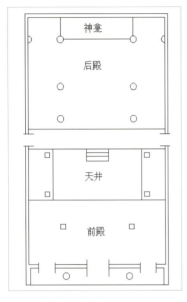

◎ 马銮銮美宫建筑平面示意图

殿门廊的石雕门梁、人物故事墙堵、龙虎壁等，并保留8对楹联石柱，书体各异，大门两侧有庙名冠头门联："銮卫森严天仗肃""美名宠锡帝恩隆"。殿内楹联及石雕等多有落款"光绪乙酉年"和"光绪丙戌年"，20世纪90年代烧制的彩瓷壁画较为精美。此建筑是一处文化内涵和书法艺术丰富的寺庙建筑，惜20世纪90年代，前廊1对龙柱和1对石狮被盗。

◎ 马銮銮美宫后殿石柱础

◎ 马銮銮美宫前殿门廊人物纹石雕

◎ 马銮銮美宫后殿楹联石柱之一

◎ 马銮銮美宫后殿楹联石柱之二

黄庄福寿宫

位于厦门市集美区灌口镇灌口第二社区黄庄里。始建年代不详，清光绪己亥年（1899年）重建，2002年重修。建筑坐北朝南偏西，前、后两殿，中有天井及两侧过

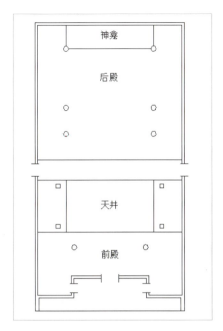

◎ 黄庄福寿宫建筑平面示意图

◎ 黄庄福寿宫（从南向北拍摄，2009年）

◎ 黄庄福寿宫后殿

水廊，面宽10米，通进深17米，前有水泥埕。前殿面阔3间，进深2间，凹寿门，中门上悬"福寿宫"匾，抬梁式梁架，瓦楞屋面，硬山顶，三段式燕尾脊；后殿为敞厅，面阔3间，进深2间，抬梁式梁架，硬山顶，燕尾脊，厅内神龛奉祀保生大帝。此宫庙石雕工艺石材讲究，雕琢工艺精湛，包括前殿廊道墙裙、墙堵、镂雕石窗及龙虎壁、厝角墀头，以及后殿3对清光绪己亥年楹联石柱

◎ 黄庄福寿宫"憨番抬厝角"石雕

◎ 黄庄福寿宫"力士抬厝角"石雕

◎ 黄庄福寿宫人物故事纹镂雕窗

及各式石柱础，其中楹联镌刻"福偏群黎 一颗丹光普照""寿延兆庶 千符秋水重新"和"福锡诸民 不足亦维日""寿延乎世 著手尽生春"及"庙建黄庄 万古神灵永奠""炉分白礁 千秋祖泽长新"等内容。此宫以中轴线为界，两侧石材颜色、纹饰及工艺、规格略有区别，为闽南古建筑"对场作"的实例，所保存的精美石构件具有较高的艺术价值和文物价值。前殿墙边立有清光绪己亥年《重修福寿宫缘碑》，已断成两截，记载乡人捐助"银元""银盾""英银"重修宫庙事宜。2004年，门前1对石狮及门旁两侧墙堵石雕板失窃。

◎ 黄庄福寿宫龙虎壁石雕之一

◎ 黄庄福寿宫龙虎壁石雕之二

◎ 黄庄福寿宫内《重修福寿宫缘碑》

杏林朝元宫

位于厦门市集美区杏林街道杏林社区苑东路208号。始建年代不详，清光绪三十一年（1905年）重建，1970年坍圮，1990年重建。建筑坐南朝北偏东，前、后两殿，中有拜亭连接及两侧小天井，面宽10米，通进深17米，前有石埕。前殿面阔

◎ 杏林朝元宫（从北向南拍摄，2009年）

3间，进深2间，前为宽廊，三川门，中门悬"朝元宫"匾，穿斗式梁架，硬山顶，绿色琉璃筒瓦屋面，三川式翘脊，前、后两坡各有四条垂脊并饰剪瓷排头。后殿为敞厅，面阔3间，进深4间，抬梁式梁架，硬山顶，燕尾脊，厅内奉祀保生大帝。建筑内保存大量清代建筑石构件，包括房基、墙裙、柱础、多对楹联石柱。前廊立有1对清光绪乙巳年（1905年）辉绿岩（青斗石）石雕龙柱极为精致，柱身盘绕的"苍龙教子"高浮雕及其间点缀的微小八仙人物，采用圆雕结合多层次透雕、微雕工艺，使得

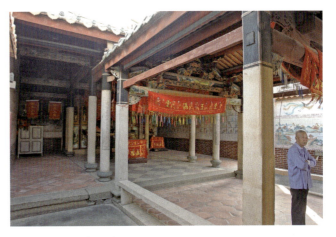

◎ 杏林朝元宫拜亭及后殿

◎ 杏林朝元宫后殿

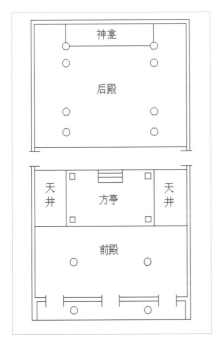

◎ 杏林朝元宫建筑平面示意图

◎ 杏林朝元宫蟠龙石柱之一

◎ 杏林朝元宫蟠龙石柱之二

◎ 杏林朝元宫蟠龙石柱细部（大、小龙首）

◎ 杏林朝元宫前殿石雕龙柱细部（人物）

◎ 杏林朝元宫楹联石柱之一

◎ 杏林朝元宫楹联石柱之二

龙首呼之欲出，龙身鳞爪丝毫毕现，人物神态生动传神，堪称闽南石雕龙柱杰作。此外，石柱础纹饰雕刻工艺多样，浅刀阴刻梅兰竹菊纹金石味十足，别具特色。后殿供桌上摆放大砗磲香炉，为早年南洋舶来品，保留至今实属不易。前廊立有清光绪辛巳年（1881年）《重修朝元宫碑记》，碑宽0.9米、高1.6米、厚0.2米。此建筑保留较多精美建筑构件，整体具有较高文物价值。

◎ 杏林朝元宫后殿梅兰竹菊纹石柱础

◎ 杏林朝元宫前清代《重修朝元宫碑记》

◎ 杏林朝元宫内的砗磲香炉

杏林固元宫

位于厦门市集美区杏林街道杏林社区苑东路190号。始建年代不详，清代重建，1989年重修。建筑坐南朝北偏西，前、后两殿，中有拜亭连接，两侧小天井，面宽8米，通进深14米，宫前有石埕。前殿面阔3间，进深2间，前为横向长檐廊，平开三川门，绿色琉璃筒瓦屋面，山墙顶呈水平折角，似闽南古建筑中寓意"五行"中的"土"形山尖，脊柱上装饰彩瓷剪粘的刀马人物及花鸟；后殿面阔3间，进深2间，中设神龛，奉

◎ 杏林固元宫（从北向南拍摄，2009年）

◎ 杏林固元宫拜亭及后殿

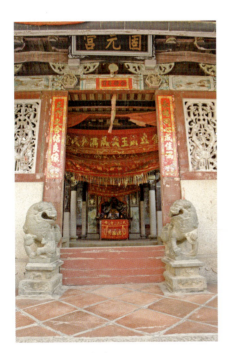

◎ 杏林固元宫大门

◎ 杏林固元宫后殿神龛

◎ 杏林固元宫建筑平面示意图

祀天后妈祖，抬梁式梁架。此建筑保存较多清代建筑石构件，包括房基、柱础、石柱、石狮及数对楹联石柱等，其中有石柱楹联："元始湄洲　母懿惠及杏湾""固镇闽台　圣德播遍海疆"和"圣德参天灵安固元""母仪称后威震杏苑"及"水德配天咸巩固""母仪称后合坤元"，内容包含丰富的历史人文信息。宫内尚保有清代石香炉1件。此建筑保留较多原有建筑构件，具有较高文物价值。

◎ 杏林固元宫大门前石狮

◎ 杏林固元宫"如意花卉杂宝"纹石柱础

双观潮海宫

位于厦门市集美区灌口镇灌口第一居委会双观里1号，又名"双观庵"。由相邻的东、西两庵组成，通宽12米，进深8米，前有水泥埕，均建于清代，20世纪五六十年代曾作为集体仓库，1972年归还恢复，1988年和2005年重修，并加盖铁棚及护

◎ 双观潮海宫（从南向北拍摄，2009年）

栏。两座庵庙形制相同，坐北朝南偏东，均为单殿单间建筑，面阔1间，进深1间，悬山顶，燕尾式翘脊。东侧为潮海宫，始建于清顺治年间，因面朝碧波大海而名，殿内奉祀保生大帝和水仙神。西侧为双观庵，建于清道光三十年（1850年），因与潮海宫同向并立而名，殿内奉祀代天巡狩王公，俗称"王爷公"。现潮海宫内仍保留少量原有基石、门框等石构件，以及清嘉庆庚辰年（1820年）"永安宫"龙纹石香炉和道光庚戌年（1850年）"朝海宫"麒麟纹石香炉。潮海宫前立有清光绪二年（1876年）《抚宪丁示》碑，由2块长方形石碑组成，分别宽0.84米、高1.76米和宽0.7米、高1.7米，厚0.15米。碑首镌刻"兵部侍郎兼都

◎ 并排的潮海宫与双观庵

◎ 潮海宫清光绪年《抚宪丁示》碑

◎ 潮海宫清嘉庆年石香炉

◎ 潮海宫清道光年石香炉

察院右副都御史巡抚福建等处地方提督军务兼理粮饷丁，为严禁……"，碑尾镌刻"告示"、"光绪二年七月二十日"和"驻防灌口汛务帖……立石"，共有楷体小字近千。双观、潮海两座庵庙年代久远，香火兴旺，在当地颇有影响，灌口"双观"地名也因其而名。

柴场上帝宫

位于厦门市集美区后溪镇后溪村柴场自然村西侧村边。建于清代，近年重修。建筑坐南朝北，为单殿单间建筑，面宽5米，进深7米，正面开小门，两侧墙堵保留石雕夔龙纹柜台脚，门边1对石雕竹节栏杆小圆窗，宫内奉祀玄天上帝，神台正面浮雕灰塑虎爷，屋面为硬山顶，燕尾脊。每年农历十月十五举办神灵祭祀活动。此庙建筑形制规模较小，具有地方民间信仰特色。

◎ 柴场上帝宫（从北向南拍摄，2009年）

◎ 柴场上帝宫门边石窗

◎ 柴场上帝宫建筑平面示意图

六、传统民居

　　集美保留下的古代传统民居主要为砖石木混合结构的红砖古厝，是闽南传统红砖民居的组成部分。考古发现证实，闽南传统红砖民居的出现至少可以追溯到800多年前南宋时期。2008年和2009年在厦门翔安琼头曾山宋代居住遗址考古发掘中发现的一厅四房、前厅后轩布局和采用"尺二"红砖菱形铺设厅堂、红色板瓦铺盖屋面的民居建筑，这些做法延续并发展为闽南传统红砖民居的基本特征。

　　特大型古厝是集美传统民居的特色之一。东辉"九十九间"和双岭"九十九间"规模庞大，前者融合了"三落大厝带双边护"和"棋盘厝"两种民居布局形式，后者为"三落大厝带双边双护厝"格局，它们是厦门地区保存较好、格局特殊的清代大型乡村民居。后溪城内"五落大厝"的进深长达58米，占据了村落中心大部分位置。由五兄弟共建的锦园"新大厝"，两落大厝同框组成，大埕有厨房、水井、杂物间等，是家族共同的起居活动区域，体现了兄弟和睦、分居不分家的传统伦理。

　　传统民居最精美的要数后浦的"汾阳大厝"，在建造上采用"前埕后厝""内院外埕"布局，装饰方面极尽奢华，大量运用石雕、漆金木雕、彩塑、交趾陶、瓷片剪粘、几何拼砖和描金彩绘、国画、诗词等装饰门面、屋顶、厅堂和天井廊道等，荟萃了闽南古代建筑各种优秀技法，堪称古民居建筑装饰艺术博物馆。大厝前另有一座装饰考究的同时期的郭氏子弟私塾。后浦中路52号"前厝后楼"宅院则融汇了中西建筑不同风格，此宅与"汾阳大厝"、郭氏私塾同为缅甸华侨郭朝阳所建。

东辉"九十九间"

位于厦门市集美区灌口镇东辉村（第二农场）金辉自然村27号旁，旧时因其建于"金欧官"后面，又称"新厝内"。该建筑于清代后期由林水佳兄弟合建，缅甸经商的弟弟寄钱回家，秀才兄长林水佳在家主持建造。建筑坐西朝东，砖石木结构，由南、北两组同向并排大厝居中，东、西两侧加长纵向护厝以及后部横排后界组成，前院有上、下两级大砖埕和数间杂物房、厨房、排屋等，主院门设于东面院墙正中，南、北两侧设有小院门，总面宽60米，通进深54米。南侧一组大厝规模相对较小，由前、中、后三落大厝组成，面阔22米，进深45米。其中前、

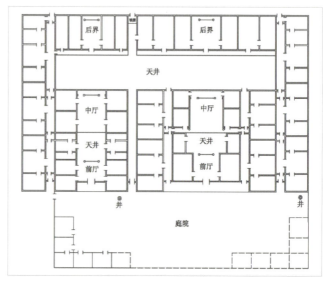

◎ 东辉"九十九间"建筑平面示意图

◎ 东辉"九十九间"（从东北向西南拍摄，2009年）

中落大厝为相对独立的棋盘厝合院，即以中间长方形天井为中心，前、中落相互对称，均面阔3间、呈一厅四房布局；左、右厢房两两相对，均面阔3间、呈一厅两房布局。中落之后有后埕和面阔5间的后界。北侧一组大厝规模较大，面阔36米，进深45米，为三落大厝带双边护格局，即由前、中落大厝组成的四合院及左、右两边护厝和带有宽敞后埕、面阔7间的后界组成。南、北两组建筑高墙之间以宽约2米、前后贯通的防火巷相隔，巷弄顶端的巷门上搭建守夜更楼，墙体布设枪眼。大厝前大砖埕两侧前端原本也建有防御功能的更楼，惜"文革"中被毁。

此建筑规模庞大，布局复杂，其中南侧有棋盘厝格局，北侧有四合院带双边护格局，建筑内房厅众多、门巷曲折，各建筑之间既相对独立、各自成套，又栋栋相连、间间相通，体现了闽南古代大家族的生活状况。此建筑在灌口享有盛名，俗称"九十九间"，是厦门地区闽南大型古厝的典型代表。

◎ 东辉"九十九间"北侧建筑门面

◎ 东辉"九十九间"南侧建筑门面

◎ 东辉"九十九间"北侧建筑中厅

◎ 东辉"九十九间"航拍（2021年）

◎ 东辉"九十九间"屋脊特色

◎ 东辉"九十九间"中部弄巷和更楼

◎ 东辉"九十九间"南侧建筑

双岭"九十九间"

位于厦门市集美区灌口镇双岭村大厝自然村2号，因规模庞大、厅房众多，在当地享有盛名，俗称"九十九间"。建筑坐西北朝东南，由洪氏家族建于清初，整体建筑由前、中、后三落大厝以及左、右两侧内外双列加长护厝组成，即三落大厝带双边双护格局，砖石木

◎ 双岭"九十九间"（从东向西拍摄，2009年）

结构，大厝前有大砖埕和三合土围墙，形成庭院，两侧开有院门，总面宽57米，通进深50米。前、中落形成相对独立的四合院，为闽南传统民居"大六路"形式，即前落面阔5间、宽20米，由中厅及两侧4间厢房组成，悬山顶，三段式燕尾脊；中落由中厅及两侧各4间前后厢房组成，悬山顶，燕尾脊。较有特色的是右侧（南侧）外列护厝内有前后贯通的长条形宽大天井，成为护厝生活起居的庭院，天井中间建有方形书亭。前埕两侧建有小房，东南角原有二层更楼，现改为平房。此建筑墙体基本采用花岗岩条石墙裙和夯土墙、干打垒墙或土埆墙，仍保留闽南乡村民居通常做法。现由于基本无人居住，年久失修，多处残损、荒废，只有南侧护厝内尚有住户。前落厅堂屋面损毁，以现代波形水泥瓦代替；中落大厝厅堂屋面无存，加建临时性祭祖小屋；后落大厝中部基本倒塌，左侧（北侧）双列护厝坍塌较严重，均未加修复。

据记载，民国三年（1914年）初，灌口革命军在同盟会员庄尊贤、教官潘节文等人率

◎ 双岭"九十九间"倒塌后的中落中厅

◎ 双岭"九十九间"北侧内护厝

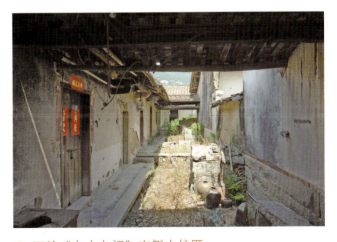

◎ 双岭"九十九间"南侧内护厝

◎ 双岭"九十九间"南侧外护厝及方亭

领下，响应孙中山先生的反袁爱国运动，联合泉州、安溪民军组成晋南同溪讨袁联军，以灌口凤山书院（凤山庙）为联军指挥部，在角美、灌口等地开展反袁斗争。1914年农历七月廿一至廿三，联军与同安北洋军在灌口街和凤山书院展开激烈争夺战，联军受损，北洋军乘机袭击联军弹药基地东辉山口庙"九十九间"，其间带路人误将北洋军引到了双岭的"九十九间"，使得北洋军一怒之下放火烧毁双岭"九十九间"中落大厅，又回头袭击联军弹药基地东辉山口庙，迫使联军撤退到后山。双岭"九十九间"被焚后，居民纷纷搬离，大厝从此逐渐破落。此建筑既是一座罕见的大型闽南古厝民居，也是一处具有革命历史故事的文物古迹。

宅内51号李氏民居

位于厦门市集美区侨英街道兑山社区宅内51号。坐北朝南偏西，建于清代。前、后两落大厝，两落之间有天井及两侧榉头，面宽14米，通进深26米，大厝前有砖埕。前落面阔3间，进深1间，前为横向长廊，内有中厅及两侧厢房，悬山顶，燕尾脊。中间天井的四周留有步口廊。后落面阔3间，进深2间，由中厅及两侧各2间厢房组成，前廊宽大，厅堂举架高深，为十三步举架出梁形制，脊檩距地面高达8米。此建筑屋面空间高大，厅堂、房屋及天井均较宽大，前落大门前为横向贯通的步口廊形式，砖、石、木等建筑装饰较朴素，前落边墙保留棋盘式砖、瓦混合砌法，具有清代早期闽南红砖民居建筑特色和装饰风格。

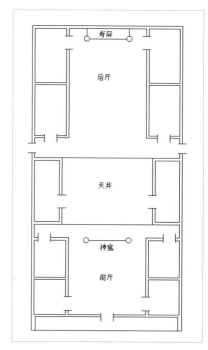

◎ 宅内51号李氏民居建筑平面示意图

◎ 宅内51号李氏民居（从南向北拍摄，2009年）

◎ 宅内51号李氏民居前落背
面及天井

◎ 宅内51号李氏民居后落厅堂

◎ 宅内51号李氏民居外墙

城内117号民居

位于厦门市集美区后溪镇后溪村城内95、105、117号。又称"五落大厝"，建于清代。建筑坐东朝西偏北，砖石木混合结构，山墙搁檩造，由前、后两组共5排相连大厝和南侧一列纵向护厝组成，总面宽约18米，通进深约58米。前组建筑由前、后两落大厝及南侧护

◎ 城内117号民居前组前落大厝

◎ 城内117号民居后组前落大厝（从西向东拍摄，2009年）

◎ 城内117号民居后组中落大厝中厅寿屏

◎ 城内117号民居南侧护厝天井

◎ 城内117号民居外墙石敢当

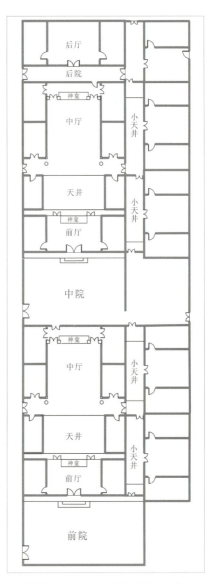

◎ 城内117号民居建筑平面示意图

厝组成，前有小庭院，北侧设小院门；正中大厝前落面阔3间11米，屋面为硬山顶，燕尾脊。后组建筑为前、中、后三落大厝格局，前落大厝前有院埕，北侧开边门；前、中落之间有天井及两侧榉头，后落前部有横向小天井。

此建筑位于城内古城遗址中部。城内城又称"下店寨""霞城",为清康熙元年(1662年)清军同安总兵官施琅所建,是清初时期清政府为围困南明郑成功军队而实行沿海"迁界"所修建的界城。此建筑是古城中规模最大的古民居,在当地享有盛名,对研究古城址历史变迁具有一定文物价值。

◎ 城内117号民居厅堂内石柱础

◎ 城内117号民居俯视(2021年航拍)

林坑社48、49号民居

位于厦门市集美区灌口镇蒲林村林坑社48、49号。建于清代。坐西朝东，建筑由中间三合院和两侧各一列护厝组成，总面宽25米，通进深16米，三合院前有外部砖埕。三合院有正中大厝、小庭院及两侧小榉头，前有院门。大厝面阔3间12米，进深2间7米，为中厅及两侧厢房的"四房看厅"格局，屋

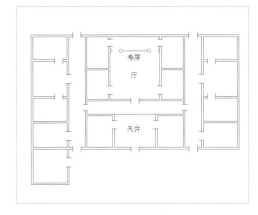

◎ 林坑社48、49号民居建筑平面示意图

◎ 林坑社48、49号民居（从东向西拍摄，2009年）

◎ 林坑社48、49号民居庭院及大厝正面

◎ 林坑社48、49号民居护厝山尖灰塑

面为硬山顶，单条燕尾脊。护厝山尖及大厝脊柱灰塑装饰繁复，厅堂寿屏横披窗和两侧角门保留精美漆金木雕和描金彩绘，尤其角门漆金木雕门罩尤为少见。此建筑平面布局为三合院加双边护形式，是闽南传统红砖古厝民居的代表性类型之一。

◎ 林坑社48、49号民居厅堂内部

◎ 林坑社48、49号民居厅堂角门之一

◎ 林坑社48、49号民居厅堂角门之二

后溪街49、50号民居

位于厦门市集美区后溪镇后溪村街路49、50号，俗称"大厝内"，建于1916年。建筑坐北朝南偏西，为前、后两落加双边护的典型大厝格局，闽南传统民居砖石木混合结构，山墙搁檩造，总面宽27米，通进深21米，大厝前有砖埕及围墙庭院，西南角设院门。前落大厝面阔3间12米，进深1间，前部为横向的长檐廊，与两侧护厝过水门连通；内部由中厅及两侧厢房组成，硬山顶，三川式燕尾脊；后落面阔

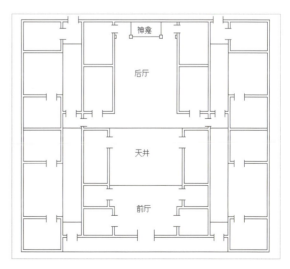

◎ 后溪街49、50号民居建筑平面示意图

3间，进深2间10米，由中间敞厅及两侧各2间厢房组成，中厅神龛于"文革"时毁，前部宽檐廊上的挑檐枋及步通、束随和随巾等木雕精细繁复。整体建筑年久失修，较为破落，户主进行局部装修，两侧护厝前部增设窗户，前落中厅地面铺设瓷砖，墙体白灰粉刷。原房主杨氏为菲律宾华侨，清末为清廷封赠"奉政大夫""三世大夫"等官衔。此建筑装饰考究，在当地颇有名声，是典型的闽南传统红砖古厝民居。

◎ 后溪街49、50号民居（从东南向西北拍摄，2009年）

◎ 后溪街49、50号民居后落

◎ 后溪街49、50号民居护厝山墙

◎ 后溪街49、50号民居屋面龙吻

◎ 后溪街49、50号民居后落檐廊木雕

后浦郭文钻宅

位于厦门市集美区杏滨街道锦园社区后浦西路20号。建成于清代，2009年9月调查时，房主正在对房屋进行保护性修缮。建筑坐西朝东，由前、后两落大厝围合成的四合院及左、右两侧的护龙组成，四合院正中为天井及两侧榉头，建筑总面宽25米，通进深27米。大厝前有大砖埕。前落大厝面阔3间，进深1间，为一厅两房格局，三段

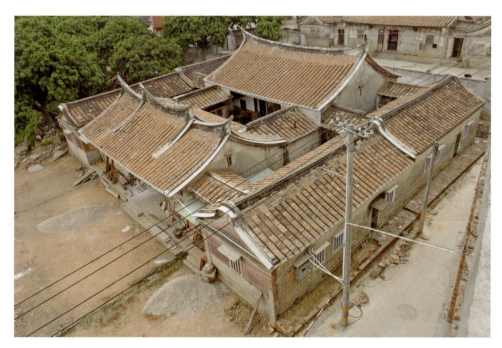

◎ 后浦郭文钻宅俯瞰

集美文物

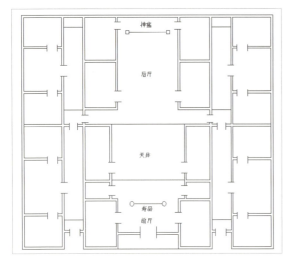

◎ 后浦郭文钻宅建筑平面示意图

式燕尾脊屋面；后落大厝面阔3间，进深2间10米，为一厅四房对称格局，后厅前檐廊两端步通狮座、花鸟纹员光、随巾等木雕工艺精湛。该建筑房主还保留着祖辈留下的清乾隆、道光、同治等不同时期的遗嘱、契约、合同等。此建筑是典型的前、后两落带双边护形式的闽南大厝，经修缮后基本保留原有历史风貌。

◎ 后浦郭文钻宅（从东北向西南拍摄，2009年）

◎ 后浦郭文钻宅前落背面

◎ 后浦郭文钻宅后厅

◎ 后浦郭文钻宅后落檐廊步通木雕

后浦"汾阳大厝"

位于厦门市集美区杏滨街道锦园社区后浦西路102号，为1913年缅甸华侨郭朝阳返乡所建。建筑坐北朝南，前、中、后三落和左、右各一列护厝，是典型的三落大厝带左、右双边护格局的大型闽南红砖古厝，面宽26米，进深36米；大厝前、后还有前埕和后院，前埕分出内院和外埕，内院门设于院墙正中，后院为后花园，连同建筑总占地宽约36米，通进深约77米。居中的前落大厝面阔3间12米，凹寿门，三段式燕尾脊，

◎ 后浦"汾阳大厝"俯视（从东北向西南，林火荣拍摄，2013年）

◎ 后浦"汾阳大厝"院门和外埕（从南向北拍摄，2009年）

◎ 后浦"汾阳大厝"前落大厝及内院埕

◎ 后浦"汾阳大厝"前落背面

◎ 后浦"汾阳大厝"中落天井

前后四条垂脊；中落大厝面阔1间、进深2间，"四房看厅"对称格局，硬山顶，单条燕尾脊；第三落为二层的后界楼，面阔7间，前有柱廊，硬山顶，三段式马鞍脊，廊道木构楼板因糟朽早年改为石板、石梁和石柱结构。东、西两列护厝低于中间主体大厝，以过水廊分隔出前、后两部分，各有小厅、小房并带有小天井，形成相对独立的起居小单元。

此建筑建造工料几乎不计成本，装潢上极尽奢华，荟萃了闽南红砖民居的各种优秀技法，大量运用石雕、漆金木雕、彩塑、交趾陶、瓷片剪粘、几何拼砖和描金彩绘、国画、诗词等装饰建筑门面、屋顶、厅堂和廊道等。院门颇为讲究，门上有郭氏灯号"汾阳"二字，两侧灰塑冠头联："汾水之分德昭世谱，阳关镇抚名著朝钟"，门边墙面满饰花鸟、山水纹彩塑。主体大厝镜面墙极为讲究，从下到上有墙基的夔龙纹"地牛""柜台脚"和花鸟纹青石雕柱础，"泉州白"花岗岩密缝墙裙，以及浮雕各式花鸟、人物纹样的青石窗和窗楣上典雅别致的"嘉瑞"、"休征"与诗句等，墙堵上满饰红艳的龟背锦拼砖图案，向上有屋檐下水车堵和护厝山尖脊坠的各种彩塑、交趾陶装饰，题材包括亭台楼阁、山石风景、表演人物等，甚至连日常起居的鞋帽、花篮、鸡鸭、书籍、划船等物品、场景也表现出来，有的水车堵、财神洞还保留着防护的玻璃罩。前、后落屋顶正中是高耸、厚实的燕尾式大脊，断面呈"工"字形的"鼎盖脊"大脊柱上以交趾陶、灰塑及剪瓷装饰着五颜六色的飞禽走兽、龙凤呈祥、神仙高士、奇花异果、戏剧表演、吉语题字等众多景物，巧夺天工，栩栩如生，是建筑

◎ 后浦"汾阳大厝"建筑平面示意图

◎ 后浦"汾阳大厝"东护厝天井

◎ 后浦"汾阳大厝"中落敞厅神龛

◎ 后浦"汾阳大厝"后界楼

◎ 后浦"汾阳大厝"前落脊柱华丽装饰

◎ 后浦"汾阳大厝"护厝山墙

◎ 后浦"汾阳大厝"山墙财神洞的泥塑人物

最出彩的地方。正厅廊道挑檐枋、步通漆金木雕极为繁复，多层次透雕的随巾表现出通景式的戏剧人物打斗场景，步通、员光之间嵌立着活灵活现的狮座斗抱，其上层层叠叠雕饰着镂空的博古花卉、西人道士、飞天仕女等，精细之极，令人叫绝。建筑中还有随处点缀的词句楹联、水墨国画，体现了主人文化品位和民国初期时代烙印。大厝中央大天井和两侧护厝小天井是休闲活动场所，四周布置得极为雅致，其中大天井前的隔扇门上以精细的木雕卡榫，斗拼出"富贵双全""金玉满堂"等文字，而护厝过水门的一对"还儿女债宽时少，读圣贤书乐趣多"门联则让人感悟生活哲理。

◎ 后浦"汾阳大厝"中落挑檐枋漆金木雕　　◎ 后浦"汾阳大厝"前落背面隔扇门　　◎ 后浦"汾阳大厝"后界楼二楼墙面的彩绘图案

　　此建筑基本保留原有历史风貌，建筑雍容华贵，装饰绚丽多姿，体现了建筑主人的富足生活和祈福心态，是优秀的大型闽南红砖古厝。在大厝前埕旁，还建有专门培养郭姓子弟的私塾，为单进院落，内有面阔三开间书房，天井内有方形书亭，书房正面墙壁装饰各种复杂、难以辨认的文字、诗句等，书亭梁檩木雕极为精美，基本保留原有历史风貌。

◎ 后浦"汾阳大厝"前的私塾

后浦中路郭家老宅

位于厦门市集美区杏滨街道锦园社区后浦中路52号，民国初年缅甸华侨郭朝阳返乡所建。建筑坐东朝西，由前、后两组三合院和北侧一列护厝组成，总面宽18米，进深26米。大厝后部原有后院，通进深达52米。前组三合院由单落大厝和小天井、两侧榉头及小院门构成，大厝面阔3间、宽13米、进深2间，中为厅堂，两侧厢房，典型硬山顶，燕尾脊瓦楞屋面。后组三合院由二层主楼和楼前

◎ 后浦中路郭家老宅前院正面（从西向东拍摄，2009年）

◎ 后浦中路郭家老宅前落大厝背面

◎ 后浦中路郭家老宅后楼（从西北向东南拍摄，2009年）

◎ 后浦中路郭家老宅后楼一层厅堂

小天井、两侧榉头组成，面阔3间，进深2间，楼内为"四房看厅"对称格局，中厅寿屏后设有木楼梯可登二楼，屋顶为硬山顶，马鞍脊屋面。后楼前部为宽檐廊，其中二楼廊道步通、随巾、坐狮等漆金木雕保存较好，以花鸟、鹤鹿题材为主，层层叠叠，精雕细刻，并有人物、题诗纹漆金彩绘。后楼厅内寿屏及两侧门扇的漆金木雕和金彩均保存较好，厅内陈设的供案和八仙桌是具有较高艺术价值的红木家具，其中一楼供案在珍贵木材上采用黄杨木镶嵌工艺满饰上百个密集人物形象，二楼供案及配套的八仙桌则是在珍贵木料上雕满盘绕繁复的拐子龙纹样。该建筑后楼大门和两侧巷弄边门均设置带滑轮的双层厚实门扇，坚固而便于开启。二楼廊道南端有小拱门可通往榉头的屋顶露台。

此建筑建于民国初期，虽然带有当时外来建筑文化的影响，如后楼为西式二层楼结构，榉头屋顶为混凝土平板露台，围栏采用绿色琉璃方格栏杆，但主体建筑造型和装饰仍以闽南传统建筑形式为主，前半部三合院仍为闽南传统红砖古厝，

◎ 后浦中路郭家老宅后楼二层厅堂

◎ 后浦中路郭家老宅后楼檐廊

◎ 后浦中路郭家老宅后楼巷门带滑轮双层门扇

◎ 后浦中路郭家老宅后楼二层檐廊挑檐枋漆金木雕

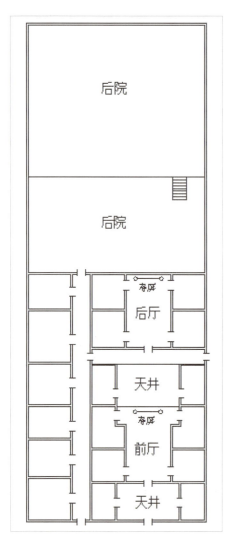

◎ 后浦中路郭家老宅建筑平面示意图

◎ 后浦中路郭家老宅后楼
　二层檐廊门扇漆金木雕

◎ 后浦中路郭家老宅后
　楼门扇上仕女图

除建筑内部木雕装饰外，建筑外部的屋脊、山尖上装饰着闽南民居典型工艺的五彩剪瓷、灰塑、交趾陶等人物、花鸟图案，尤其是后楼门前石柱上镌刻的一对楹联："兄友弟恭原是一堂和气，父慈子孝便为满座春光"，体现了中国传统儒家思想和伦理道德观念，为此建筑增添了丰富的人文内涵。

◎ 后浦中路郭家老宅前院榉头山尖装饰

◎ 后浦中路郭家老宅人物纹供案局部

后浦郭永来宅

位于厦门市集美区杏滨街道锦园社区后浦中路44号和92号。清末民初菲律宾华侨郭永来所建，是闽南传统砖石木结构大型古厝。建筑坐东朝西，依地势而建，前低后高，布局以中间三合院为中心，其左、右两侧为加长的纵向护龙，护龙前端与前面横排的二层楼倒座（倒照）排屋连接、围合，从而形成内侧二级砖埕天井，整体建筑呈封闭形长方形空间，总面宽26米，通进深33米。居中的三合院由前院门、中央小天井、两侧榉头及主体大厝组

◎ 后浦郭永来宅远眺（从西南向东北拍摄，2009年）

◎ 后浦郭永来宅正面高墙

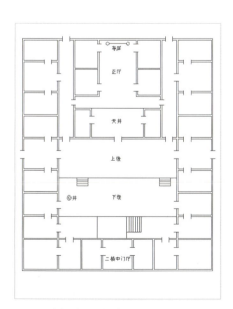

◎ 后浦郭永来宅建筑平面示意图

◎ 后浦郭永来宅前楼背面廊道

◎ 后浦郭永来宅天井前石阶

◎ 后浦郭永来宅前楼背面及砖埕

成，面宽13米，进深13米；大厝面阔3间，"四房看厅"格局，硬山顶，燕尾脊。整体建筑的大门设于前排倒座楼的一层正中。二层倒座楼面阔7间，上、下层均由中厅及两侧对称次间、梢间厢房组成。倒座楼地基较低，底层为负一层，正面外墙笔直高耸，下部为加高石构墙裙，正中开设石框大门作为整体建筑出入通道，一、二层均开设石构小窗户，底层窗特小，利于守护防卫；倒座楼的二层楼板与中央大天砖埕处于同一平面，其背面二楼的木栏杆檐廊可与两侧护龙步口廊相连通。

此建筑布局特殊，是一座以中央小三合院为中心、四面高墙围合形成大庭院的内外院格局并具有防御功能的大型民居建筑，是研究闽南古厝民居形式的珍贵实例。

◎ 后浦郭永来宅内庭院

◎ 后浦郭永来宅中央三合院内天井

上头亭里60号民居

位于厦门市集美区灌口镇上头亭里60号。建于清代，坐南朝北，由东、西两组同向并排的建筑组成，中间有小巷弄隔开，两组建筑前面为相连成片的大砖埕，四周围墙，两侧院门，总面宽41米，通进深25米。东侧建筑由三合院及两侧各一列护厝组成，面宽27米，进深15米，主体大厝面宽3间12米，进深2间10米，硬山顶，燕尾式翘脊，两侧护厝为马鞍脊，分成前、后两段；西侧建筑为主体大厝和两侧榉头构成的小三合院，面宽12米，进深15米，布局基本与东侧建筑中部的三合院相同。

上头亭自古以陈姓居住为主，此建筑是上头亭规模庞大

◎ 上头亭里60号民居东侧建筑（从西北向东南拍摄，2009年）

◎ 上头亭里60号民居西侧三合院（从北向南拍摄，2009年）

◎ 上头亭里60号民居东侧建筑护厝山墙灰塑图案

◎ 上头亭里60号民居东侧建筑大厝檐廊挑檐枋木雕

的古建筑群中的一部分，由两组小型三合院构成，既是一个整体大院落，又是相对独立的两个小合院，反映了该陈姓家族既独立于外部而内部又相互关联的社会关系和血缘关系，是研究闽南民居形式及其建筑功能、血亲关系的可贵实例。建筑中大量采用精美漆金木雕、灰塑、彩绘等装饰，在当地颇负盛名。

松山98号古民居

位于厦门市集美区灌口镇三社村松山社98、99、104号等，建于清代，房主陈姓。建筑坐西北朝东南，传统砖石木结构，由前、后两落大厝和中央天井、两侧榉头以及左、右各一列护厝组成，是典型的前、后两落带双边护的闽南红砖大厝形式，建筑总面阔26米、通进深18米，大厝前有砖埕及院墙、院门，连同两落大厝通进深29米。前落大厝面阔3间12米，进深1间，塌寿门，内有中厅及两侧厢房，硬山顶，三段式燕尾脊；后落面阔3间12米，进深3间9米，中为敞厅，"四房看厅"对称格局，硬山顶，燕尾脊屋面。左、右两侧护厝面朝中间大厝呈对称分布，护厝各分成前、后两个带天井的小院落，地势和屋面呈前低后高趋势，因此形成了护厝的下厅和顶厅以及前低、后高的二段式马鞍脊屋面。大厝左侧（北侧）护厝前端角房屋顶上有民国时期叠建的更楼，守护着大宅安全。此建筑规模庞大，规制较完整，基本保留原有历史风貌，并带有少见的防御守卫的更楼，是研究古代集美民居建筑形制和乡村社会状况的典型实例。

◎ 松山98号古民居俯视（2009年拍摄）

◎ 松山98号古民居前落大厝（从东南向西北拍摄，2009年）

◎ 松山98号古民居前落大厝旁的铳楼

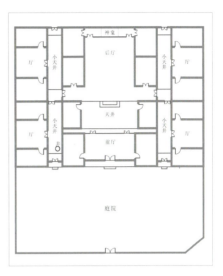

◎ 松山98号古民居建筑平面示意图

锦园"新大厝"

位于厦门市集美区杏滨街道锦园社区锦北路71～85号。清光绪年间由林笃仪、林笃崎、林笃水等五兄弟共同建造,其中的三个兄弟集资由缅甸寄钱回家,在家乡的两

◎ 锦园"新大厝"(从东北向西南拍摄,2009年)

◎ 锦园"新大厝"庭院

◎ 锦园"新大厝"分隔
两组大厝的长条巷弄仍
建有相互联系的过水门

◎ 锦园"新大厝"狭长的
护厝小天井

◎ 锦园"新大厝"摆放花架的正中天井

个兄弟负责建造。建筑坐南朝北偏东，由两组同向并列的大厝及左、右各一列纵向护厝组成，前部为大砖埕庭院，东、西两侧开院门，庭院前部两角落又分建有平面呈"L"形交错的平房作为厨房和杂物间，平房前各有一口水井。建筑总面宽43米，通进深38米，其中天井进深18米。东北角大院外连建独立的小合院，坐北朝南，面宽7米，进深约15米，前为单层平房，后为二层小楼，二楼廊道装饰琉璃方格栏杆，屋顶为马鞍脊瓦楞屋面，此建筑为民国时期添建。

整体建筑内两组主体大厝之间由2米宽的防火巷弄分隔，但又有过水廊相连。东、西两组大厝格局相同，均为前、后两落带中央天井及两侧榉头组成的四合院形式，四合院面阔3间12米，通进深20米。前落（前厅）面阔3间，宽12米，正面是长条的横向檐下步口廊，内为中厅及两侧各1间房；后落（后厅）为敞厅及两侧各2间厢房的"四房看厅"对称格局，建筑屋面举架较高大，敞厅内设有祭祖神龛，屋面为硬山顶，燕尾脊；天井为花岗岩石板地面，两侧榉头为胭脂砖墙裙和木板隔墙，天井四周留有可避风雨、方便行走的步口廊。厅堂四周墙壁布宽大的花岗岩石踢脚线和讲究的"半厅红"。

锦园"新大厝"规模庞大，建造奢华气派，在当地负有盛名，因建造不同于常见的古大厝，当地俗称"新大厝"，目前保存现状较好。该建筑作为闽南典型的大家族民居，最具特色的是建筑内部以巷弄、高墙分隔出两组格局完全对称、完全相同的相对独立门户，体现了传统的兄弟和睦平等的思想理念。大院内两组大厝分属不同家庭及其子嗣居住，形成互不干扰的生活起居空间，但大厝与大厝之间、大厝与护厝之间又可通过各种小巷弄、过水廊、步口廊等相互通连，而宽大的前院大埕则是大家族共享的起居活动空间。锦园"新大厝"建造用料上乘、装饰奢华，石雕、砖雕、彩塑、剪瓷等装饰手法广为运用，檐廊的龙纹石雕"地牛"长达5米，"泉州白"花岗岩墙裙密缝砌建，"龟背锦"红砖墙拼砌严丝合缝，屋脊、墀头和水车堵装饰题材丰富多样，门臼石雕"刘海金

◎ 锦园"新大厝"祭祖后厅

◎ 锦园"新大厝"护厝过水门砖雕装饰

◎ 锦园"新大厝"护厝"龟背锦"红砖墙面

◎ 锦园"新大厝"墀头上石雕、彩塑、剪瓷装饰

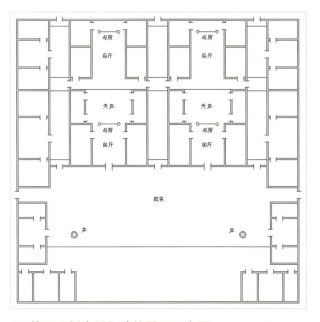

◎ 锦园"新大厝"建筑平面示意图

◎ 锦园"新大厝"墀头上灰塑和剪瓷"携琴访友"图

蟾""降狮罗汉"生动写实，山墙山尖夔龙纹灰塑精细繁复，砖雕"瓶开富贵""四季花卉"吉祥喜庆，均体现了"新大厝"高超的建造技术和精湛的艺术水准，堪称集美大型红砖民居的优秀代表。

◎ 锦园"新大厝"护厝山墙泥塑

◎ 锦园"新大厝"护厝山尖装饰

◎ 锦园"新大厝"燕尾脊上的繁复装饰

黄庄217号民居

位于厦门市集美区灌口镇灌口第二社区黄庄里217号，建于清末民国。建筑坐东北朝西南，闽南传统民居砖石木混合结构，山墙搁檩造，为前、后两落及双边护布局，总面宽23米，通进深19米，前有院埕及院墙、院门。前落大厝面阔3间11米，进深1间，前有横向檐下步口廊，连通两侧护厝过水门；大厝正中为塌寿门，大门上方有"莲溪"灰塑门额，大门内为厅堂，两侧各1间厢房，屋面为硬山顶、马鞍脊。后落面阔3间11米，进深2间10米，为"四房看厅"格局，由中间敞厅及两侧对称的前、后2间厢房组成，厅前为宽敞的檐廊，屋面为硬山顶、马鞍脊。此建筑用材用料极为讲究，装饰精细繁复，题材寓意美好，大量采用石雕、木雕和交趾陶、瓷片剪粘及彩绘、泥塑等装饰手法，是一处典型的闽南传统大厝民居。

◎ 黄庄217号民居大门（从西南向东北拍摄，2009年）

◎ 黄庄217号民居前落

◎ 黄庄217号民居墙面交趾陶装饰之一

◎ 黄庄217号民居后落（后厅）

◎ 黄庄217号民居墙面交趾陶装饰之二

◎ 黄庄217号民居护厝正面山墙装饰

◎ 黄庄217号民居前厅木雕门扇

◎ 黄庄217号民居墙面上石雕

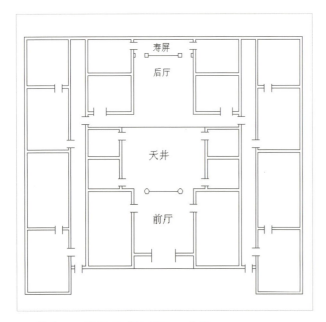

◎ 黄庄217号民居建筑平面示意图

◎ 黄庄217号民居水车堵装饰

◎ 黄庄217号民居后厅檐廊木雕

◎ 黄庄217号民居屋面脊柱上装饰

后坑张水群故居

位于厦门市集美区侨英街道东安社区后坑二里139号旁。由旅居菲律宾华侨张水群建于民国十二年（1923年）。建筑坐东朝西，为由前、中落大厝及后界组成的闽南传统砖石木结构红砖民居，前有石埕庭院，前、中落组成的合院面宽12米，

◎ 后坑张水群故居前落大厝正面（林火荣拍摄，2011年）

◎ 后坑张水群故居（从西北向东南，林火荣拍摄，2012年）

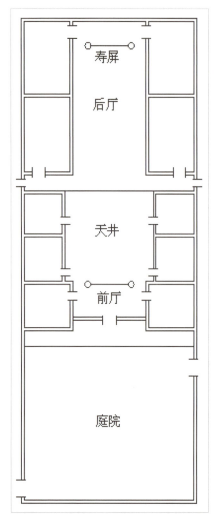

◎ 后垵张水群故居建筑平面示意图

◎ 后垵张水群故居中象征耄（猫）耋（蝶）长寿、富贵（牡丹）平（瓶）安（鹌）的交趾陶装饰墙面

◎ 后垵张水群故居中寓意福禄长青、家大业大的鹤鹿芭蕉纹墙面

进深21米（不含后界），连前院共进深31米。前落大厝为双塌寿门廊，面阔3间，进深1间，一厅两房格局，硬山顶，三段式燕尾脊，前、后各有四条垂脊；中落大厝面阔3间，进深2间，"四房看厅"格局，硬山顶屋面和高大的燕尾式正脊。前、中落之间有天井及两侧榉头；后界较为低矮，马鞍脊屋面，已破败荒废。

此建筑的庭院院门、地面铺装和正面塌寿门廊、镜面墙装饰极为讲究。庭院为白灰抹面围墙，正面

◎ 后垵张水群故居中落山花灰塑

有方形小镂窗，五根绿色宝瓶栏杆，院墙南、北两边各开设有两个院门，均为传统民居的石框平顶院门，朴素简约，院埕和门廊地面均铺设花岗岩石板。前落镜面墙底部为花岗岩夔龙纹"地牛""柜台脚"，墙裙以"泉州白"整料石材密缝坐浆砌建，上下边框满饰细密的减地浮雕花纹；大门两侧内塌寿墙面有象征松鹤延年、多福多禄的灰塑图案，外塌寿墙面则镶嵌色彩艳丽的交趾陶装饰画框，题材寓意吉祥，有富贵（牡丹）平（瓶）安（鹌）、榴（石榴）开百子、耄（猫）耋（蝶）长寿、如意吉（鸡）祥、竹报平（瓶）安等图案。外墙上精

◎ 后垵张水群故居屋檐横梁描金"百忍传家"文字

◎ 后垵张水群故居后界山花灰塑

致的青石窗框配上可转动的白色花岗岩窗棂，既可调节采光和通风的角度，也可遮风避雨、护卫私密，美观而实用；窗棂采用七根之数，遵循阳数为大之古制。该建筑处处蕴含着主人的美好祈盼和中国传统的思想观念，是一处带有外来建筑文化影响的优秀民居。

七、古道、古桥和海堤

古集美隶属泉州府同安县，处于泉州府与漳州府之间，因其所处山海交接、依山临海区域，陆路与水路交通较为发达。陆路最主要的有东西向、连接泉州和漳州两府的古驿道，它东起于同安县城大轮驿，向西经乌泥铺、新塘铺，进入现属集美的苎溪铺，再经安民铺、鱼孚铺、深青驿和仙店铺、莲花铺，出集美地界通往漳州府江东驿。辖区内水路多呈南北向，从东向西依次主要有三条水路：东半边20公里长的苎溪是最大河流，在后溪与许溪汇合后流入杏林湾；居中的是流经灌口的瑶山溪，旧时海船直达灌口街底的双（杉）桥头；最西边的是流经深青村的深青溪，向南注入马銮湾。

集美境内的东西向陆上古驿道和南北向多条溪河水路，相互交汇，构成了古集美主要交通网络，由此在水陆交通中转地、码头、桥头、驿站等形成了商业墟市、古街和集镇，从而奠定了古集美商业繁荣和经济发达的状况。至今保留下与古道有关的文物古迹就有苎溪桥、黄庄桥、深青驿、深青桥及后溪古码头示禁碑、灌口贞寿牌坊等，而与古道、水路密切相关的古街、集市更有后溪街、灌口街、驿口街和前场市、高浦市、草仔市等。其中灌口镇正是因为古驿道和深青驿的设置，才有驿丞带来的蜀郡灌县神灵香火而修建凤山庙，而凤山庙的香火兴盛又带动了当地南来北往的香客聚集和墟市货物交易，最终成就了"烟火千家、颇为富庶"的八闽商业重镇。

集美境内的交通设施以古道桥和海堤最为著名。建于苎溪之上的八墩九孔苎溪桥，是厦门最古老和最完整的石梁桥，桥基采用抗腐的松木作桩基，桥墩以花岗岩条石砌筑成利于分洪的船首形，桥面大石板采用"浮运石梁法"铺设，是研究古代桥梁建造技术的珍贵实例。

20世纪50年代建成的高集海堤、集杏海堤和马銮海堤是新中国成立之初厦门市重大交通工程和基础设施项目，曾与武汉长江大桥并称为中国建筑史上的奇迹，对厦门整体社会经济跨越式提升发展和军事战备升级发挥了巨大的历史性作用，至今仍是厦门这座现代化城市的重要铁路和公路交通设施，见证了"移山填海、团结奉献、科学创新、自强不息"的"海堤精神"，是优秀的现代工业遗产。

苎溪桥

位于厦门市集美区后溪镇后溪村坂头自然村北部一公里坂头水库南侧苎溪上，即坂头水库与324国道交汇处西北约500米。苎溪发端于坂头水库北部的白桐岭，自古溪水丰沛横溢，向南与许溪汇流后形成后溪，再往南注入杏林湾，可连接海路通往沿海各港口，全长约20公里，因此从古至今苎溪与后溪就是集美境内最重要的交通运输水道。该南北向水路又与漳、泉两府之间最主要的东西向古驿道于苎溪桥处呈"十"字交汇，也使苎溪桥成为古代集美水、陆交通最重要的枢纽，造桥历史可溯及900多年前的北宋时期。据记载，北宋大观年间，邑人徐诚垒石为桥；桥毁后，南宋乾道年间，徐诚之孙徐应昌及道士法昌重建。现苎溪桥为八墩九孔平梁式石板桥梁，呈东北—西南走向，全长73米，桥面宽2.6米，分9段铺设，每段以5条石板并排铺设，每条石板长7～7.55米、宽0.5米、厚0.35米，桥面共46条大石板。桥墩长5.2米，宽2.6米，近年溪底淤积增厚，仅见桥墩高度约2米。宋代苎溪桥建造已采用了较科学的花岗岩石干砌技术，桥墩使用花岗岩条石逐层丁顺交错排列、密缝垒砌，下部桥基向下略放大形成稳定的基础，上部仿木结构层层叠涩出檐加宽，便于安放巨大的桥梁石板，桥墩迎水面砌成利于分流抗洪的船首尖状形；当时苎溪桥还可能采用了类似泉州洛阳桥的"浮运

◎ 苎溪桥（从东南向西北拍摄，2009年）

◎ 苎溪桥石板桥面（从西南向东北拍摄，2009年）

石梁"造桥法，即建坝拦水和借助溪水水位浮力，以船只运载重达2~3吨的大石板架设于桥墩上。苎溪桥以坚硬花岗岩长条石错缝叠砌大型尖首桥墩，再铺设上总重量达百吨以上的桥面大石板，使桥梁整体自重巨大，桥墩基础更加安稳、牢固，能够抵御长年溪流冲刷和洪水冲撞，近千年而不毁。

苎溪桥是古代漳州往返同安、泉州之间的东西向驿道上的重要古道桥，也是厦门现存年代最早、跨度最长及保存最好的石构桥梁，是研究厦门古代交通历史和桥梁建造科技的重要文物。

黄庄桥

位于厦门市集美区灌口镇黄庄社区北面约470米农田中小溪流上，因附近原有古代水利设施塔仔塘，古称"塔仔塘桥"。此桥为双孔石梁桥，呈东西走向，横跨于中港溪上，长12米，宽2米，桥中间有单座船首形桥墩，以花岗岩条石逐层丁顺交错排列、密缝垒砌而成，桥墩上端卧有一只小石龟，桥墩净跨4米；桥面以两段共8块石板铺设，石板宽0.4~0.5米、长6米、厚0.3米。现桥下水面距桥面高

◎ 黄庄桥远眺（从西向东拍摄，2009年）

◎ 黄庄桥（2021年拍摄）　　　　　◎ 黄庄桥桥面石板

约2米。桥面西端连接陆岸处仍保留旧时三合土路基，残长约7米，护坡残高1～2米。此桥始建于宋代，初为古道上木桥。清康熙三十八年（1699年），灌口深青里人苏未观倡捐并得到乡亲相助，在重修深青驿旁的深青石桥时，一并将处于同一条古道上的塔仔塘桥改建为石梁桥，现深青桥的石梁和深青驿碑廊的古碑均保留着清康熙三十八年"新造灌口塔仔塘桥"之记载。

此桥是宋代至民国时期往返于同安和漳州之间的古道桥，是研究古代集美交通史的重要历史遗迹。

塔仔塘遗址

位于厦门市集美区灌口镇黄庄社区北面500米农田中。始建于宋代，为筑坝拦溪、蓄水抗旱的小水库，共有大、小两个相通的水塘，大者位于东北部，小者位于西南边；20世纪90年代时大水塘还保留着约17亩的面积，小水塘约5亩。水塘有南、北两个泄水口，总体呈东北—西南走向。该设施主要用于调节流经此地的瑶山溪（黄庄溪）溪流，起到防洪蓄水和引水灌溉农田的作用，由此向南的引水道流经黄庄村后最远可抵铁山村，灌溉着黄庄村南部一大片农田，如今仍旧灌溉着两三百亩农田，而且水道流经之

◎ 塔仔塘遗址（从西北向东南拍摄，2009年）

处，成为村民洗刷衣物和生活起居用水的重要水源。20世纪90年代，当地村民在修整水塘时发现，水塘东南部地势较低洼处保留着拦水坝，坝址以花岗岩石块和条石为基础，面层为三合土夯筑的驳岸，坝长约160米、顶宽约2米、高约5米，水坝中部开设箕状泄水口。近年来，因周边区域开发建设，池塘面积不断缩小，现仅见泄水豁口部分坡面及两侧残存的坝墙。坝墙平面呈曲尺形，以条石和夯土筑成，分别长约55米和10米；坝墙中部的箕形坡面泄水口，宽9.5米，坡长约10米，落差约2米。

塔仔塘遗址是厦门地区现存年代最早的水利工程遗址之一，先民们为建造塔仔塘

◎ 改造后的塔仔塘遗址（2021年拍摄）

◎ 改造后的塔仔塘遗址泄水口（2021年拍摄）

付出了艰辛努力，贡献了聪明才智，建成后数百年来持续造福当地百姓。2016年，塔仔塘周边区域改造为灌口风景湖公园，塔仔塘遗址也随之修整，与南侧的古驿道桥——黄庄桥（塔仔塘桥）一同成为公园内重要的历史人文景观。

大岭古道

位于厦门市集美区灌口镇田头村大岭自然村大岭山东南坡。古道形成年代不晚于明清时期，是长泰山重一带山区的百姓翻越大岭山后，到达灌口商业集镇的主要山道。清末民初，灌口当地缅甸华侨杜文良出资重修古道，全部铺成石阶，尤其在坑内那段最难走的鱼脊似的山脊上特别铺设较好的花岗岩条石，又称"百二阶"。如今保留下的大岭古道蜿蜒曲折，呈东南——西北走向，

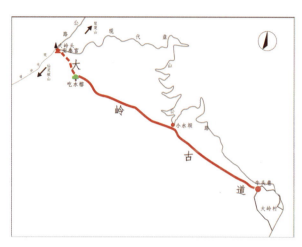

◎ 大岭古道走向示意图

宽1～1.5米，由山石、石块和花岗岩条石铺设，南部靠村庄部分为土路。东南面坡下

◎ 大岭古道上段（2009年拍摄）

◎ 大岭古道中段吃水榕
（2009年拍摄）

◎ 大岭古道下段（2009年拍摄）

起自大岭山山脚的大岭自然村西北村边的牛头巷，沿大岭山南坡拾级而上抵达山顶的大岭头安泰宫，全长近2公里，落差约400米。现保留的古道上半段约1200米，起自吃水榕至岭坑小拦水坝再到山顶，较为陡峭，大部分为石阶构成，但2007年建造天竺山森林公园步道时，上端及中段古道石阶多处被撬挖，代之新铺花岗岩步道；古道下半段约600米，始自岭坑小拦水坝至村边牛头巷，较为平缓，由石板路及部分土路构成。大岭古道是古代长泰山重等内地山区通往厦门沿海和灌口集镇的重要交通线路，也是古代两地之间进行海产品、山货运输和贸易的重要"山海古道"，是集美区迄今已发现保存较好的两条翻山古道之一。

越尾山古道

位于厦门市集美区灌口镇双岭村西北2公里，相对于"大岭古道"又被称为"小岭路"。古道形成年代不详，清末重修，呈东南—西北走向，由东南的双岭村大厝自然村沿山谷、山坡，翻越越尾山通往长泰县南部山重村的薛厝等地。古道现存约1.8公里，分成上、下两段，由石块铺成，宽0.5～1.5米。下半段长约0.8公里，由新建的越尾山庄至越尾山半山腰，为土路和石块路面，保存状况一般；上半段长约1公里，由半山腰至山顶的安泰祠，基本保留原有石块路面，石路另一侧衔接小石径下山，通往长泰薛厝。山顶安泰祠为古代同安县境与长泰县山重村薛厝的交界标志，门匾"安泰祠"即取自"同安""长泰"地名。安泰祠坐南朝北，2001年重修，为前、后两殿，中有天井，面阔3.5米，

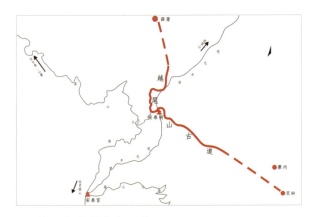

◎ 越尾山古道走向示意图

◎ 越尾山古道安泰祠（从北向南拍摄，2009年）

通进深6.7米,后殿后壁嵌有"福佑"石碑,供奉土地公。祠前立清光绪丁亥年(1887年)重修小岭路石碑,碑宽0.41米、高0.64米,石碑镌刻"厦门庵长社:薛评观捐英艮陆拾大员,薛涉观捐英艮肆大员,山重薛、林众社助小工贰仟工。光绪丁亥重修小岭路"。此条古道是清代至民国时期漳州长泰南部山区山重等地与厦门沿海地区和灌口商业集镇等进行山、海货物交易和人员来往的主要商旅古道之一,是研究集美古代经济贸易和交通状况的历史遗迹。

◎ 越尾山古道上段之一　　　◎ 越尾山古道上段之二　　　◎ 越尾山古道安泰祠旁的清光绪年重修小岭路碑

深青驿遗址

位于厦门市集美区灌口镇深青村东北部村口。深青驿遗址现存驿楼和深青桥两部分。深青驿始建于元代,明洪武十四年(1381年),同安知县方子张重建,景泰元年(1450年),尚书薛琏令主簿蔡璘(遴)重建,清嘉庆九年(1804年)又重建;民国初年北洋军与地方武装相互混战掠夺,1914年深青驿馆、驿楼等设施毁于兵燹。现仅存驿站门楼,俗称过街楼。门楼坐南朝北,为单间二层楼形式,面宽4.5米,进深3.8米,底层为南北向贯通的长方形石砌门道,门宽2.15米、高2.8米,正面(北面)门额嵌"驿楼古地"石匾;南面为通透式门廊,一对圆石柱承载上层楼阁横梁,石柱上镌刻楹联:"诇止乡间资屏翰,却缘南北少康庄";二层楼阁朝南敞开设有护栏,砖木结构,硬山顶,马鞍脊瓦楞屋面,楼内设神龛供奉关帝爷。

深青驿自古是漳、泉之间陆海交通要隘。宋元时期，泉州同安县境内主要有大同驿和鱼孚驿，深青只设铺递，即深青铺。自元代鱼孚驿移至深青北面村口后，深青驿逐渐成为泉州、同安（厦门）、漳州三地之间东西向的重要交通驿站，从漳州、角美和海澄、石码往同安、泉州的客商必经此地，反之亦如此。清初，随着福建驿道交通进一步加强，全省驿站由53处扩至67处，并在驿与驿之间每十里设一铺，称之为"铺递"。民国《同安县志》载：从深青驿"上至大轮驿六十里，下至漳州府龙溪县江东驿六十里"，即由深青驿向东连接鱼孚铺、安民铺、苎溪铺、新塘铺、乌泥铺可到同安县城的县前铺［东门铺及大轮驿（原大同驿）］，接着再往东出同安县城后可经洪塘铺、沈井铺、店头铺、小盈铺抵泉州南安县东岭铺、康店驿（后名晋安驿）；而由深青驿向西经仙店铺、莲花铺，跨过漳州角尾江东桥后再经龙溪县龙江铺（江东驿或柳江营驿）、通源驿，可到达漳州府城。深青驿初设时，先设于茂林庵内，后修建驿楼、驿馆、驿埕、驿兵房、马厩、洗马池等设施。至明代，驿站设有驿丞，配备马甲3名、赡夫94名、跟官夫2名、厨夫2名、递夫2名、马夫28名、官马18匹、民马10匹，并有粮米供应标准规定，其中

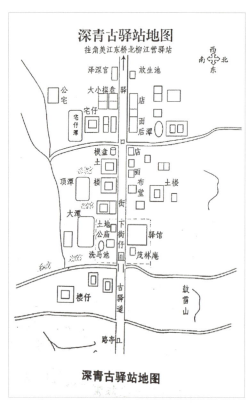

◎ 深青驿站、驿口街、深青桥分布示意图（林得时绘制）

◎ 深青驿楼（从西北向东南拍摄，2009年）

◎ 深青驿楼南面及碑廊（从南向北拍摄，2009年）

官马作为重要交通工具，其每月草料及装备费用标准甚至高于赡夫、马夫等人力"工食银"。至清康熙年后期，驿站人员和马匹不断裁减，不再配备专门传递公文的驿马，而以驿夫替代传递，设有赡夫60名，抄单、走递、解徒、防夫等6名，兜夫15名，仍有驿馆、马厩等设施。至清乾隆二十年（1755年），深青驿驿务划归同安知县直接管理。

明清时期，随着深青驿站设置后发挥交通枢纽功能，深青驿站周边逐渐形成了商业集市，在驿道两侧形成了长约一里的驿口街，南侧又称"下街仔"，开设有饮食、当铺、药店、客栈、打铁铺、杀猪场、肉铺、食品、杂货等各类店铺以及苏氏七柱宗亲学堂"七柱学"，早年可见宽约2.7米的石板路面。直至清初灌口街的兴起，热闹的驿口街才被取代。

鸦片战争以后，随着轮船、铁路、电讯和邮政的发展，传统的驿传制度日渐失去优势，深青驿站的铺递功能变得无足轻重。清光绪三十二年（1906年），清廷特设立邮传部掌管轮、路、电、邮；1897年，大清厦门邮务总局成立；1912年，同安县境内包括厦门岛内驿铺全部裁撤；民国之初，深青驿又遭兵火摧残，几成废墟。但无论如何，深青驿从其始建之时直至丧失功能的数百年间，对集美社会、经济发展无疑起到重要的无可替代的作用，如今已成为研究闽南古代邮驿历史和交通史的重要史迹。1982年，厦门市人民政府公布为其厦门市文物保护单位；1988年，厦门市文物管理委员会办公室重修门楼；1998年，厦门市文物部门和厦门市邮电局修建古碑廊；2002年整体重修古桥。

深青桥

位于厦门市集美区灌口镇深青村东北部村口深青驿楼前,也称"深青驿桥",呈东北—西南走向,横跨于深青溪上。深青桥始建于南宋,初为木板桥,后改为石桥;明正德十一年(1516年),同安县令杨敦与县丞邓海、驿官李昌等将木桥改建为三孔石桥;清康熙三十八年(1699年),乡人苏未观捐资募众重修此桥及黄庄村塔仔塘石桥。至清嘉庆九年(1804年),因河床淤塞、桥孔狭

◎ 深青桥桥梁石板上的明清时期题刻

窄,上游双溪合流于此,水大流急,洪水冲坏桥基,淹没田园店舍,乡人苏实轩首倡募捐,众里人共同捐金相助,用时两年于石桥东北扩建两孔,改为五孔石桥,并加固原有三孔;民国时期,中间桥墩上方还可见安放的小石龟,桥前开阔路口边还有可供行

◎ 深青桥(从西南向东北拍摄,2009年)

人歇息的路亭。现深青桥为四墩五孔平梁式石板桥梁，长25米，桥面宽3.9米，桥高约3米，五段桥面每段以5条大石板铺设，桥墩迎水面呈船首尖状形。2002年厦门市文物管理委员会员办公室组织对古桥修缮时，在桥面同一块石板的背面和侧面分别发现明、清时期修建石桥的记事题刻。石板背面为单行楷体直书："时大明正德十一年岁次丙子四月吉旦，同安县知县杨邑，县丞邓海，里班黄敦翰、吴魁衡、周光舜、王文作重建"，字幅长约1.5米、宽约0.3米；石板侧面为横排直书隶书体10行："时大清康熙三十八年岁次己卯四月廿八日，苏未观募众重建深青桥并新造灌口塔仔塘桥"，字幅高0.4米、宽1.2米。古桥修缮时在桥基下还

◎ 清代乾隆至光绪年间修建深青桥捐资碑

◎ 2002年在深青桥桥基下发现的大松木

发现数十根直径0.2～0.3米、长约2.5米的大松木，证实了该桥采用独特的"睡木沉基"造桥法，油性松木具有极强的水下抗腐性能，能起到很好防止桥基下沉的作用，增加了桥基的稳定性。深青桥是研究厦门古代造桥技术的珍贵实例。

　　1998年修建的驿楼东侧碑廊内嵌立有修建驿站、驿桥的5方清代石碑，包括清康熙年《皇清重建深青桥志》，清嘉庆年《皇清续建深青新桥并修旧桥碑志》和清光绪年《深青社碑》《贞岱社碑》《凤尾山并外乡碑》，其中3方清光绪石碑镌刻着深青本里和附近各乡苏氏宗亲捐银、捐盾修造桥梁的名录。

集美"国姓井"

位于厦门市集美区集美街道浔江社区尚南路1号归来园南部20米尚忠路路口旁，开凿于明末清初。井台占地面积约20平方米，井口上方形井栏为后期水泥抹面修缮，边长1米，高0.54米，四面堆塑"国姓井"三字；水井为石构井壁，现水面距井口约

◎ 集美"国姓井"（从西向东拍摄，2009年）

1米。此井为明末清初郑成功部将刘国轩建造集美寨时所开凿的士兵饮用水井，井水清澈，长年不涸，民间称之"国姓井"。郑成功原名"郑森"，南明隆武帝朱聿键赐姓朱，改名"成功"，故谓"国姓爷"，此井因此而名。自1913年陈嘉庚先生创办集美学校后，此井成为学校师生和周边居民的重要生活水源，20世纪50年代扩建集美学村时加以修复并沿用。此井开凿至今已有360多年，是一口具有特殊意义的真正古井。集美寨址附近另有一处"国姓井"，现位于南薰楼前的观景台下，数年前因建房而封堵于阴暗室内，相传此井曾率先开凿，但因水质较差而另择他处开凿。

后溪古码头示禁碑

位于厦门市集美区后溪镇后溪村街路42号旁。清乾隆三年（1738年）立。石碑朝向东北，高2.2米，宽0.76米，厚0.19米。碑文内容为直镌楷书小字17行，碑首镌刻"特调泉州府同安县正堂加一级经录七次吴为……"，碑文后部落款"清乾隆三年……"等字。石碑风化较严重，碑文漫灭，具体内容有待进一步考证。此碑附近旧时为苧溪下游，建有水运码头，历史上曾发生后溪的街路社与埭岸头社两地村民为码头而产生纠纷，此碑内容可能与此有关，具体待考证。此

◎ 后溪古码头示禁碑（从东北向西南拍摄，2009年）

碑是清政府地方管理机构立于原址的示禁碑，对研究当地经济状况和水运交通具有一定文物价值。

前场古码头遗址及商业老街

位于厦门市集美区杏滨街道前场社区前场街32号旁和58号旁。前场（旧时又称"钱场"）是旧时集美杏林一带航运与水运交接的重要运输码头，现保存的清代至民国时期码头遗址有两处：一处在前场街32号旁路边，由数级条石砌成石阶状，向东北延伸，残长约5米，宽约3米，落差1.2～1.5米，原为装运猪仔码头；另一处在前场街58号旁

◎ 前场商业老街店面之一（2009年拍摄）

◎ 前场商业老街店面之二（2009年拍摄）

◎ 前场商业老街店面之四（2009年拍摄）　　◎ 前场商业老街店面之三（2009年拍摄）

351

◎ 前场古码头遗址旁古桥（2009年拍摄）

◎ 前场古码头遗址货运码头（2009年拍摄）

◎ 前场古码头遗址猪仔码头（2009年拍摄）

路沿旁，由条石砌成，由高至低，残长约10米，落差约1.5米，原为货物运输码头。

灌口是清初以来泉州府与漳州府之间交通要道上的重要商业集镇，作为水运交通的瑶山溪经灌口向南流入厦门港北部的马銮湾，前场正好处于瑶山溪的出海口。涨潮时海船可从厦门港外港抵达前场码头，而瑶山溪又连通灌口商业集镇和漳泉（江东至同安）古道，因此前场成为连接漳泉古道、瑶山溪内河水运、厦门港海运的陆路、河运、海运的交通节点和区域性交通枢纽，一度发展成为清代至民国时期灌口一带最繁忙的山、海货物转运集散地和交易场所之一。直至20世纪50年代，马銮海堤建成后，因海上航运交通被阻隔，前场才失去交通便利优势，商贸和集市从此走向衰落。现码头遗址北面20米处还保留着明清时期一墩二孔、船首形桥墩的石梁桥，码头附近形成的清末民国时期的商业老街，至今仍可见到百米长的旧石板路以及沿街的商铺店面和商住两用二层骑楼，它们一同见证了前场昔日的繁华。

灌口"白水泉"井

位于厦门市集美区灌口镇灌口第一社区白水泉里28号前公路旁。清代至民国时期使用，因井壁四周为白色瓷土（高岭土），使泉水略呈白色，故名"白水泉"。井口呈方形，略高于地面，以花岗岩大条石围砌，边长1.3米，水面距井口约2米，井壁砌砖顺直呈方筒形。相传此井所出泉水极佳，最适

◎ 灌口"白水泉"井（从西向东拍摄，2009年）

合浸泡果蔬，起到消毒、杀菌作用，旧时有挑夫在此专门挑水出售。2002年，因开发凤泉公园和白水泉住宅小区而将井口周边垫高。灌口是闽南著名商业古镇和商贸集市，于明末清初开始发展，清朝达到鼎盛，并形成了远近闻名的灌口街，周边东孚、后溪、长泰、杏林等地的人都来此赶集、交易，明代在灌口还设置了巡检司管理机构，清代同安县丞驻此负责收税。20世纪30年代，随着商业发展还建造了灌口骑楼街。

"白水泉"井是清代至近代灌口商业古镇的名井之一，与城隍井、豆腐井和大井脚并称灌口四大古井，它们是旧时灌口商贸兴盛、市场繁华和百姓聚居兴业的生动写照。

集杏海堤

由厦门市集美区集美街道岑东社区跨海连接杏林街道杏林社区，即集美—杏林海堤。集杏海堤呈东西走向，1955年10月动工，1956年12月竣工，全长2820米，整体以花岗岩石构筑，堤顶宽11.5米，底宽100余米，靠南面外海一侧砌建有防浪胸墙，高10.35米，堤身标高8.73米。20世纪60年代初将堤坝上的汽车单车道扩大为三车道，1966年开始在海堤内抛填沙土堵死海水进出，拓宽堤坝，改造滩涂。集杏海堤以坚固的花岗岩条石实体砌建，横截于杏林海湾南部出口处，将杏林湾与厦门西港隔开，使

◎ 集杏海堤（从西向东拍摄，2009年）

杏林湾形成内湖，起到调节杏林湾水位和潮位作用，同时围填杏林湾海域约20平方公里，将海湾内的近4万亩荒坡和海滩改造成良田和渔业养殖场，并在堤坝上修建了铁路、公路和人行道，大大便捷了集美与杏林两岸之间的交通往来，也使鹰厦铁路能以最短的路程从角美直达厦门半岛内。现集杏海堤东端连建集美立交桥，西端连建杏林立交桥，成为厦门岛内、外联系的现代交通网络的重要组成部分。1980年在海堤内侧建成引水渠，并与高（崎）集（美）海堤引水槽连接，将九龙江北溪淡水引入厦门岛。

集杏海堤与高集海堤合称厦门海堤，俗称"十里长堤"，与当时建成的武汉长江大桥等并称为中国建筑史上的奇迹。高集海堤早于集杏海堤于1953年6月动工，克服蒋军飞机轰炸干扰和极端恶劣条件抢抓施工，塑造了可歌可泣的"海堤精神"，1954年12月10日举行正式通车典礼，1955年8月全堤完工、10月建成，全长2212米，顶宽19米，海堤上设有火车道、汽车道、双侧跃层人行道及边缘防护墙，在人行道下铺设大口径输水管引渡坂头水库淡水进岛。后改护墙内砌成引水槽（后增金属输水管）。高集海堤为花岗岩石实体结构，它的建成使厦门岛成为与大陆连接的半岛。1960年，全国人大常委会委员长朱德为海堤纪念碑题写"移山填海"。1962年郭沫若拜谒鳌园和游览海堤后，写下《访高集海堤》诗句：控海鼓东风，长堤御铁龙。金门晴霭外，簧舍碧波中。劲足重洋小，心雄万厄空。岛今成半岛，宏伟见人工。

继高集海堤竣工后，集杏海堤随即也建成，不仅保护了杏林湾内的农田和渔业，而且连同高集海堤成为进出厦门岛唯一铁路（鹰厦线）的必经之道，在解放初期厦门经济建设、社会发展和军事战备中发挥了历史性作用，至今仍是厦门重要的铁路和公路交通设施，见证了新中国成立以来厦门社会主义建设和发展进程，是厦门重要的现代工业遗产。

马銮海堤

位于厦门市集美区杏滨街道马銮社区与海沧区新阳街道翁厝村跨海之间。马銮海堤始建于1958年6月，1959年堵口成功，1960年底全部竣工。海堤以花岗岩石砌建，堤坝结构坚固稳重，呈直线横截于马銮湾东部湾口，将马銮湾与厦门西港隔开，通过海堤闸口调节马銮湾内的水位和潮位；马銮海堤围填海域约21平方公里，堤内原辟为盐场、后为海水养殖场，坝上为公路，极大缩短了两岸之间交通距离。1997年对海堤进行改造和加固，全长1655米，坝顶宽8.6米，堤高约6.266米（黄海零点），防浪墙顶高程7.658米，原海堤两端设有排洪闸，现南端建有7道分水闸和分流水渠以及水闸房。马銮海堤建成目标为可抗御百年一遇的高潮位和十二级台风的袭击，并可保护3.1万亩农田和3.7万人免遭灾害。现海堤北接杏滨路，南连翁角路，是厦门西部跨海交通重要通道。1996年与之并排的新阳大桥建成通车后，马銮海堤逐渐失去交通功能，但仍然是控制马銮湾海潮和水位的主要设施。

◎ 马銮海堤（从南向北拍摄，2009年）

◎ 马銮海堤坝顶

◎ 马銮海堤北部闸口

马銮海堤建成后，为厦门社会经济发展和抵御自然灾害发挥了重要作用，它见证了半个世纪以来周边杏林和海沧的建设和发展，是集美重要的围填海工程和交通设施，也是反映新中国社会主义建设的现代工业遗产。

◎ 马銮海堤南部闸口

八、古石碑、古石刻和古牌坊

　　古石碑、古石刻是古代社会制度、生产生活、风俗信仰等社会状况的真实反映，是补史、证史的重要资料，具有丰富的历史信息和不可替代的文献史料价值。珍贵碑刻善本拓片又因其特殊的书法文学艺术价值和不可预测的市场升值潜力，而在古董行业和收藏界被称为"黑老虎"。

　　古代石碑和石刻是古人铭记事件的重要方式，数量较多，但在多年来的经济建设和基础设施工程中，许多石碑石刻被利用于修桥铺路、砌墙垫基和农田水利修建等，因此保留下来实属不易。集美现存石刻文物（不包括其他类别文物所包含的石碑、石刻及墓志、楹联）数量不多，其中《蔡虚台先生筑海丰朱埭堤岸功德碑颂》是研究古同安历史名人蔡献臣和集美古代农田水利设施的珍贵实物；许庄"奉宪"示禁摩崖石刻是迄今厦门地区发现的保存较完整的公牍刻石；坂头"第一山"摩崖石刻位于苎溪上游（现石兜水库库区内），暮色之时由此隔着宽阔的溪水向西远眺，绵延起伏群山，云气盎然，似乎可领略到宋代大书法家米芾游历江淮时所见的优美景色，据称近代以前全国借用米芾"第一山"的题刻多达20多处。柯氏贞寿坊是集美保留下的唯一古牌坊，该坊建于清乾隆四十七年（1782年），所诰赠的人物与草仔市陈氏祠堂内"圣旨"匾人物存在关联，有待进一步考证和研究。

蔡虚台筑堤功德碑

位于厦门市集美区后溪镇后溪村中秋街43号对面、后溪镇镇政府原大院内。明崇祯元年（1628年）镌刻。石碑原立于324国道坂头桥南面约2公里的苎溪河岸边，多年后石碑倾倒，所在地点被称为"倒石碑"。"文革"时，石碑被挪作铺设后溪村浦边自然村西边小水渠的桥梁石板，1987年发现后移入后

◎ 蔡虚台筑堤功德碑（2009年拍摄）

溪镇政府院内。石碑为花岗岩石，倭首长方形，高2.42米，宽0.92米，厚0.19米，碑额篆书"蔡虚台先生筑海丰朱埭堤岸功德碑颂"大字，碑文楷书小字21行，连碑首共972字，记述明代乡宦蔡献臣（号虚台）为保护海丰农田，于明泰昌元年（1620年）至明天启六年（1626年）倡导、组织修筑加固苎溪堤岸，共筑成海丰朱埭石岸一千九百八十余丈，建成后岁收有成，农人业户对其称赞颂功的经过和情形。此碑由《闽书》编撰者何乔远撰文，落款"崇祯元年岁次戊辰孟夏吉旦"。朱埭堤岸位于现在后溪村浦边自然村，埭址犹存。此碑是研究明代同安名人蔡献臣和古集美农田水利建设的重要资料。

蔡献臣（1563—1641年），字体国，号虚台，别号直心居士，同安翔风平林（今金门琼林）人，明万历戊子科（1588年）举人，万历十七年（1589年）联捷进士。历任刑部主事、湖广按察使、光禄寺少卿等职。一生为官清廉，善政不断；明天启年回同安后，重视家乡水利建设，倡修和尚桥、西安桥，参与编撰明万历《同安县志》，并为其中水利志作序。

寿石岩摩崖石刻群

位于厦门市集美区后溪镇岩内村岩内山西北面半山腰寿石岩宫内及附近。寿石岩宫又名"岩内宫"，始建年代不详，明崇祯年间及清雍正年间曾重修，1989年、1991

◎ 寿石岩宫远眺（从西北向东南拍摄，2009年）

年、2007年再修。宫庙建于巨大岩石之下石洞，洞口朝向西北，上方有1991年镌刻"寿石岩"三个大字，洞内面宽4米，进深约7.5米，最高8米，殿中神龛奉祀观音佛、三宝佛。后期宫内新砌神台，铺设釉面地砖，白灰抹面墙体。近期于洞口两侧旧石柱上发现镌刻楹联："观音菩萨妙难酬，清净庄严累劫修"。

寿石岩宫有4处受保护摩崖石刻：岩洞内石壁上石刻2处，其一镌刻楷体4行："崇祯岁次甲申年仲秋吉日住山僧通镇重建寿石岩记，护法圆觉、圆际等"，幅宽0.5米、高0.65米；另一为楷体直书4行："雍正岁在壬子年蒲月丁卯日实山徒际焕募缘重修立"，幅宽0.35米、高0.51米。"夹醋泉"石刻1处，位于寿石岩宫北侧

◎ 寿石岩宫（从西北向东南拍摄，2009年）

◎ 寿石岩摩崖石刻群中的"夹醋泉"石刻

◎ 寿石岩摩崖石刻群中的明代石刻

◎ 寿石岩摩崖石刻群中的清代石刻

20米大岩石下方的甘泉洞内，为三字楷体直书，字径约0.25米，字旁有泉眼及水池。落款"庄文"的"蟠龙山"石刻1处，位于万寿岩宫的西侧30米小径旁岩石上，横书楷体，幅长1.35米、高0.23米，字径约0.23米。宫前另立有清宣统己酉年（1909年）《寿石岩》石碑，宽0.46米，高1.37米，厚0.22米；石碑旁还有1989年和1991年寿石岩重修碑两方。寿石岩摩崖石刻群与周边自然风光相融合，是开发风景旅游的重要历史人文资源。

◎ 寿石岩摩崖石刻群中的"蟠龙山"石刻

◎ 寿石岩摩崖石刻群中的清宣统己酉年《寿石岩》重修碑（左一）

许庄"奉宪"示禁摩崖石刻

位于厦门市集美区后溪镇许庄村大坊自然村西南部路口岩石上。石刻镌刻于岩石朝北斜面上，为清乾隆十九年（1754年）所刻。石刻幅高2.24米、宽1.45米，额首"奉宪"两个大字，其下直镌28行楷体小字，文后落款"乾隆十九年三月日着语 白昌书"，内容为福建巡抚部院和福建分巡兴泉永道等官府机构关于康、卢两姓山地纠纷以及分辖山林、明确地界的裁决文告，是研究清代地方诉讼制度的可贵实物资料。

◎ 许庄"奉宪"示禁摩崖石刻（2009年拍摄）

◎ 许庄"奉宪"示禁摩崖石刻局部

灌口柯氏贞寿坊

位于厦门市集美区灌口镇第一社区七甲二里91号西北50米。清乾隆四十七年（1782年）为诰赠奉直大夫陈国璧之妻柯氏贞寿102岁而建造。石构牌楼式牌坊，坐北朝南，整体以花岗岩石砌建，并镶嵌辉绿岩（青斗石）石雕板，四柱三间三楼歇山顶形式，面宽5.5米，通高6米，正中明间顶盖和两侧二、三楼屋脊均饰螭吻，现二楼螭吻缺失。坊柱前、后夹立辉绿岩小石狮8只。明间下部横额浮雕双龙抢珠纹，横额上额匾镌刻"诰赠奉直大夫乡饮宾陈国璧妻 诰封宜人柯氏百有二寿坊"，落款为"乾隆

◎ 灌口柯氏贞寿坊（从西南向东北拍摄，2009年）　　◎ 重修后的灌口柯氏贞寿坊（陈文杰拍摄，2022年）

岁次壬寅腊月吉旦建"，顶楼原有"圣旨"坊额及"贞寿之门"题匾已缺失。牌坊上原嵌有各式辉绿岩石雕板，包括人物故事、花卉鸟兽、云鹤奔马等，用材考究、装饰精美，现多处缺失。此牌坊所题人物与集美灌口草仔市陈氏祠堂内保存的清乾隆四十九年（1784年）为陈国拔题"圣旨"匾有一定关联性，可待进一步考证。

贞寿坊是封建社会统治者用以倡导礼治、宣扬道德的纪念性建筑，大多建造于路口、街边等交通要道位置。此牌坊原立于古代灌口至同安县城的古道旁，近年因工程建设而移此。

曾营陈氏贞节牌坊

位于厦门市集美区杏林街道曾莹社区登瀛一路48号前。坐北朝南，建于清乾隆时期，为四柱三间二层楼石构牌坊，因上部缺失，如同"冲天式"锦坊，面宽6米，残高约5米。明间额枋浮雕云龙纹，两侧次间小额枋浮雕麒麟、寿龟纹，坊柱镌刻3对楹联，其中明间正面镌刻"宠诰自天来百斯年威凤祥麟光增彤管，恩纶由日下卅余载茹茶饮蘗节勒青珉"，落款"知同安县事任震远拜手"，次间镌刻"贞心达九重孝行不湮列传，义训标三古褒封永峙周行"，落款"青水县知县姻眷姪黄梅顿首拜手"。坊柱前部花岗岩四根夹柱石上各有一青石坐狮，最西侧石狮缺失；明、次间额枋分饰鱼龙纹、花枝纹青石雀替。坊后原建有三落大厝，由前至后分别为"迎宾厅"、"神龛厅"和"告老厅"，

◎ 曾营陈氏贞节牌坊（从南向北拍摄，2009年）

中、后落大厝"神龛厅"（祭祀厅）和"告老厅"于20世纪90年代翻建成新楼房，今仅存"迎宾厅"部分古厝和正面大门。石坊建于"迎宾厅"双塌寿门前，成为进出大厝的门阙。此坊为清廷褒彰陈氏妇人谨守妇德之事迹而立，与古厝前、后连建，形制、布局特殊，其历史和文化内涵有待进一步考证。

据民国《同安县志》记载，任震远，宜兴进士，清乾隆四十年（1775年）十一月任同安知县，乾隆四十二年（1777年）七月任马巷通判，同年十月回任同安知县。

◎ 曾营陈氏贞节牌坊上鱼龙形雀替

◎ 曾营陈氏贞节牌坊石狮

集美文物

李林仑峰宫重修碑

位于厦门市集美区灌口镇李林村中仑社227号。仑峰宫又称"水尾庵"，始建年代不详，清代重建，20世纪90年代重修，供奉辅顺将军。建筑坐东朝西偏南，为单间单体建筑，面阔1间5米，进深1间7米，硬山顶，燕尾脊。宫庙南墙外侧立有2方长方形石碑，其一为清代同治壬戌年（1862年）《重建福建省泉州府同安县灌口中仑社仑峰宫碑志》，额首正中直镌"圣旨"两小字，两侧浮雕双龙抢珠纹，碑高1.35米、宽0.69米、厚0.1米，带座通高1.68米；另一为中华民国元年（1912年）《仑峰宫》碑，高1.18米，宽0.67米，厚0.11米，带座通高1.55米。仑峰宫位于古代同安县城经灌口深青驿通往漳州的古道附近，此碑刻对研究集美古代交通具有一定的史料价值。

◎ 李林仑峰宫（从西向东拍摄，2009年）

◎ 李林仑峰宫重修碑

坂头"第一山"摩崖石刻

位于厦门市集美区后溪镇新村坂头水库内库的石兜水库东南岸巨石上,即石兜水库大坝北面约800米岸边,每年汛期和蓄水期间淹没于库区水位线之下,仅枯水季节方可一见。石刻朝向北面,在浅刻的带座碑框内直镌行楷书体"第一山"三个大字,篇幅宽1米、高2米,字径0.6~1米,其书法结体端庄隽美,颇具气势。宋代大书法家米芾当年赴江苏上任,由运河水路行至安徽盱眙,远眺淮河南岸群山峰峦起伏、逶迤不绝而即景生情在狼山题下"第一山",后人多有仿刻,泉州清源山即有后世所仿"第一山"旧碑刻。坂头"第一山"摩崖石刻字体与传世米氏"第一山"书体略同。该处石刻位于苎溪上游东南岸山坡上(今石兜水库库区

◎ 坂头"第一山"摩崖石刻(从北向南拍摄,2009年)

内),周边视野开阔,日暮之时由此向西眺望,可见对面溪岸远处,层峦叠嶂,山林葱郁,层霭尽染,如墨如黛,犹如米芾当年游历江淮时题写"第一山"之意境,故有清代或民国时期文人、游客在此留下此纪念石刻。此石刻年代已久,具有一定的历史人文价值。

◎ 坂头"第一山"摩崖石刻所在岩石(从东向西拍摄,2009年)

九、古墓葬

　　慎终追远、祭祖寻根是闽南人注重的传统习俗，也是闽南根亲文化的重要内容。目前集美区已普查登记的古墓葬类不可移动文物，其年代由近现代可上溯至明清、宋元时期，虽数量不多，但无论墓葬主人身份，抑或墓葬形制，均具有特殊意义和代表性。集美陈氏始祖墓是集美已发现的年代最早的大型墓葬，也是集美最庞大姓氏宗族——陈氏族裔的共同祖茔。张守庸、康尔韫为同安历史名人，每年清明祭扫之日，同安西塘张氏后裔和豪山康氏后裔必从同安远赴集美后溪祭奠先祖。陈如松和孙秀妹是爱国侨领陈嘉庚的亲生父母，其墓址将永久为后人所祭祀和保护。

　　集美发现的明代墓葬较有特色，其墓碑和墓冢可分为三种形式：第一类是传统的方形或长方形花岗岩墓碑，如康尔韫墓、陈守吾墓；第二类是立面呈弧顶盔帽形的祥云拱日纹墓碑，如明代张守庸墓、张俊明墓和明末重修的陈基墓；第三类为整块青斗石打造的特异形墓冢，如张晖墓、周果斋墓。其中的祥云拱日纹墓碑为花岗岩质地或以三合土浇筑而成，盔帽形立面正中为浅刻的圆圈形太阳纹，下方及两侧浅浮雕翻卷的祥云纹，碑面无任何字迹。这类墓碑习见于厦门地区的明代墓葬，而经考古发掘清理的这类墓葬出土的文字资料也很少，其特殊墓碑形制和葬俗可能与宗教信仰有关，值得探讨。此外，灌口李林的3座黄青云墓涉及清末闽南小刀会起义首领黄位，郑德墓出土的《大参戎郑公墓志铭》涉及高浦郑氏宗族开基历史和南明重要历史人物郑彩，这些墓葬资料是研究相关历史的重要实物依据。

陈煜墓

位于厦门市集美区后溪镇新村村坂头上卢四坝山（俗称"蜈蚣山"）东南半山坡。墓址坐西北朝东南，保留半圆形土堆墓冢，直径约5米，高0.5~1米，冢前未见墓碑；墓冢前墓埕占地40多平方米，两侧共立有5对旗杆石。此墓为陈煜与丁氏夫妻合葬墓，墓前30米下方山

◎ 陈煜墓前旗杆石

坡有陈氏四世祖陈朝璧与林氏合葬墓，原位于集美林园前，后迁移附葬于此。今四坝山东南山麓桥旁路边立有1993年《四坝山记》碑，据碑文载，陈煜，谥素轩，为集美陈氏高祖，原籍河南光州固始县人，因宋末兵乱而迁徙入闽，择地同安苎溪上芦卜居。高祖陈煜与祖妣丁氏传子一人，名讳基，字朴庵，为集美陈氏开基始祖；碑文还记载陈氏四世祖陈朝璧夫妇墓迁移附葬于此情况，以及每年清明时节集美东边（今后溪前进社区）、湖俚（今灌口顶许社区）等地的陈氏宗亲来此祭扫祖墓、缅怀祖德之事宜。

◎ 陈煜墓（从东向西拍摄，2009年）

此墓规模较小，形制简朴，土堆形墓冢，地表保存数对明清时期旗杆石。大社陈氏是集美大姓，陈氏家族涌现出许多爱国爱乡的著名华侨，陈嘉庚先生是最重要的代表人物。

陈基墓

位于厦门市集美区集美街道浔江社区集美学村校门旁、嘉庚路口，俗称"港口墓"。明末重修，其时，集美陈氏第十世孙陈文瑞先后于乡试、会试中第。墓址坐东北朝西南依坡势而建，四周围护形成墓园，总面宽50米，通进深43米。墓园正中的墓址地表主体构筑物，由花岗岩石构造的龟背形墓冢、双层圆弧形墓岸和三级墓围、墓手及三级墓

◎ 陈基墓墓冢

◎ 陈基墓（从西南向东北拍摄，2009年）

埕组成，整体平面呈"风"字形。墓冢表面以龟甲形花岗岩石板组拼而成，宽2.6米，进深2.6米；冢前嵌立祥云拱日纹横向盔形墓碑，宽3.7米，高1.3米；墓碑前石供桌正立面浮雕须弥座和双狮瑞兽纹等石雕板。外层墓岸宽7.9米，进深5米，两侧墓围前端墓手有石雕鹦鹉、龙首、蹲狮装饰。三级石板墓埕宽11米，进深21米。墓园四周为草坪，后部砌建红砖矮墙，正中镶嵌"集美始祖"石匾，落款"裔孙陈嘉庚立石""1954年重修"。墓园前两侧各有3对旗杆石，南侧立有1954年重修祖墓通告碑，载此墓距今六百余年。20世纪50年代初，陈嘉庚回故里时，见墓体、墓池被泥土所淹没，地表上只见到旗杆石的上端，陈嘉庚遂捐资重修并扩建陵园。

◎ 陈基墓墓围上的鹦鹉石雕

◎ 陈基墓前旗杆石

　　陈基，号朴庵，陈氏高祖陈煜之子，即陈氏二世祖，因娶厦门岛禾山乡林家女为妻，为避免每年回娘家省亲跋山涉溪、搭舟渡海之旅途颠簸劳顿，于元代至正三年（1343年）移居集美大社（引自《集美学村大观》），遂为集美陈氏开基始祖。此墓为陈基与林氏合葬墓，历史悠久，规模庞大，保存完整，形制特殊，是研究陈氏开发集美的重要文物古迹。

张守庸墓

　　位于厦门市集美区后溪镇坂头水库外库西岸王厝山（王家山）山麓。明代修建，2008年以水泥维修墓冢、墓碑、内层墓岸、墓围及墓埕。墓址坐西朝东偏北，宽17米，进深约16.5米。墓表构筑物以三合土浇筑仿石结构，平面呈"风"字形，主要有龟背

◎ 张守庸墓（从东向西拍摄，2009年）

形墓冢和冢前半圆形墓碑、供桌以及圆弧形墓岸、双层墓围，前端墓手装饰龙首、蹲狮，墓围前端立面仿造石雕板模印海水瑞兽纹。墓前为三级墓埕，两侧分别有三合土浇筑的小神龛和残缺的"福"字石板。原墓址范围较大，墓冢前建有享堂石亭，墓前还有双级大墓埕，20世纪70年代附近修建水渠时墓亭被破坏，部分石构件仍散落于墓址旁。此墓为典型的三合土结构明代墓葬。

张守庸，字秉中，同安从顺里一二都人（今同安西塘），明永乐十三年（1415年）乙未科进士，曾任南京御史巡按、广东道监察御史，廉正不阿，所至皆有政绩，为同安西塘西角张氏五世祖，逝后骨骸由广东梅山运回安葬。同安区新民镇西塘村张氏祠堂旁保留有《皇明赐进士御史张公墓》碑，即张守庸墓道碑。

◎ 张守庸墓墓围及小神龛

张俊明墓

位于厦门市集美区后溪镇坂头水库外库西岸王厝山（王家山）山麓，即张守庸墓南侧约40米。明代修建，2008年以水泥修葺供桌下方墓室门和墓岸、墓围局部裂隙。墓址坐西朝东，与张守庸墓同向，宽8.5米，进深13.5米，墓表构筑物为三合土浇筑仿石结构，浇浆筑造工艺痕迹明显。墓址整体平面呈"凤"字形，正中为龟背形墓冢，冢前断面为三合土浇浆模印的祥云拱日纹盔帽形墓碑，碑前有供桌；墓冢后部及两侧为环绕的三层圆弧形墓岸，连接两侧双层三级墓围，墓围前端为龙首形墓手，墓岸弧壁上模印连续卷草纹。墓址前有三级墓埕和围栏、抱鼓石，北侧有三合土浇筑的小神龛。此墓地表构筑物规模较大，装饰较多，均以三合土浇筑和模印而成，体现了很高的三合土建造技术，是明代三合土墓葬的代表，具有典型的厦门明代墓葬特点。

张俊明，为明永乐十三年（1415年）进士张守庸之孙，为同安西塘张氏七世祖。此墓整体以三合土构筑，是研究明代初期墓葬形制和结构的可贵实例。

◎ 张俊明墓（从东向西拍摄，2009年）

◎ 张俊明墓墓岸上卷草纹

◎ 张俊明墓旁小神龛

集美文物

张晖墓

位于厦门市集美区后溪镇前进村东部集灌路旁。墓址坐东朝西，面宽15米，进深25米，占地面积约375平方米。墓表构筑物以花岗岩和三合土混合建造，整体平面呈"风"字形。正中墓冢由花岗岩整石雕成，呈三层方塔平顶形式，高0.86米，底层边长1.7米；冢后横置长方形碑屏，两端浮雕卷云纹，碑长4.6米、高1.5米，中间浅

◎ 张晖墓（从西向东拍摄，2009年）

◎ 张晖墓墓冢

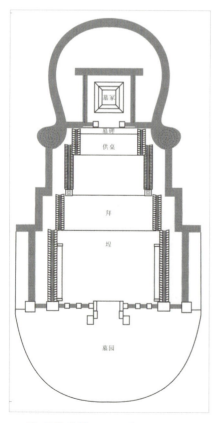

◎ 张晖墓建筑平面示意图

刻文字已漫灭不清。墓冢两侧以长方形石板与后部碑屏围合，并在冢前设立较低矮栏杆、小门，形成墓冢围护空间。围栏前为高大的三级供桌和供台，供桌正面底部为石雕须弥座。墓前有三级石板大墓埕，两侧是高大的三级大石板墓围，墓围底部浮雕须弥座花纹，上部仿庑殿式屋檐、屋脊，前端墓手雕饰翘脊、方台、卧狮等，墓埕两旁摆设长石案桌。墓埕前端设置青斗石围栏，石雕栏柱和栏板极为精致，正中小门两旁安置一对

抱鼓石。此墓构筑为双重结构的墓岸和墓围，内层为花岗岩石砌建，外围以三合土浇筑而成，即以三合土浇筑工艺仿造弧形墓岸、墓肩和石板墓围，并在墓围上端仿造庑殿式屋檐、屋脊造型。构造上高大坚固，浇浆工艺痕迹明显，极具特色。

张晖，字世表，号素斋，金门人，生活于明代中期，因其长辈选入宫内为官，深得皇帝恩宠。张氏于明成化十一年（1485年）荫授太常寺寺丞，明弘治元年（1488年）升任奉议大夫、光禄寺少卿，归休后居于同安县仁德里苎溪姜屿（今集美前进村），死后葬于此。此墓形制特殊，建造考究，保存较好，是一座具有较高文物价值的大型明墓。

周果斋墓

位于厦门市集美区杏滨街道前场社区前场村。又称"龟仔墓""龟墓"，修建于明嘉靖二十九年（1550年）。墓址坐东南朝西北，平面布局呈"风"字形，原面积较大，现面宽13米，进深14米，由墓冢、墓岸、墓围、墓碑碑屏、墓埕、墓山等组成，主要由花岗岩石和青斗石构筑。龟形墓冢由整块青石雕成，石龟形象生动，细节雕凿精湛，宽1.2米，长1.7米，高0.7米；龟冢环绕圆弧形石构墓岸，墓岸之后半圆形墓山中央横立长方形大碑屏，碑屏顶部覆以庑殿式屋顶，碑长4.9米、高0.9米；碑屏两侧浮雕鹤鹿同春纹和祥云拱日纹，正中牌位形线框内浅刻"大明嘉靖二十九年　果斋周公暨黄氏墓　岁次庚戌冬立"。龟冢前须

◎ 周果斋墓（从西北朝东南拍摄，2009年）

◎ 周果斋墓龟形墓冢

弥座石供桌长1.7米、宽1.2米、高0.68米，正面嵌立火麒麟纹青石石雕板。墓前为两级墓埕，两侧有双级双层墓围，为雕凿庑殿顶、须弥纹底座、龙首形墓手大石板形式。

此墓墓主生平不详，但墓葬形制特殊，是一座具有较高建造工艺水平的明代纪年墓葬。

陈守吾墓

位于厦门市集美区灌口镇东辉村西北龙潭水库东岸、水库大坝旁山坡。修建于明万历丙辰年（1616年）。墓址坐东朝西偏南，整体为三合土结构。该墓因建于水库库区岸边水位线附近，长年受库区水面冲刷较严重，墓埕和南侧墓围被冲垮，墓室近年被盗。现墓址地表仍保留墓冢、墓碑、供桌及北侧墓围、部分墓埕，整体平面呈"风"字形，占地面积约50米。墓冢地表为平面沙土层，中部有新近盗洞，暴露出下部三合土墓椁及红砖墓室。冢前立有横向长方形三合土碑屏，宽2米，高1.1米，碑屏中部嵌立长方形青石墓碑，镌刻"明万历丙辰年

◎ 陈守吾墓墓碑

◎ 陈守吾墓（从西向东拍摄，2009年）

浦江陈公守吾真隐"，落款"孟冬吉日立"，墓碑宽0.34米、高0.48米。旧时灌口有"浦江夕照"之景，墓主应为灌口人，具体待考。此墓体量较大，以三合土构筑，具有地方特色，对探讨明代墓葬制度和集美陈氏源流历史具有一定文物资料价值。

康尔韫墓

位于厦门市集美区后溪镇许庄村东南1公里狮头仑北面山腰。墓址坐南朝北偏西，四周草木生长，局部清理后可见墓址面宽约8米、进深约7米，占地面积70多平方米。正中为龟背形三合土墓冢，冢前立有长方形墓碑和石供桌，两侧三合土墓围，前有墓埕，平面呈"风"字形。墓碑直镌六行楷书铭文："明赐进士中宪大夫山东兖州府知府前户部云南浙江清吏司郎中我待康先生暨配累诰封恭人吕氏茔。"碑体厚重，宽1.02米，高1.4米，厚0.21米。碑前石供桌长2.25米，宽0.78米，高0.98米。墓前对峙山坡原修建神道，立有石马、石虎、望柱等，早年已破坏、佚失。

◎ 康尔韫墓墓碑

◎ 康尔韫墓（从北向南拍摄，2009年）

康尔韫（1591—1629年），字叔玉，号我待，同安豪山人，19岁登明万历三十七年（1609年）己酉科举人，29岁登万历四十七年（1619年）己未科进士，历任户部主事、郎中，兖州知府等职。

坂头石兜明墓

位于厦门市集美区后溪镇坂头村坂头水库内的石兜水库坝址东面300米岸边。墓址处于库区岸边水位线附近，长年为沙土所覆盖，近期因库区水位下降，于覆土下暴露遗迹。墓址坐东朝西，面阔约17米，进深约40米，平面呈"风"字形。墓址正中有大型长方形横向石碑屏，两端浮雕长脚如意云头纹，石屏横长3.5米、高1.2米。碑前有大石板供桌，供桌下为墓室；墓前两侧为三合土和花岗岩石构筑的双层墓围，墓围顶端和墓围前端墓手分别雕琢和模印庑殿式屋脊、龙首等。墓埕前方两侧各有一对旗杆石，墓址周围散落倒塌的大型石亭屋顶等构件。

石兜水库为坂头水库的内库，原址为石兜自然村，1958年修建坂头水库时，石兜村整体搬迁。据记载，早在唐末五代时，石姓先祖从安徽寿州随军入闽，并从同安迁到集美苎溪石兜，再迁高浦，石兜因此而名，石姓也是最早开发厦门的四大望族之一。此墓为大型明代墓葬，石构件较为精美，地处原石兜村，具有一定的文物历史研究价值。

◎ 坂头石兜明墓（从西向东拍摄，2009年）

◎ 坂头石兜明墓龙首墓围构件   ◎ 坂头石兜明墓石亭顶构件

郑德墓

　　位于厦门市集美区杏林街道高浦北路村口北侧高台黄连木古树下。此墓原址在高浦陈埭山头（今宁宝社区文康花园小区），1993年因计划建设菜市场，墓址迁此。现墓址修建于高浦北路与高浦路交会的村口高台上，高台四周栏杆围护，宽约16米，进深约19米。墓址位于高台北侧，坐东北朝西南，阔5米，进深6米，水泥抹面龟背形墓冢，冢前立有长方形墓碑，两侧夹碑石，前有石供桌，均为墓葬原构件，墓冢前、后分别

◎ 郑德墓（从南向北拍摄，2009年）

有水泥抹面的弧形墓岸、墓埕。墓碑正中镌刻三行："明封骠骑将军云台郑公暨夫人王氏墓"，前、后落款小字："甲午冬吉旦"和"男 梦熊 梦龙 仝立"。原墓址修建于清顺治甲午年（1654年），1993年迁墓清理时，发现墓室外层为三合土墓廓，内层为双室砖砌墓，墓室内出土《大参戎郑公墓志铭》和酱釉小罐、铜镜等。墓志铭为方形红砖2方，长、宽各0.33米，楷体墨书，共直书25行计

◎ 郑德墓出土《大参戎郑公墓志铭》

576字，由"赐进士出身巡按福建御史眷生路振飞顿首拜撰"。

　　郑德（1614—1653年），字伯仁，号云台，杏林高浦人，生于万历甲寅年十月廿八卯时，卒于万历癸巳年正月初八卯时，葬于陈埭头山。郑氏先祖于明永乐年间由福建长乐征调来到高浦并居于此，后郑氏成为当地望族。郑德是南明时期"建国公"郑彩"功弟"，曾扶助郑彩、郑联据守厦门岛，授封参将。此墓是研究有关南明历史的重要文物。

卢经墓

　　位于厦门市集美区侨英街道东安社区曾厝里33号后小山坡。清乾隆甲辰年（1784年）修建，近年重修。墓址坐东朝西，面阔7米，进深11米，占地面积约80平方米。半圆形土堆墓冢，墓冢前立长方形弧顶墓碑，两侧弧形水泥质碑耳夹立，墓碑镌刻"明漳泰显考巡按卢公　显妣恭人陈氏墓"，题款："乾隆甲辰年立"。墓前有墓埕，两侧三级水泥墓围。

　　卢经（1571—1649年），字一得（民国《同安县志》为"得一"），出生于长泰青阳，6岁时随父迁居同安从顺乡杜桥。明万历四十年（1612年）壬子科举人，明天启五年（1625年）乙丑科进士。曾任四川道监察御史、都察院御史、河南巡按等职，为官

◎ 卢经墓（从西向东拍摄，2009年）

◎ 卢经墓墓碑

清廉，刚正不阿，因忠言直谏，蒙冤入狱，67岁告老还乡居杜桥，清顺治六年（1649年）逝世，享年79岁，葬于同安仁德里十四都坂桥曾厝山。清雍正元年（1723年），朝廷嘉奖"忠贞祀公忠孝祠"，雍正五年（1727年）和六年（1728年）御赐"忠谏"，匾额分别悬于长泰青阳大宗祠和同安杜桥祠内。其后裔分居台湾台北、桃园、彰化、苗栗等地，近年来，台湾卢氏宗亲常返乡寻根祭祖，此墓是厦门重要的涉台文物古迹。

杨惕轩墓道碑

位于厦门市集美区后溪镇溪西村下庄南路配电房旁，立于清乾隆年间。石碑为花岗岩石倭角长方形，坐南朝北，高2.36米，宽0.78米，底承赑屃碑座，通高2.8米。碑额浮雕双龙戏珠纹，石碑正中直镌大字："清赐封昭武大夫惕轩杨公墓道"，前、后两侧直书小字："公讳明东太学生以胞侄桂由进士任广东广州协都司于乾隆 乾隆五十年请旨""男 邑庠生樘 丁酉科举人梓 太学生万里 太学生道枢"。杨惕轩墓位于河南山北麓的倒扒狮，此碑为杨惕轩墓墓道碑，原立于现碑址南侧约100米山脚下，20世纪70年代平整土地时迁移至此，80年代末墓道碑曾被盗运到灌口大岭，后

◎ 杨惕轩墓道碑（从北向南拍摄，2009年）

◎ 杨惕轩墓

经交涉和追讨，才由生产队组织人员用手扶拖拉机运回，并用水泥砂浆固定。旧时墓址附近溪岸建有码头，来自厦门港的帆船可在此卸载农肥；顺溪岸和河南山脚有弧形走向的古道，墓道碑立山脚古道旁，据传古代百官经此必行"文官下轿，武官下马"之礼。此碑形制巨大，文字清晰，具有较高的史料价值和文物价值。2017年，杨惕轩墓因灌中路建设而迁至河南山土龟埕，墓碑镌刻"皇清昭武大夫惕轩杨公墓"和落款"襄事子 梓 樘 万里 道枢 勒石"等。

杨惕轩即杨明东，后溪下庄人，为下庄杨氏三房先祖，即碧溪杨氏十三世，因胞侄杨桂登清乾隆辛卯科（1771年）进士，授官广东广州协都司，而于清乾隆五十年（1785年）赃封昭武大夫。嘉庆《同安县志》载："杨桂，后溪下庄人，任广东万州营游击。"民国《同安县志》载："杨明东，桂叔，监生，震封昭武大夫。"碧溪下庄自古就是尚武之乡，从清乾隆二十五年（1760年）到五十九年（1794年）的34年间，就有杨森、杨桂、杨梓等7人考取武进士和武举人，现村内还保留着两座闽南大厝形式的杨惕轩"大夫第"。

田头黄青云夫妇墓

位于厦门市集美区灌口镇田头村仙景自然村西500米崎林山山脚，修建于清咸丰戊午年（1858年）。墓址坐西朝东偏南，宽8米，进深6米，三合土"风"字形墓围，龟背形土堆墓冢，冢前立长方形墓碑，块石夹砌，墓碑宽0.5米，高0.9米，镌刻："紫云显考青云黄公　显妣得意曾氏墓"，前、后落款"咸丰戊午端月""男　仁　义　礼　智　信"。此墓为黄青云夫妻合葬墓。据灌口李林村黄氏宗亲黄允尾考证，黄青云为黄位化名。清咸丰八年（1858年）小刀会起义失败后，黄位家人为保全黄位性命，谎称其已死，并建墓立碑，将时间定为咸丰戊午年。据《灌口掌故大观》记载，黄位（又名黄威）为灌口人，清咸丰四年（1854年）与黄德美发动闽南小刀会起义，起义军最多发展到3万人，先后占领闽南的海澄、漳州、长泰、同安、安溪等11座县城、府城，并攻占厦门岛颁布"天德"年号，清军右营游击郑振缨被起义军击毙于白鹿洞寺前石桥，但不久起义军即被清军调集重兵所镇压，退出厦门岛。此后数年间，黄位率部分义军船队活动于台湾海峡、广东沿海，与清军周旋，至清咸丰八年解散会众，转避印度尼西亚。黄允尾认为实际上黄位是清光绪三年（1877年）卒于印尼，其遗骨于清光绪二十一年（1895年）由宗侄黄志信出资运回厦门安葬于灌口仙景村村后的大岭，但此墓于"文革"时毁坏。其时，黄志信还捐资修建仙景村开兴宫，今宫圮碑存。

据了解，在灌口共有3处黄青云墓，除田头黄青云夫妇墓和已毁坏的大岭墓，还有李林

◎ 田头黄青云夫妇墓（从东向西拍摄，2009年）

◎ 田头黄青云夫妇墓墓碑

村内的黄青云墓。目前，有关黄青云3座墓葬和黄青云生平归宿及其与小刀会的关系等问题，尚无明确定论，仍需进一步调查和考证。

李林黄青云墓

位于厦门市集美区灌口镇李林村西南500米小山坡，即李林变电站北侧150米池塘边，修建于清同治甲戌年（1874年）。墓址坐西朝东，小土堆墓冢，冢前立长方形墓碑，两侧以白灰抹面的三合土墓耳夹砌，墓碑宽0.45米、高0.7米，正中直镌行楷体碑文："紫云显考青云黄公莹"，前、后落款分别为"同治甲戌端月旦"和"孝男　黄宇　仁　义　礼　智　信　立石"。此墓建于李林黄氏祖祠前，其修建年代与祖祠建成年代相同，具有庇佑黄姓后世发达昌盛的特殊含义。

◎ 李林黄青云墓墓碑

◎ 李林黄青云墓（从东向西拍摄，2009年）

孙秀妹墓

位于厦门市集美区集美街道岑东社区集岑路与岑东路交会路口旁。墓园以铁栏杆围护，宽31米，进深38米。墓址修建于清光绪二十五年（1899年），坐落在墓园正中，坐西南朝东北，由墓冢、墓碑亭及墓岸、墓围、墓埕组成，平面呈"风"字形，以花岗岩和辉绿岩建造。墓冢由13块龟甲形花岗岩石拼合成龟背形，宽1.6米，进深1.7米，高0.6米，四周环绕圆弧形石构墓岸；冢前建有仿木结构重檐歇山顶碑亭，横额镌刻"扬兰芬振玉颖"，亭内立有长方形墓碑，镌刻"清诰封宜人显妣陈门孙氏墓"，前、后落款"时光绪二十有五

◎ 孙秀妹墓墓碑亭石雕

◎ 孙秀妹墓（从东北向西南拍摄，2009年）

年仲春谷旦""男 孟庚 甲庚 长庚 长龄 长修 长成 敬贤 天乞 天福 天禄 等 立石"。墓址地表构筑讲究，采用花岗岩石与辉绿岩石雕镶嵌、互衬的建造工艺，墓前有三级石板墓埕和三级石构墓围，三级墓手青石柱上分别雕琢着文官武将、金童玉女及狮象瑞兽，碑亭正面重檐之间围脊浮雕二十四孝内容，供桌立面浮雕寓意福禄寿的三星人物和图案。此墓保存完整，石雕精湛，具有较高的艺术价值和文物价值。

孙秀妹（以闽南口语谐音译写，或为孙秀美），集美孙厝人，为爱国侨领陈嘉庚母亲。孙秀妹自幼秉承良好家教，端庄贤淑，为人善良，勤俭治家，养育陈嘉庚和陈敬贤兄弟二人，1899年因染疫病故。

◎ 孙秀妹墓墓冢

◎ 孙秀妹墓石雕供桌

杜四端墓

位于厦门市集美区杏林镇杏滨街道杏林西路59号、杏林消防队后，又称"九思园"。墓园四周围墙，面宽56米，进深40米。墓址坐落于墓园中部，修建于1931年，后期曾修复。墓址坐南朝北，地面构筑物主要有墓冢、墓碑、供桌及墓岸、墓围、墓埕等，整体平面呈"风"字形布局，以花岗岩石和辉绿岩构筑，宽16米，进深11米。

◎ 杜四端墓正面

墓冢为洋灰面龟背形，与圆弧形墓岸之间有墓沟环绕；冢前横立盔帽形青石墓碑，由正中长方形墓碑及两侧墓耳石组成，横长1.13米，高0.83米，正中镌刻碑文："清中宪大夫显考德乾杜公　诰封恭人显妣全璧曾氏寿域"，前、后分别落款"中华民国二十年辛未孟冬"和"男……孙……等全立石"；碑前石供桌长2.7米、宽0.78米、高0.65米，

◎ 杜四端墓（从北向南拍摄，2009年）

◎ 杜四端墓墓冢

部分残损曾修复，供桌正立面青石碑镌刻"杜母曾太恭人墓志铭：太恭人曾氏，同安清銮社、四等嘉禾章、清诰授中宪大夫四端宗叔德配也，讳霞，谥全璧，邑曾营世远公长女……辛未夏卒鼓浪屿。生同治癸亥……寿七十有二……"数百字，石碑后半部残缺。墓前为三级石板墓埕和三级墓围。墓址西侧立有"福神"石碑。此墓建成后，杜四端夫人曾氏葬于此，但因历史原因，杜四端逝于香港未归葬，其衣冠物品葬于此。此墓墓主为厦门历史名人，墓址保存较完整，构件精雕细琢，具有较高的艺术性和文物价值。

杜四端，字德乾，号四端，小名九思，厦门杏林马銮人，早年在香港创办"杜端记行"商号经营进出口贸易，以精通经济讯息和重视经商信誉而闻名。1893年在家乡创办銮裕纱厂，是厦门第一家近代民族工业企业，产品畅销东南亚，并推动马銮村成为纺织村。他一生热心公益事业，捐资修建马銮古城更楼、马銮湾堤坝，助学救灾，倡办香港福建学校，抗战中发动捐资救国，兼任多项社会公益组织头衔。1917年任香港福建商会首任会长并延续23年直至逝世，曾先后获清廷诰授"中宪大夫"官衔和中华民国总统颁发的四等嘉禾勋章。

陈如松墓

位于厦门市集美区集美街道银亭社区敬贤公园北面敬贤塔偏西。始建年代约为清宣统元年（1909年），中华民国二十一年（1932年）重修，后期再修缮。墓园占地面积800多平方米，墓址居于中部，坐北朝南，由墓冢、墓岸、墓围、墓埕等组成，平面呈"风"字形。半圆形墓冢植草绿化，冢前立长方形墓碑，两侧墓耳石夹立，墓碑镌刻"集美陈公如松佳城"，前、后落款"中华民国念壹年重修""孝男嘉庚等立石"及两排小字等。墓前有石供桌、墓埕及半月池，圆弧形墓岸和两侧墓围、墓前第一级墓埕为洋灰海蛎壳面层。墓址东侧隔敬贤塔有其昌墓塔，塔前立有2002年《其昌塔志》，

◎ 陈如松墓（从南向北拍摄，2009年）

记载自集美学村于20世纪50年代大建设以来，因建设需要，集美陈氏五世祖陈可赞和陈宜珍等四位六世祖的墓葬先后迁葬于后尾角祖墓陵园，后又因开拓银亭路，后尾角祖墓陵园遇征迁，故建此塔将五位先祖合葬于此。陈嘉庚为陈氏后尾角第十四代裔孙。

陈如松即陈缨杞（杞柏），号如松，为爱国侨领陈嘉庚及其胞弟陈敬贤之父。19世纪70年代，陈如松与长兄陈缨节、二兄陈缨酌先后下南洋打拼，于新加坡创立顺安米店，开辟黄梨果园和兴建黄梨厂，生产罐头销往欧美各国，同时兼营地产等。至1900年，已有自办或与亲友合办的店号10余家，资产达40余万元。陈如松热心公益和社会事务，多次捐助侨居地医院、书院及寺庙修建，1905年返乡定居，1909年逝于家中。

十、古城址和古寨址

　　集美辖区内山海交接，地形多样，西北部为山地丘陵，山区偏僻高远，东南部为滨海区域，港澳曲折复杂，因此自古多地建有军事防御和藏身躲避的城寨。现境内仍遗留下多种不同形式和功能的城寨、铳楼等古代防御设施遗址，除少数分布于山区外，主要保留在沿海地带。根据其功能主要分为五种类型：第一类是政府设立的军事机构的城池，这类城池规模较大，设施配备较规范，城门、城墙高大，早期主要因军事防御而建，后期随着军事功能削减及城内和周边居民增加、经济发展，往往发展为城镇或乡镇，如高浦城址、马銮城址；第二类是居住较集中的村社或聚族而居的村民，为防盗防抢而集体自行修建的防卫性城寨，城寨内往往有较密集的房舍，开设有集中出入的寨门，如嘉福寨遗址、井城遗址、苏营寨址；第三类是南明时期清军与郑成功军队对抗时建造的军事设施，如集美寨是郑氏军队为抗击清军于集美浔江海岸边建造的防御兵寨，而城内城则是清廷为围困郑氏军队而实施沿海"迁界"封锁所修建的坚固的界城；第四类是清末民初兵荒马乱时期，由于贼匪横行、经常骚扰百姓，各村社村民自发于村口、田园边或大宅院旁修建的二、三层方柱形砖石结构的铳楼，或称"更楼"，作为该片区的制高点，可夜间守更、瞭望报警、守护家园，如徐厝后铳楼、刺林内铳楼等；第五类是在山区或山顶上以石块垒筑的山寨，如修建于偏远深山中、作为山匪藏身据点的笔架山寨，和建于村庄旁、便于村民在不测应急之时就近上山躲避的河南山寨，以及修建于偏远古道旁、为过往商旅和行人提供保护的大岭头山寨。此外，还有村民为防备海贼而修建的渔村小水寨，但后来又成为盗贼活动的"贼仔寨"，如寨内古寨址、顶许破寨址。

　　集美现存古城寨遗址始建年代最早可溯及宋代，最迟为民国时期，它们在一定程度上反映了集美各历史时期的社会、经济、军事等状况，是可贵的历史文物古迹。

笔架山寨址

位于厦门市集美区灌口镇东辉村西北5公里钉顶尾山东北的笔架山山顶，海拔高度906米。笔架山因山形起伏宛如笔架而得名。

笔架山寨址是厦门已发现的唯数很少的海拔超过900米的山寨之一，与集美最高山峰、海拔964米的钉顶尾山主峰近在

◎ 笔架山寨址东门

咫尺，遥遥相对。寨址始建于宋代，由于建于偏远的高山山顶，交通极为不便，人迹罕至，因此寨址除局部因年久自然损毁外，未受到较大人为破坏，基本保持原貌，仍保存较完整的寨墙，仅寨墙顶女儿墙局部小坍塌，东、西两个寨门也基本保留原有风貌，是厦门市迄今已发现保存最完整的山寨之一。寨址依山顶地形环绕而筑，平面略呈椭圆形，东西长约60米，南北宽约50米，寨址外南、北两坡较为陡峭，其下为悬崖峭壁，南面寨墙下即著名的东辉大峡谷，东、西两坡较缓，开有寨门，方便进出。寨墙以块石垒筑，局部借助天然大岩石为屏障，墙厚2～3.5米，高3～5米，以东侧寨门旁的寨墙最高，

◎ 山寨所在的笔架山山顶远景（从东南向西北拍摄，2009年）

◎ 笔架山寨址西门

◎ 笔架山寨址西寨门内侧

高达5米。墙顶马道可行走，外侧建有低矮女儿墙，道宽0.8～1米，女儿墙高0.5～0.8米，局部低凹处高达2米，厚约0.3米。寨门仍保存较好，其中东门宽1.5米、高2米、进深2米，门旁有石级可登墙顶。寨内地面可见零散分布的房屋残垣断壁遗迹，还有一座供奉土地公或山神的小石龛，寨墙中发现夹砌的宋代陶罐碎片。

此寨址始建缘由尚待考证。相传明末清初郑成功驻兵同安时，曾在此安营扎寨，屯兵训练；民国初年讨袁护国之时，灌口革命军也曾在此驻扎和练兵。

◎ 笔架山寨址内残墙遗迹

◎ 笔架山寨址西侧寨墙顶部

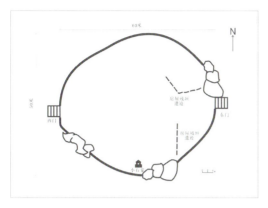

◎ 笔架山寨址平面示意图

◎ 笔架山寨址内石砌神龛

大岭头山寨

　　位于厦门市集美区灌口镇田头村大岭自然村西北的大岭头山顶，即旧时集美灌口通往漳州长泰山重的大岭古道旁、大岭头安泰宫西侧100米小山顶。海拔高度643米，始建不晚于清代，沿用至民国时期。寨墙仍基本保留原有轮廓和走势，寨址平面呈不规则椭圆形，南、北最长约80米，东、西宽25～45米。寨墙以不规则块石垒砌，保留下来的墙体受到较大破坏，大多墙体变矮，厚1～2米，残高1～2.5米。东北部原

◎ 大岭头山寨东北寨门残留遗迹（从东北向西南拍摄，2009年）

◎ 大岭头山寨西南部寨墙遗迹

◎ 近年铺设的天竺山森林公园步道穿过寨址

开设有寨门，2007年开始建设的天竺山森林公园和登山步道时，将寨门改为豁口式石铺步道，步道宽约1.2米，残高0.7米，呈东北—西南向贯穿寨址。现寨址地面种植着低矮的小灌木，加以绿植美化，步道东北面可通往集美第二高山峰——海拔915米的仙灵旗山主峰。

大岭头山寨东侧不远即旧时大岭古道到达山顶后翻山的转折点——大岭头。大岭古道是宋元至民国时期长泰南部山重等山区通往厦门沿海和灌口商业集镇的重要商旅古道，来自沿海的海产品、海盐等商品和长泰内陆山区生产的茶叶和竹木产品、炭、纸等山货就运载在此条山道上。大岭头是大岭山的山顶山口和古道必经之处，古道沿着大岭山南坡蜿蜒而上，翻越大岭头山口后随即向北顺山坡而下通往长泰山重，因此大岭头自古就是同安与长泰的交界点。此山寨建于大岭头山口附近的山坡制高点，应当是为古道上过往行客、挑夫在长途跋涉、翻山越岭时夜宿歇息、保护货物及防备贼匪打劫而修建的。大岭头古道旁如今还保留着供奉土地公的旧时小庙"安泰宫"，名称取自"同安"和"长泰"，也寓意平安吉祥，它是来往过客商旅祈求神灵保佑平安、驱邪避害的精神寄托场所。大岭头山寨和安泰宫建于险要之处并作为大岭古道的配套设施，数百年来为过往的商旅路人提供了坚固的防卫设施和必要的精神支撑。

高浦城遗址

位于厦门市集美区杏林街道高浦社区内。城址中心十字街口海拔高度14米。

高浦地处厦门港西海域北部半岛的南端，三面临海，海上交通便捷，气候宜人，唐代开发厦门的"南陈北薛"和"东黄西石"四大望族之一的石姓即居于此地，高浦也因其特殊地理位置，自古成为海防军事重镇。明代初期为防备倭寇骚扰，明政府大量兴建沿海海防设施，明洪武二十年（1387年），江夏侯周德兴巡视福建沿海，筑城16座，增设巡检司45处，其中就包括高浦巡检司。当时高浦巡检司城并不大，周长不过130丈（按明代营造尺单位1丈为3.2米换算约416米），高1.8丈（按明代营造尺换算约5.76米），墙基宽1.1丈（按明代营造尺换算约3.52米），设南、北两个城门，驻扎官兵100余人。但至洪武二十三年（1390年），为加强守卫，明政府将永宁卫辖下的中右所1258名官兵移驻高浦，设立高浦守御千户所，而将高浦巡检司迁到嘉禾里（厦门岛内），并于翌年（1391年）

◎ 高浦城遗址西段残墙之一（2009年拍摄）

◎ 高浦城遗址西段残墙之二

◎ 高浦城遗址残墙旁古井

◎ 高浦城遗址中部十字街口

扩建高浦所城。清乾隆《福建通志》记载:"高浦城在(同安)十四都安仁里,明洪武二十四年江夏侯周德兴檄筑,为千户所城。"扩建后的高浦城周长达到452丈(按明代量地尺单位1丈为3.27米换算约1478米),高1.7丈(按明代营造尺换算约5.4米),永乐时增高3尺达2丈(按明代营造尺换算约6.4米),墙基宽1丈(按明代营造尺换算约

3.2米),窝铺16个,开设东、西、南、北4个城门,每个城门建有月城,城门上有门楼。

据清康熙五十二年(1713年)《大同志》记载,"高浦所,在县西南安仁里十四都,与厦门、金门同列三所。明洪武二十三年,徙永宁卫中右千户所官军守御于此。江夏侯筑城,周四百五十二丈,高连女墙一丈七尺,窝铺十五,门四,俱砌月城,上各建楼。永乐十五年,谷祥增高三尺。正统八年,刘亮督同,千户赵瑶增筑四门敌台。旗军原一千二百五十八名,万历四十年志载'见在食粮六百二十六名'"。高浦城建造时间

◎ 高浦城遗址内南门附近的朱氏古厝与郑氏宗祠

早于厦门岛内的中左守御千户所，初建时城址规模和驻扎兵力也超过中左所及所城。如上所述，1391年修建的高浦城周长为452丈（按明代量地尺换算约1478米），大于1394年修建的中左所城周长425.9丈（按明代量地尺换算约1393米）。又据2009年第三次全国文物普查时实地测量，高浦城址平面形状上大、下小，形如倒立的竹笋，南北长约560米，东西宽约360米，周长约1510米，超过厦门中左城周长1400米（据2005年文物调查实测）。高浦所城驻军规模也超过同时期的中左所城。高浦城驻扎旗军1258人，超过了通常千户所配备1120人的兵员标准，也多于厦门所城最初1204人驻兵；至明万历时，高浦城仍有驻兵626名，营房1025间，而同时期中左所城有

◎ 高浦城遗址内商业老街店面

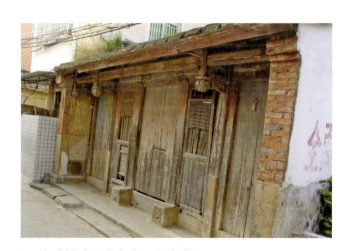

◎ 高浦城遗址十字街口旁古庙

驻兵684人和营房987间。高浦城西侧不远海岸还建有高浦城的卫城——马銮城，二者成犄角呼应之势。高浦所下辖高浦、塔头、濠门巡检司。明正统十四年（1449年），倭寇围攻高浦所城被击退；嘉靖年间，抗倭将领戚断光和高浦所官兵数次击退倭寇于城下，保卫了同安内陆地区。随着倭患平息，明万历九年（1581年），高浦千户所裁撤，城址废弃。清顺治十二年（1655年），南明郑成功部将、工事官冯澄世下令拆运高浦所城墙，运石修筑丙洲新城及高崎寨、五通寨、湖莲寨等，其后，清康熙初年，清军攻陷厦门、高浦，以及进行大规模海禁和"迁界"，高浦城受到进一步损毁，从此逐渐消失在历史长河中。20世纪50年代，旧城墙石料还被拆除用于修建马銮海堤和高浦海堤，村中建房时也就近拆墙取石，城墙不断被拆后，墙基位置便形成了村道，近年来已建

◎ 古地图上的高浦城（明万历年《泉州府图说》）

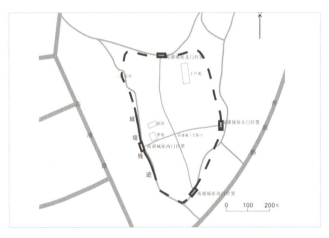

◎ 高浦城遗址平面示意图

成水泥村路。现城门和城墙多已不存，只留下改建的西门和门旁的土地庙，以及西门附近保留下的三段残墙，分别长26米、13米及13米，残高0.8～2.3米，厚2～3米，以花岗岩条石丁顺逐层砌建，墙内局部夹砌红砖。

历经数百年沧桑，高浦城原有风貌已发生很大变化，但在今高浦社区西南部和杏滨路东南段北侧仍依稀可辨古城池基本格局：环村路即为原来的城墙轮廓走向，城内保持着原有"十字街"布局，从南门至北门的"南北街"与从东门至西门的"东西街"交会于城址中部的十字街口，这里也是城址的制高点，数年前此处还保留着升旗的旗杆石。由于高浦城原来只有北面连接陆地，因此北门和北街是最主要的陆上通道。北门外的曾厝街和西安街可连接通往同安县城和漳州府城的古道，北门附近还有水仙渡、妈祖路头等多个码头，交通便捷。民国至解放初期，城内民房鳞次栉比，居民达上万人，城北一带成为周围方圆数十里的集贸中心，北街沿线开设有各种客货栈、店铺、饮食、手工作坊等上百间，北门石埕街专门经营布匹买卖并设有染布坊，每逢赶集时，北门和北街人流摩肩接踵，车水马龙，商品货物琳琅满目，沿街被开店摆摊的五颜六色货架篷布所遮盖，时人称之"不见天""不夜城"。至今北街仍保留下多间古店铺、古庙和数段光滑的旧石板路。

高浦城内人口居住密集，市井繁华，历年建设不断，曾经的高浦千户署衙、鳌江书院、凤山书院、戚公院、朱文公祠、国公府、高浦仓等建筑也已不复存在，但仍保留下众多历史悠久的家族祠堂、宫庙道观和古厝民居等，如高浦高氏宗祠、鹤浦郑氏家庙、鳌江宫、西安宫、"伯府"、"李衙"和天主堂、基督教堂等。20世纪90年代，厦门大学人类博物馆在此海滩征集到明嘉靖四十四年（1565年）《都阃傅君保全高浦海城碑记》，它们与高浦城众多的历史遗迹、古地名共同见证着高浦城往日的辉煌。

马銮城遗址

位于厦门市集美区杏滨街道马銮社区内，南门遗址海拔高度约8米。城址建于明代洪武年间，原地点与高浦城同处于厦门西港北部半岛的南端凸出海岸，东距高浦城仅1公里，作为高浦城之卫城，隔港澳与高浦城呈犄角守卫之势。城址轮廓略呈圆形，经实地测量，直径约577米，周长约1500米。城址西南面临海，借助海岸未砌城墙，但在两端分别修建后斗窟更楼（今南门土地公庙旁）和渡船头更楼（今西门土地公庙旁），并设有报警烟墩。原城址以夯土城墙为主，高2.5～3米，东、西、南、北四面各有城门，北门西侧还有小隘门，每个城门均建有更楼，配备巡更队巡查。原有城墙、城门今已不存，仅于原东门土地公庙北侧20米处（后埔路69-1号旁）残存一段夯土城墙遗址，长约2米，最高约1.7米，厚0.4米，夯土墙为砖、土混筑结构，由下而上以单层红砖分隔出五层，逐层夯筑，夯土中夹杂大量碎砖瓦、瓷片等。各城门遗址附近还保留着供奉土地公小庙，由此可知当年的城门位置。北门是进出的主要城门，原有极厚实的大门扇，由此可通往杏林、内茂繁华之地。北门附近城隍庙为清嘉庆戊寅年（1818年）重修，

◎ 马銮城遗址东门旁残墙（从东向西拍摄，2009年）

◎ 马銮城内古民居

◎ 马銮城遗址内城隍庙

◎ 马銮城遗址北门附近观音寺

◎ 马銮城遗址东门土地公庙

庙前方亭仍保留"嘉庆戊寅年葭月谷旦""嘉庆著雍摄提格嘉平之月"款识的楹联石柱；20世纪20年代曾为19路军破坏，"文革"时也受冲击，70年代末和2003年重修，近年，阎罗天子、注生娘娘神灵移入合祀。

600多年来，马銮城发挥着重要军事防卫作用，也是当地百姓安居乐业的安全保障，直到解放前后仍较完整保留着整体城墙样貌。为了安全和防盗，在夜间将4个城门关闭，外人不得进入，并有专人巡更守夜，城内居民可夜不闭户，社会秩序井然。但随着新中国成立后社会经济发展，城内居民不断增加以及楼房增建、道路拓宽等，居住区也逐渐扩展到城外，城墙便渐渐失去了原有防卫作用。20世纪60年代，城门被拆除，城墙被拆毁，夯土墙被用于填海、造田、积肥，昔日城内熙熙攘攘、祥和安定的局面也就一去不复返了。

如今，马銮城遗址内仍保留下林林总总的宫庙和祠堂，有供奉关帝和通天大帝的忠惠庙，有供奉妈祖的天后宫，有供奉保生大帝和大使公的昭应宫，还有门前竖立多达17对旗杆石的旗杆阵的杜氏家庙，都已成为古城遗址中的历史风貌和人文景观，共同见证着古城数百年来的风风雨雨。

◎ 马銮城遗址南门土地公庙

◎ 马銮城遗址西门土地公庙

嘉福寨遗址

位于厦门市集美区灌口镇双岭村寨内自然村内。寨址中心十字街口海拔高度48米。寨址建于清雍正五年（1727年），平面布局呈不规则长方形，东、西长约120米，南、北宽约85米，开有南门、西门。原寨墙高约3米，由条石和石块夹筑夯土建造，墙体较宽，墙顶有跑马道。现寨墙和寨门基本无存，寨内道路仍保留原有格局，以纵横交叉的十字街划分为四个区块，中心为十字街口。十字街的北端正对路口建有单间城隍庙，近年重修，庙旁可见散落的具有宋明风格的覆盆式石柱础；街口旁新近翻建的民房沿用着旧民居的垒石墙裙。西侧寨墙外不远处原有大池塘，是挖土建寨形成的土坑，也是古寨的消防水源。旧时南门为古寨出入的主要通道，现寨门已毁，只保留下"嘉福寨"门匾，石匾宽1.1米、高0.38米，横镌楷体"嘉福寨"三个大字，前、后落款为

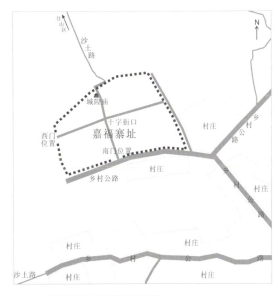

◎ 嘉福寨遗址平面示意图

◎ 嘉福寨遗址内的城隍庙

◎ 嘉福寨遗址南门石匾

◎ 嘉福寨遗址内的十字街
（从西南向东北拍摄，
2009年）

◎ 嘉福寨遗址内的城隍
庙大门

"雍正五年桐月谷旦""周宗乾敬立"。20世纪50年代，寨墙大多被拆除用于兴修水利和建造房舍，南门门匾被拆下后，存放于村民家中，现由当地村民周建才保管。

据记载，明代嘉靖年间，倭寇多次侵扰福建沿海，并从厦门沿海地区逐渐骚扰到内陆山区，曾翻山越岭深入到长泰县山重村抢劫财物，因此为防止倭寇侵扰，明天启年间，山重村就修建了坚固的防御石堡——孟宁堡。由于双岭村一带处于大山脚下，较为偏远，历来山贼土匪较多，而且从此向北翻越大岭山便是内陆长泰山重，双岭也成为倭寇侵入内地常常取道的地方，因此当地村民既为防倭也为防匪、防兽而建造了这座防卫寨堡。明清和民国时期，双岭和东辉村一带建有较多的土寨土楼、铳楼更楼等，以及大家族聚集居住的"九十九间"民居形式等，它们都是当地地理环境和当时社会背景下的特殊产物，值得今天的社会研究者和文物工作者去深入探寻和思考。

井城古城址

位于厦门市集美区灌口镇井城村，井城村因其而得名。城址内十字街口海拔高度11米。

城址建于清代早期，略呈椭圆形，东西最长约143米，南北最宽约111米。城墙和城门均以花岗岩条石砌建，原墙体较高大，从城外看不到城内房屋的屋顶，墙顶宽可跑马。现存城址轮廓依然清晰，墙体多处改建，也有被后期修建的房屋利用为建筑墙体或墙基。原有东、南、西、北四门，西北角还有凸出的马面，可从侧面居高临下狙击攻城之敌。

◎ 井城古城址平面示意图

井城四个城门除北门近期拆毁和东门改建外，南门和西门仍基本保留原有历史风貌。东门解放后改建为单间门廊式通道，宽6.5米，进深4米，大门旁仍连接20多米石砌旧墙，门址内有20世纪90年代原址重建的城隍庙。南门为单间悬山顶二层门楼形式，一层为石构，长方形门洞前、后贯通，宽1.4米，高2.2米，厚2～5.5米；二层为土坯砖

◎ 井城古城址东北残墙遗迹（从北向南拍摄，2009年）

◎ 井城古城址南门

◎ 井城古城址西门

◎ 井城古城址西门门扇插槽和门闩孔

◎ 井城古城址西门内侧

墙体，四面布设小窗和枪眼；一层门洞开设双重门，内侧为双扇大木门，外侧为挡水门，两侧可见直条形插槽。旧时后坑溪从南门前流经，洪水季节时水位高涨，须在门洞安插上铁板防止溪水漫入城内。南门西侧连接残墙约30米，最高约3.3米。西门为单间硬山顶二层门楼形式，一层为石构，长方形门洞，宽1.6米，高2.7米，厚1.4～3.1米，门洞平面呈外小内大的"凸"字形，设双重门，两侧石壁仍保留着门闩孔和挡水门插槽；二层阁楼外墙开设小窗及枪眼，内侧开有登楼小门，门楼两侧现仍保留残墙，分别长15米和33米，高3～3.5米。

据调查，井城又名"陈井城"，村民以陈氏为大姓，由附近陈井村迁来。旧时，井城一带海贼出没，在此修建一座土围子作为活动据点，后被官兵围剿，土围子空置，于是附近陈井村村民逐渐迁入。民国时期仍有土匪不时前来骚扰，村民重修并加高墙体，增高南门和西门，但后来部分墙体石料被拆卸用于建造灌口寨仔内古寨。

城址内有十字街和墙边，环城路仍保留着80多间古民居，有的古厝镜面墙装饰十分讲究，十字街石板路面依旧光滑，中部街口转角墙基上立有辟邪"石敢当"石刻，各城门旁原有水井现只余北门旁古井。民国时古城内曾居住一百多户和六七百人，大家彼此熟稔、关系融洽，但近年已陆续搬迁到城外居住。2009年扩建鹰厦铁路和修建龙厦铁路，城址面临征拆，居民加快搬迁，已是人去城空。

◎ 井城古城址内十字街口旁古民居

◎ 井城古城址内古民居

集美寨遗址

位于厦门市集美区集美街道浔江社区鳌园路旁，即今集美中学延平楼前南侧偏东石阶上，海拔高度约12米。集美旧名"浔尾"，此寨古称"浔尾寨"。集美是厦门北部大陆南端半岛隔海距离厦门岛北端最近的地方，自古就是大陆跨海对渡厦门岛的重要汛口和码头，也是海防军事要地。清康熙十八年（1679年），南明政权郑氏军队为抗击清军，加强厦门岛防务，由郑成功之子郑经部将刘国轩率官兵督造集美寨，令李景抽民并取讨砖石、锹锄等，

◎ 集美寨遗址（从南向北拍摄，2009年）

◎ 集美寨遗址寨门内侧

◎ 集美寨遗址"延平故垒"石刻

派陈昌、黄良骥二部共同建造作为屯防营寨。兵寨以夯土修筑寨墙，以花岗岩石建筑寨门，选点于临海高处的悬崖边建造，又在寨地东侧、鳌头屿建石城（哨所）。寨址前海礁密布，易守难攻，与隔海相望的厦门岛北部高崎寨互为犄角，控制着集厦之间海上通道，成为郑氏军队的防御前哨阵地。因郑成功被明廷赐姓"朱"而被尊为"国姓爷"，集美寨也俗称"国姓寨"。当年郑成功驻军将士在寨址附近开凿了多处水井，现归来园及南薰楼前仍保留有两处"国姓井"。

集美寨现存南寨门，坐北朝南，以花岗岩条石砌建。长

方形寨门宽1.7米、高3.1米、厚0.7米，门框留有粗大方形门闩孔，门后有一小段石阶。寨门旁平地凸起的一块岩石，上镌"延平故垒"四个隶书大字，字口分明，结体雄健，落款"民国二十年冬"，此为1931年"九一八事变"发生后，当年11月24日在集美学校大礼堂（敬贤堂）召开闽南抗日总会代表大会后，爱国侨领陈嘉庚嘱人在此题刻的，郑成功曾被明廷敕封"延平郡王"，故后人称此寨为"延平故垒"。1938年5月，寨址后的集美小学遭日机炮弹轰炸，受损严重，1951年陈

◎ 集美寨遗址寨门上的门闩孔

嘉庚重建延平楼，在寨址前筑游泳池"延平池"，在寨门前海边坡地砌建花岗岩三层24阶看台。集美寨遗址是1921年陈嘉庚建延平楼为"以示后生纪念"的爱国主义教育基地而修复的（引自《集美小学记》）。现已成为缅怀民族英雄郑成功和研究南明历史的重要遗迹，也是集美旅游景区内的重要人文景点。

后溪城内城遗址

在厦门市集美区后溪镇后溪村城内自然村中。北门遗址海拔高度8米。

城内城原称"下店寨"，又称"霞城"，后因村民移居城内，故称"城内城"。该城建成于清康熙元年（1662年），由福建总督李率泰及同安总兵施琅督建，清嘉庆《同安县志》载："下店寨在仁德里十三都。顺治十八年造。"城址平面轮廓略呈长方形，南北长约280米，东西宽约220米，东、西、南、北各开一门。1958年，因修建公路和村民建房，城墙大部分被拆毁，只保留下北门及其两侧石砌残墙以及东门旁的小段残墙。现北门遗址残墙长约11米、厚3.4米、高约5米，居中的拱券门高3.2米、宽2.1米、进深3.4米，门额上嵌

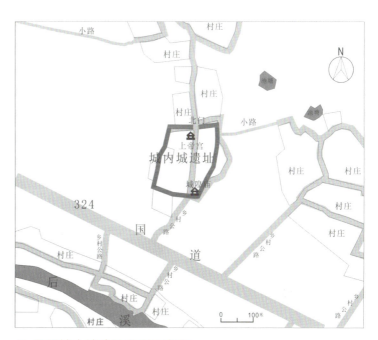

◎ 后溪城内城遗址平面示意图

◎ 后溪城内城遗址北门（从北向南拍摄，2009年）

◎ 后溪城内城遗址北门内侧

◎ 后溪城内城遗址北门内上帝宫（从北向南拍摄，2009年）

有"拱辰门"石匾，前有小字落款："钦命总督福建部院少保兼太子太保兵部尚书李奉旨"，后小字落款："钦命镇守福建同安等处地方总兵官都督佥事施琅，总督标下督造官副将黄兆、参将李成德，同安县知县卞甘添，同安镇标分防原副将吴魁，督工白礁司巡检张思荣。康熙元年捌月日建"。1993年重修南门附近城隍庙时，在附近发现城址南门"临海门"石匾，长2米，宽0.62米，厚0.16米，除正中"临海门"三字外，前、后落款小字内容与"拱辰门"相同，现存放于城隍庙内。城内城是清政府为围困南明郑成功军队而实行沿海"迁界"、坚壁清野而建的界城，至康熙二十二年（1683年）清政府收复台湾后，沿海全面复界，此城才失去作用逐渐废弃。

◎ 后溪城内城遗址北门门匾

◎ 后溪城内城遗址南门门匾

　　如今，城内城城址内新楼、旧房参杂交替，但仍维持着城内原有窄小逼仄的十字街格局。从城址中心十字街口可直通东、南、西、北四个城门，除南门有城隍庙外，其他三个城门位置旁仍保留着供奉佛祖、王爷及玄天上帝的小庙，虽经重修或重建，仍香火不断。其中北门内的上帝宫仍保留许多清代石构件，包括楹联门框、门头石狮、麒麟壁石雕墙堵等，城址中部还有规模庞大的"五落大厝"，一同见证了古城的历史变迁。

◎ 后溪城内城遗址西门旁小庙

◎ 后溪城内城遗址内南北街
（从南向北拍摄，2009年）

前山"土楼"

　　位于厦门市集美区灌口镇坑内村前山自然村。前山"土楼"俗称"灌口土楼"，又称"顶土楼"，因其规模庞大、极具特色而在集美灌口一带远近闻名。"土楼"建于清代道光年间，坐东北朝西南，为内、外双层方形土楼形式，整体平面呈"回"字形格局，传统中轴线对称，建筑总面宽56米，通进深60米。建筑墙体以夯土、土坯砖及花岗岩条石、卵石混合建造，橡木梁架和瓦楞屋面，因建造材料主要为就地开

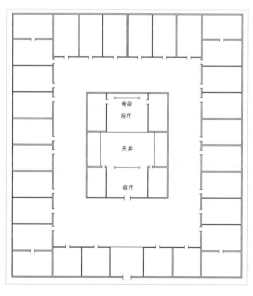

◎ 前山"土楼"建筑平面示意图

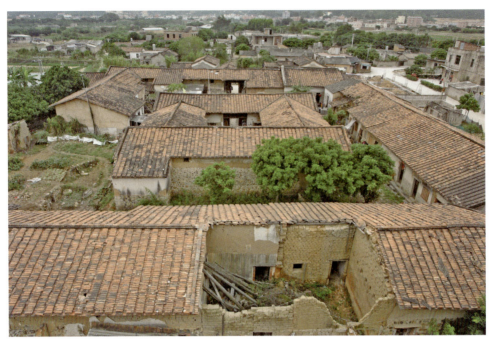

◎ 前山"土楼"后部俯视（从东北向西南拍摄，2009年）

采的黏土，故称"土楼"。"回"字形土楼建筑平面格局中的小"口"是一座四合院，是"土楼"的主要建筑，面阔19米，通进深23米，由前、后两落大厝组成，为二层结构，屋顶为硬山顶、马鞍脊瓦楞屋面；前落正中设院门，中央有天井，两侧榉头为厨房和杂物间，后落中厅是家族聚集议事、祭祖的场所。在四合院的外围是一周二层结构（少数单层）的护厝，形如大"口"字形，它与中间小四合院构成了建筑整体"回"字形布局。在大厝与护厝之间是环绕一圈的"回"字形空间，4米宽块石地面，既是"土

◎ 前山"土楼"大门（右侧）

◎ 前山"土楼"中部四合院前门（从西南向东北拍摄，2009年）

楼"内的联系通道，也是居民晾晒衣物的院埕和起居活动的场所。"土楼"外墙高大坚固，仅在西南面正中开设唯一大门，以花岗岩条石砌筑，厚实坚固，门洞上方还有当年为防范土匪攻打大门、用于放水泼粪的防火沟槽，大门向里直通四合院小门。

相传，前山"土楼"原为漳州龙海郭姓家族东迁于此所建，后因客居他乡、生活不便，又回迁龙海，"土楼"便空置下来，此后周边百姓不断入住。"土楼"内共有52个房间，最多入住过范、苏、王、洪、许等姓氏的几十户人家，130多人。如今，"土楼"整体仍基本保持原有建筑格局，但已较破落。中部的小四合院保存较好，外围护厝部分房屋坍塌或屋面毁坏，多处墙体灰面层脱落，有的墙体以泥坯砖修补。原封闭式的四周外墙后期开设多个小门，并在墙外连建成排小房舍。

◎ 前山"土楼"寨门门框上防火勾缝

前山"土楼"如同闽西客家土围屋，作为单独、封闭式的大型建筑，是古代劳动人民为自身防卫和防盗、防兽需要，因地制宜而建造的安全性较高的山区民居形式，也体现了聚族而居的传统观念。旧时灌口一带"土楼"较多，前山村不远的深青村至少有过8座清代、民国时期"土楼"：大颜"土楼"、小颜"土楼"、新"土楼"、大"土楼"、吴厝"土楼"、楼仔"土楼"、宅仔"土楼"及下溪仔"土楼"，但现基本未保留。前山土楼是研究厦门古民居建筑形制、功能和集美古代社会经济的重要例证。

◎ 前山"土楼"中部四合院内天井

◎ 前山"土楼"外圈护厝

顶许破寨仔古寨址

位于厦门市集美区灌口镇顶许村的顶许自然村东部、靠近许溪之间，俗称"破寨仔"。寨址建于清代，平面基本呈长方形，南北宽51米，东西长68米，设西门、南门两寨门。寨墙多已拆毁，只残存二门遗迹及部分寨墙。西门因被附生在门上的大榕树包裹而

◎ 顶许破寨仔古寨址南门（从南向北拍摄，2009年）

◎ 顶许破寨仔古寨址西门遗址（从西向东拍摄，2009年）

◎ 顶许破寨仔古寨址东南角楼（从东南向西北拍摄，2009年）

得以幸存保留，仍保留下不明显的花岗岩条石砌建的门洞，寨门周围已平整为水泥埕，大榕树下成为村民歇息纳凉场所；西门门洞高1.9米、宽1.5米、厚1.7米，门旁连接小段残墙，长约8米，最高处3米，厚1.7米。南门是寨址进出的主要通道，至今仍沿用，为前后贯通的跨街单间二层门楼形式，花岗岩条石砌建，原二楼为供奉城隍爷的小庙，后不存，2021年又修复；南门门洞宽2.4米，进深4米，高约2.3米，门框高2米，宽1.5米，门框后两侧石壁有门闩插孔，门楼东侧连接长约7.5米残墙。寨址东南角建有二层古厝式角楼（更楼）。寨内保留着少量古民居并新建多栋小楼房，仍保持原有南北与东西向交叉的十字街格局。

寨内古寨址

　　位于厦门市集美区杏滨街道锦园社区寨内自然村，建于清代，因旧时盗贼常在此活动，也称"贼仔寨"。此处原有地势较高，周边港澳曲折，水路复杂，便于海盗贼船上岸和及时逃窜，因此相传旧时海盗择此作为其陆上躲藏之处和补充食物之所。寨址平面略呈圆形，半径约88米，寨墙为花岗岩条石夹筑夯土构筑，原有5个寨门。寨墙及寨门早年多已毁坏，仅存南门以及西门附近10多米长的残断寨墙遗迹。南门位于寨内中路20号旁，为前后贯通的单间院门形式，瓦楞屋面，门洞宽3.2米，进深2.6米，长方形门框宽1.4米，高2.6米。寨内仍基本保存原有东西向与南北向交叉的"十"字形小街巷布局。

◎ 寨内古寨址南门（从南向北拍摄，2009年）

◎ 寨内古寨址原西门位置（从西向东拍摄，2009年）

◎ 寨内古寨址西门旁残墙遗迹（从西南向东北拍摄，2009年）

河南山山寨

　　位于厦门市集美区后溪镇溪西村下庄自然村东南500米河南山山顶，建于明清时期，因旧时盗贼常盘踞于此活动，又称"贼仔寨"，海拔高度137米。寨墙以不规则块石垒砌，仍可看出原有寨址轮廓走向，平面略呈圆形，直径60～80米。寨墙多处残缺，东南部寨墙保存相对较完整，残存约40米，高1～2.5米，厚1～2米，其中的东段寨墙石块较大，南段寨墙石块较小。相传此山寨为溪西杨氏先祖为了维护劳动成果和社会治安以及防御海盗与外侵而建的，内有房舍，开水井一口，直径1米，深约2米。据称寨址原有4门，现西北部靠近下庄自然村还可见小寨门，方便村民遇战乱和盗匪抢劫时能

◎ 河南山山寨东南面的上山石阶（从南向北拍摄，2009年）

及时转移到山寨躲避，但此寨后来也一度成为盗贼藏身之所。清康熙元年（1662年）建造后溪城内城时，以河南山为瞭望处。现寨址东南部寨墙上有后期开设的豁口，从山下沿着数百级新砌石阶，拾级而上可进入寨内。寨址中央高地有新立的混凝土三角形标高标志。山寨附近正在开发并修建休闲、观光和度假场所，利用古寨遗址作为旅游项目。

◎ 河南山山寨东南部寨墙遗迹

◎ 河南山山寨东南部寨墙及寨门前石阶

苏营古寨址

位于厦门市集美区后溪镇前进社区苏营自然村。苏营古寨建于清代，沿用至民国时期。

苏营村旁保留的皇帝井和皇渡庵遗迹闻名遐迩。相传唐宣宗李忱登基前曾云游南方各地，入闽后，过苎溪经苏营时在此歇息，曾饮用村旁古井甘泉，赞叹不已，后人便口口相传为"皇帝井"。又传当年唐宣宗偶遇水井附近村庄的苏公、陈婆夫妇，给予留宿具食，因此宣宗继位后，怀念当年经历，下旨筑陂引苎溪之水灌溉数百顷农田，陈婆逝后，乡人称之"陈婆陂"，并奉苏公、陈婆为"田祖"，建庵纪念，配祀于皇渡庵中。如今，慕名前来参观皇帝井和皇渡庵的游客不少，但对村中的古寨址知之甚少。

据调查，苏营古寨址即建于皇渡庵北侧，原为椭圆形平面布局，

◎ 苏营古寨址西门（从西南向东北拍摄，2009年）

◎ 苏营古寨址东南部寨墙

◎ 苏营古寨址西南部寨墙

◎ 苏营古寨址内古民居

413

◎ 苏营古寨址内保留的练功石

东西长约80米，南北宽约60米，开设西、南两个寨门。现古寨内因村民盖房及村中修路，寨墙多已破坏不存，在皇渡庵后还可见到部分石砌矮墙和夯土墙遗迹；其中寨址东南、南及西南保留三段残墙，东南段石墙长33米、高0.5～1米，南段石墙长39米、高1～1.5米，西南段石墙及夯土墙长25米、高4米。有的寨墙后期被借用为民房外墙，并开设小窗。东南角原有铳楼作为寨址制高点，南门原址靠近皇渡庵，现均已不存。两个寨门中只保留下西门，位于村子的西北角，为单间二层门楼形式，下层以花岗岩条石砌建，门宽1.4米、高2米、厚1.1米，寨门原上方墙体布设有枪眼，现已覆盖。寨内可见重达150公斤的清末民初时期的练功石，并有"头号"标记。

垅尾铳楼

位于厦门市集美区灌口镇东辉村垅尾自然村东南公路旁的农田中。建于清末民初。坐东南朝西北，为单间方柱体，以条石和块石砌建，底边边长3.5米。原为三层楼体，现上部已坍塌，残高5.8米。西北面底层墙体中部距地面2米处开设一长方形小门，门高1.6米、宽0.7米。该门距地面一人多高，依靠架设活动木梯进出，夜间守更时，便将活动木梯收起并关闭小门，防备盗贼攻打，增强安全性。此楼废弃较久，顶部和上部东南角坍塌，楼顶生长出小榕树，墙边生长小灌木。

铳楼是清末至民国初期社会较动乱时期厦门乡村较常见的防匪防盗、守更护卫的特色

◎ 垅尾铳楼（从北向南拍摄，2009年）

建筑，一般为二层或三层楼方柱体，下大上小，由下向上逐渐收分，形同方塔，而且大多数铳楼整体以花岗岩砌建，墙基及墙角采用加大的条石或石块，楼体稳重坚固，也有铳楼底层为石砌墙体，上层为砖砌墙体。铳楼往往在二、三层四周墙体上布设小瞭望窗或外大内小呈漏斗形的小射击孔、枪眼。铳楼一般建于村口、村边高处或开阔农田地带，成为区域制高点，由村民自行派人守更值班，看护村庄和家园，保护牲畜。旧时也有富庶的大宅院或"九十九间"等规模庞大的建筑群修建有小型铳楼（更楼），看家护院。

随着社会发展进步，铳楼失去原有功能，大部分已废弃，保留下来很少，但这些铳楼遗迹，在一定程度上反映了旧时集美乡村的社会安全状况和特殊建筑类型。

刺林内铳楼

位于厦门市集美区灌口镇浦林村刺林内社266号旁。建于清末民初。坐北朝南，为单独的单间三层楼方柱体建筑，平面略呈纵长方形，面宽2.6米，进深5米，高10米。铳楼的底层为2米高的花岗岩大条石墙，二、三层以红砖砌建，白灰墙面，木构楼板，马鞍脊，硬山顶。底层南面开有石框小门，二、三层四面墙体上均开设瞭望小窗，顶层的三楼在小窗两侧布设枪眼。此楼原位于大片古厝群的西北角即村口位置，旧时出于防盗防匪和夜间守更看护而建，现四周古厝多已坍塌，尚留此楼。此建筑较笔直高耸，建造讲究，底层是坚固的石构墙体，上部采用规整红砖砌建，

◎ 刺林内铳楼（从西北向东南拍摄，2009年）

门框、窗框、窗楣为仿花岗岩石的白色海蛎壳洋灰面，轮廓分明，面层仍保存较好，二、三层楼外墙还饰有红砖叠涩出檐的墙腰线等。该建筑是研究集美近代乡村社会状况和当地历史的可贵实例。

◎ 刺林内铳楼二楼窗户及窗边枪眼

文山铳楼

位于厦门市集美区灌口镇东辉村文山自然村东300米村路旁农田中。建于清末民初。坐东朝西，为单间二层方柱体建筑，外墙整体以花岗岩石砌建，内部有木楼板，建筑由下向上逐渐收分，墙角以长条石马牙槎错层叠砌，墙身以块石垒砌，原有瓦楞屋面已坍塌，目前代之以波纹水泥瓦双坡屋面。铳楼底部基础边长4米、高7米，底层西面墙体中部开设一长方形小门，门高1.27米、宽0.5米，门前数级石阶；内部二层楼板中开设方形架梯口，楼体四面开设小窗。此铳楼是清代至民国时期厦门乡村看护村庄、田园的防卫性特色建筑，是了解和认识当时和当地社会状况的实物资料。

◎ 文山铳楼背面（从东向西拍摄，2009年）

◎ 文山铳楼正面（从西向东拍摄）

徐厝后铳楼

位于厦门市集美区灌口镇东辉村徐厝后自然村中部（原为徐厝自然村东北部村口）。此楼建于20世纪40年代，坐北朝南，为单间三层方柱体建筑形式，石结构为主，高7.9米，底部边长3.8米；建筑墙体由下向上逐渐收分，整体外墙由花岗岩条石和部分辉绿岩石块砌建，但不同部位采用不同石材，墙角以花岗岩条石呈马牙槎错层垒砌，墙身再以块石填砌，楼体坚实牢固。楼顶为两面坡瓦楞屋面，硬山顶，马鞍式屋脊。底层未开窗户，仅于东南面开设一长方形小门，朝向村庄，方便出入，门高1.75米、宽0.7米；二、三层楼铺设木楼板，开有方形架梯口，四面墙体开设可供射击和瞭望的石框小窗。

◎ 徐厝后铳楼（从北向南拍摄，2009年）

◎ 徐厝后铳楼底层大门

厦门多山地、丘陵，地形复杂，清末民初社会动乱，匪患不息，乡村不堪扰害，常常自行建造带有防卫功能的铳楼守更值班，看护村庄、田园和家畜，但现今这类建筑因失去功能大部分已废弃或消失。此铳楼四周都是较低矮的平房，曾是村中的制高点和瞭望岗，在当年守护徐厝后一带乡村安全中发挥了重要震慑作用。

十一、古文化遗址和古窑址

　　厦门境内迄今已发现40多处青铜时代遗址和遗存点，集美发现的6处是其中组成部分。其中，临石寨山遗址是1957年厦门大学考古专业师生在教学实习调查中发现的，其他5处为1987年福建省文管办和福建省博物馆联合组织的对福建沿海新石器时代贝丘遗址专项调查时发现的。2009年第三次全国文物普查时对上述遗址和遗存点进行了复查，鉴于它们的地理环境、地形地貌未发生明显改变和严重破坏，仍予以登录。

　　集美古文化遗址、遗存中以临石寨山遗址最出名，自1957年发现后，厦门大学和省、市文物部门多次复查，在此采集和出土了丰富的文物标本，包括数十件可辨器形的陶器、磨制石器、砺石等，其中黑彩人字纹彩绘陶器是少见的实物标本，此遗址是研究厦门早期人类活动的重要遗址。青铜时代是考古学上以代表人类生产力水平的生产工具的材质和制作技术来划分早期人类历史时代的名称，它晚于旧石器时代和新石器时代，早于铁器时代，相当于中原商周时期。在闽南地区乃至福建境内，发现的青铜时代文化遗物以磨制的石锛、石斧、石戈和印纹陶最为常见，也有少量的青铜器和原始瓷等。

　　青铜时代的厦门地处闽南沿海边陲，地理环境闭塞，生活条件较为险恶，并且远离中原文明和长江流域等较发达地区，生产力发展水平相对滞后，生产工具和生活器具依旧较为原始。因此，所发现和采集的这一时期大部分石器和陶器标本还保留着新石器时代的制作特点和文化特征，并与漳州虎林山、南靖鸟仑尾等青铜时代遗址出土文物存在许多共同点，可以说，厦门古文化遗址与漳州的同属于闽南地区青铜时代文化体系和范畴，但其年代也可能溯及更早的新石器时代晚期。

　　集美古文化遗址和遗存是距今3000多年前厦门境内先民活动的遗迹，在文化内涵上表现出来的明显特点就是印纹陶器与磨制石器共存，并伴有少量彩陶、釉陶、原始瓷等。考古学家认为，这些遗存的主人是生活于当地的古闽越族人，他们以采集、捕捞、狩猎生活方式为主，能够织布并有相对固定居所。但由于集美所处的丘陵地貌和多雨气候环境，文化堆积不易形成和保留，近现代以来山地被不断开垦种植农作物和果树等，也使文化遗存遭受较大破坏，因此，目前所发现的文化遗存堆积很少，对遗址和遗存的文化内涵以及当时的生产生活还缺乏较全面的认识，这有待今后进一步开展调查和深入研究，逐步全面认识厦门先秦时期历史文化。

　　集美发现的5处古陶瓷窑址中有4处属于宋元时期青瓷窑址，1处为明代青花瓷窑址，其产品生产与海外贸易关系密切。南宋以后，瓷器作为我国对外输出的主要贸易商品，也是"海舶理想的压舱物"，宋代泉州港的兴起带动了周边窑业的发展，仅厦门已发现这一时期的窑址就有16处。各窑场规模很大，其中集美碗窑青瓷产品质量上乘、器形多样，在"海丝"沿线地区曾发现与碗窑产品相类似的瓜棱形盒子和唇口碗，2022年在集美宝珠屿附近水下考古中发现的沉船出水瓷器极可能包含集美宋代外销瓷窑址产品。厦门已发现的明代制瓷窑址目前仅有2处，集美后溪明代鲨壳帽窑址便是其中之一。窑址虽然规模不大，但烧制的青花瓷器形特征和装饰风格与明代漳州窑典型外销瓷如出一辙，明显是一处受到明代漳州月港海外贸易影响而兴烧的外销青花瓷窑址，印证了明末清初厦门港的崛起和厦门陶瓷外销的悠久历史。

临石寨山遗址

位于厦门市集美区灌口镇深青村北1.5公里的临石寨山东南侧山麓及山腰，属青铜时代文化遗址，距今3000多年。临石寨山相对海拔高度约80米，东面有深青溪向南流入马銮湾。遗物大多散布于南坡两侧，分布范围600多平方米。1957年，厦门大学人类博物馆和考古专业师生以教学为目的进行选点考古调查时，在此发现并采集3件石锛和彩陶片，其中1件石锛长12厘米、宽4.8厘米、厚1.2厘米，刃部保存完整，人工磨制痕迹明显；另一件长8.8厘米、宽3.6厘米、厚1厘米，两面对称，表面较粗糙。此后，又经厦门大学、厦门市文物部门和厦门市博物馆数次调查以及当地村民、小学生采集，共发现了10余件石斧、石锛、有段石锛、砺石和大量陶片，其中陶片有泥质印纹硬陶和夹砂红陶、灰陶、黑陶等，陶片纹饰有弦纹、绳纹、人字纹、方格纹、篮纹、席纹等，

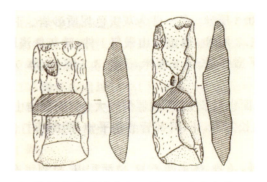

◎ 临石寨山遗址出土石锛之一（考古线图）

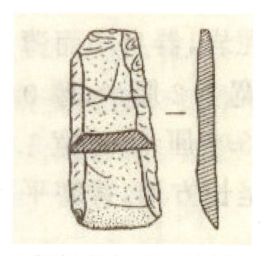

◎ 临石寨山遗址出土石锛之二（考古线图）

可辨器形有罐、盆、豆、甗等，其中在陶盆、陶罐口沿绘饰黑色斜人字纹图案尤其少见。此遗址是厦门最早发现的文化内涵较丰富的青铜时代遗址，少数石锛具有闽南地区新石器时代晚期器型特征，对研究厦门开发历史和早期人类活动具有重要考古价值。

◎ 临石寨山遗址出土陶片和原始瓷片（林得时采集）

◎ 临石寨山遗址出土石斧（林得时采集）

◎ 临石寨山遗址出土砺石（林得时采集）

◎ 临石寨山东南侧山麓（从西北向东南拍摄，2009年）

虎崆山遗址

位于厦门市集美区灌口镇上塘村东北200米虎崆山，属青铜时代文化遗存点，距今3000多年。1987年12月文物普查时发现。虎崆山小山包相对高度约25米，山体周围为平地，东连荷山，北临许溪，地表为红壤。文化遗物散布于小山包坡顶和东南坡地表，范围数百平方米。1957年曾采集夹砂黑陶片、红陶片和灰陶片、褐陶片以及石锛、

◎ 2009年调查时在虎崆山遗址采集的印纹陶片

◎ 虎崆山遗址（从西北向东南拍摄，2009年）

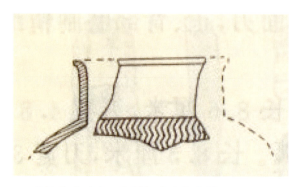

◎ 虎崆山遗址出土陶罐标本（考古线图）

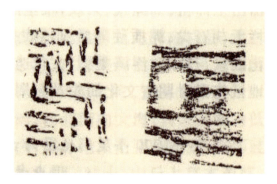

◎ 虎崆山遗址出土陶片纹饰（拓片）

石簇等。陶片拍印纹饰有条纹、绳纹、曲折纹，可辨器形有罐、釜等。2009年12月第三次全国文物普查时，遗址所在大部分山体基本保持原有地形和地貌，并于山顶东南部采集到零星曲折纹印纹硬陶片。此遗址是集美较早发现的古文化遗址之一，曲折纹陶片纹饰具有明显的新石器时代晚期风格，对研究当地早期开发历史和人类活动具有较重要的考古价值。

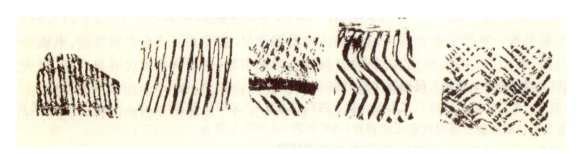

◎ 虎崆山遗址出土陶片纹饰（拓片）

李林变电站山遗址

位于厦门市集美区灌口镇李林村西面1公里变电站山，属青铜时代文化遗存点，距今3000多年。1987年1月文物普查时发现。遗址所在山包相对高度约10米，遗物零星散布于小山包东南山坡红沙壤地表，面积4000～5000平方米。1987年曾采集到泥质印纹硬陶片、夹砂黑陶片和石锛等标本，陶片纹饰有绳纹等，可辨器

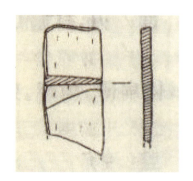

◎ 李林变电站山遗址出土石锛（考古线图）

◎ 李林变电站山遗址（从西南向东北拍摄，2009年）

形有釜、罐。2009年12月第三次全国文物普查时，未新发现遗物和遗迹，但遗址所在的大部分山体仍基本保持原有地形和地貌，故予以保留和登录。此遗址是集美较早发现的古文化遗址之一，对研究当地早期开发历史和人类活动具有较重要的考古价值。

荷山遗址

位于厦门市集美区灌口镇上塘村林尾自然村东北500米荷山，属青铜时代文化遗存点，距今3000多年。1987年1月文物普查时发现。遗址所在小山包相对高度约20米，

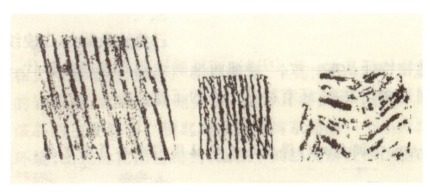

◎ 荷山遗址出土的陶片纹饰（拓片）

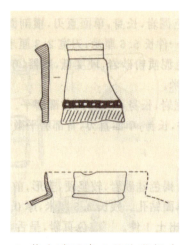

◎ 荷山遗址出土的陶釜标本
（考古线图）

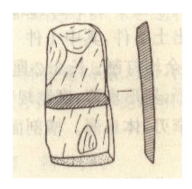

◎ 荷山遗址出土石锛之一
（考古线图）

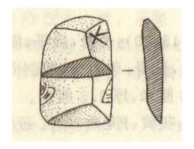

◎ 荷山遗址出土石锛之二
（考古线图）

东临许溪上游，四面山坡较和缓。遗物零星散布于山顶及西南、东南和南坡，面积约1.5平方公里。1987年采集标本有夹砂黑陶片、灰陶片和红陶片、釉陶片及石锛等，陶片纹饰有竖条纹、绳纹、曲折纹等，可辨器形有陶釜。2009年12月第三次全国文物普查时，未新发现遗物和遗迹，但遗址所在大部分山体仍基本保持原有地形和地貌，故予以保留和登录。此遗址也是集美区早期发现的古文化遗址之一，对探讨当地开发历史和早期人类活动具有较重要的考古价值。

◎ 荷山遗址（从东南向西北拍摄，2009年）

面前山遗址

位于厦门市集美区灌口镇田头村西南300米面前山，属青铜时代文化遗存点，距今3000多年。1987年1月文物普查时发现。遗址所有山体相对海拔高度约30米，遗物零星分布于东南坡，面积数百平方米。1987年采集到灰色硬陶片标本，陶片纹饰有绳纹等，可辨器形为

◎ 面前山遗址（从东南向西北拍摄，2009年）

罐。2009年12月第三次全国文物普查时，未新发现遗物和遗迹，但遗址所在大部分山体仍基本保持原有地形和地貌，故予以保留和登录。此遗址对研究集美开发历史和早期人类活动具有一定的考古价值。

狗肚山遗址

位于厦门市集美区后溪镇岩内村西400米狗肚山，属青铜时代文化遗存点，距今3000多年。1987年1月文物普查时发现。遗址所在小山岗相对海拔高度约80米，遗物分布于山体南麓，面积约3000平方米。1987年采集到夹砂灰陶片、红陶片、印纹硬陶片及石锛、红烧土等标本。陶片纹饰有篮纹、竖条纹、绳纹、曲折纹，可辨器形有陶罐等。2009年12月第三次全国文物普查时，未发现新的遗物和遗迹，但遗址所在的大

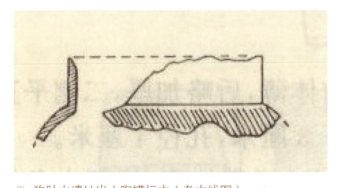

◎ 狗肚山遗址出土陶罐标本（考古线图）

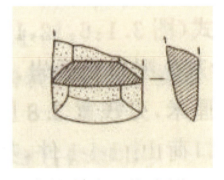

◎ 狗肚山遗址出土石锛（考古线图）

◎ 狗肚山遗址（从西南向东北拍摄，2009年）

部分山体仍基本保持原有地形和地貌，故予以保留和登录。此遗址对研究集美开发历史和早期人类活动具有一定的考古价值。

◎ 狗肚山遗址出土陶片纹饰（拓片）

碗窑窑址

位于厦门市集美区后溪镇后溪村碗窑自然村东北山丘上（俗称"碗窑山"），1981年发现。遗物主要分布于东南山坡，面积近万平方米，堆积坡面最高处超过6米。碗窑山北侧小山坳也散见窑址遗物，面积数百平方米。该窑址周边因建造部队营房和村民房舍，窑址堆积受到较大破坏。窑址中发现窑炉遗迹2处，相距约30米，其中一处在

◎ 碗窑村口的窑址保护碑 (2009年拍摄)

山坡顶，窑壁残长约2米，就近散布的壶、杯、瓶等器形的瓷片较多；另一处位于窑址东南坡，2001年6月经批准，由福建省博物院和厦门市博物馆联合进行考古发掘。窑炉经发掘清理后，发现该窑炉为斜坡式龙窑，窑坡坡度10~15°；窑顶已坍塌，窑头和前端被毁，仍保留中、后段和窑尾窑床、窑基以及部分窑炉残窑壁，窑炉残长57米、宽2.4~2.6米、残高0.2~1.3米，窑壁厚0.2~0.22米，窑尾残墙是以窑砖和匣钵砌成5~7个烟道孔的挡火墙。窑床底部铺垫厚约10厘米细沙层，中、前段窑床底部还保留着排列整齐的匣钵坑。两侧窑壁共发现3处窑门，局

◎ 碗窑窑址龙窑中段倒塌堆积 (2002年考古发掘)

◎ 碗窑窑址龙窑窑壁重砌的加
　 固痕迹（2002年考古发掘）

◎ 碗窑窑址龙窑窑底摆放的成
　 排匣钵（2002年考古发掘）

◎ 碗窑窑址采集的部分标本

部窑壁可见经过重砌加固的双隅墙，最厚处超过0.4米。该窑产品有青瓷和青白瓷两
大类，青瓷有淡青釉及少量略深的青釉，釉层清澈透亮，可见密集如鱼子状小气泡，
也有的呈冰裂开片纹。青白瓷数量占比大，釉色有别于景德镇湖田窑典型影青瓷的湖
蓝色，而是近似灰白色，釉层未透明而呈失透状，较为细腻洁净。胎体大部分白色或
白中偏灰，质地坚硬厚重。碗类施釉多不及底，外壁施釉不及底，常见三分之二釉现
象。器形多属日常器皿，碗类为大宗，占总量的80%以上，还有盘、杯、碟、盏、盆、
盒、瓶、执壶、罐、灯、枕等，其中唇口碗是典型器，瓜棱高式粉盒、瓜棱带鋬耳执
壶则是特色器形，瓷枕又分为收腰长方形瓷枕和圈足盘形瓷枕。器物多数素面无装饰，
少数器物刻划纤细的卷草梳篦纹及弦纹、莲瓣纹，也有在碗底压印圆凹痕，其中细篦
卷草纹深腹高足碗具有北宋风格。窑具中有漏斗形和平底直桶形匣钵两类，以及垫圈、
垫饼、垫柱、火照、匣钵盖等。碗窑创烧于北宋末，南宋盛烧，产量大，器形丰富，
是宋代厦门生产青瓷和青白瓷的重要窑址，地理位置临近西面的苎溪，产品通过水路
运输可通达杏林海湾和厦门港，是重要的外销瓷产地。

◎ 碗窑窑址出土的青白釉瓷枕

◎ 碗窑窑址出土
　 的青釉弦纹瓶

◎ 碗窑窑址出土的青釉执壶

垄仔尾窑址

位于集美区后溪镇后溪村碗窑自然村324国道272公里标志牌北侧的垄仔尾山南坡山腰及山麓，1981年发现，1998年复查。因324国道从窑址所在山体南麓横穿而过，窑址受到严重破坏，现地表种植大量龙眼树。遗物主要分布于公路北侧山坡，面积约2000平方米，文化堆积层最厚约2米，公路南侧只有小范围堆积。产品以青瓷为主，胎质灰白坚致，少见花纹装饰，碗底常见压印圆凹痕，日本陶瓷学者称"线环青瓷"，较浅的碟、盏内部也有折腹式弦纹，唇口碗占有一定数量。器形有碗、碟、盏、盖盒、盖钵、瓶、执壶、盘形枕等，其中唇口碗为典型器。采用漏斗形匣钵、垫柱、垫饼等窑具。垄仔尾窑址西距碗窑窑址仅200多米，并且距离苎溪不足1公里，同是以南宋为主烧时期的窑场，产品特征基

◎ 垄仔尾窑址（1998年拍摄）

◎ 垄仔尾窑址（从东南向西北拍摄，2009年）

◎ 垄仔尾窑址采集的部分标本

◎ 垄仔尾窑址堆积

本相同，但垄仔尾窑青瓷数量占多，而质量、器形均逊于碗窑产品。该窑发现的人面纹执壶壶嘴标本在厦门古窑址中尚属首见，以刻划和堆贴工艺表现出的高鼻、凸眼、络腮胡及双耳人面形象，具有明显的西亚人特征，由此也佐证了垄仔尾窑是一处产品生产和销售以海外市场为主要目标的窑场。

◎ 垄仔尾窑址出土的青釉执壶

◎ 垄仔尾窑址出土的人面纹壶嘴标本

◎ 垄仔尾窑址出土的制瓷工具——窑车拨碗

磁窑窑址

位于厦门市集美区侨英街道东安社区磁窑一里51、81号房屋的后山，同集路北侧约100米。1998年发现。窑址所在山包相对高度约80米，山体东南坡的遗物堆积因建盖厂房被挖掘夷平，现遗物主要分布于山体西坡，局部又被村民建房平整挖毁，现存遗物分布面积约500平方米，最厚堆积约2米。产品以青瓷为主，胎骨灰白或灰色，常见呈色淡黄、质地疏松的生烧、夹烧现象。主要器形有

◎ 磁窑窑址（从西南向东北拍摄，2009年）

碗、碟、大缸等，多数无纹饰，少量装饰刻划梳篦纹、卷草纹、篦点纹及碗底压印圆凹痕，古陶瓷学术界称"珠光青瓷"碗和"线环青瓷"碗。产品主要采用漏斗形匣钵装烧。此窑产品属于宋代同安窑系青瓷风格，是研究古代厦门陶瓷手工业发展和外销瓷历史的可贵例证。

◎ 磁窑窑址遗物堆积层

◎ 磁窑窑址采集的青釉碗

◎ 磁窑窑址采集的部分标本

旗杆山窑址

位于厦门市集美区杏滨街道前场社区瑶山自然村西北村边旗杆山西南山麓，2009年第三次全国文物普查时发现的宋代窑址。旗杆山相对高度约30米，西面约40米紧邻马銮湾北部海域。窑址南部早年修建村路时被挖毁，东部因村民建房被破坏，现地面有龙眼树林及数座古墓，散见的窑址遗物分布面积达100多平方米，民房地基旁暴露的文化堆积层最厚为0.5米。窑

◎ 旗杆山窑址（从西向东拍摄，2009年）

址以烧造青瓷为主，兼烧少量酱釉瓷，主要器形有碗、碟及罐、钵等，器物装饰简单，少量碗、碟内部装饰凹印痕即"线环青瓷"。窑具有"M"形匣钵、垫饼等。此窑址是已发现的马銮湾周边分布的众多唐宋时期烧造瓷器的古窑址之一，对认识800—1200多年前厦门西海域周边窑业发展、陶瓷产品外销和社会经济状况具有较高的研究价值。

◎ 旗杆山窑址采集的部分产品及窑具标本

◎ 旗杆山窑址文化堆积层

鲎壳帽窑址

位于集美区后溪镇后溪村碗瑶自然村324国道272.9公里南侧路旁，1995年调查时发现，1996年厦门市博物馆进行调查和局部试掘。该窑址位于垄仔尾山东南山麓即俗称"鲎壳帽"的小土丘，20世纪80年代324国道修建拓宽时，窑址受到较大破坏。现窑址所在小土丘面积约300平方米，东西长约30米，南北宽约20米，相对高度约2.5米，地表种植薯类作物及龙眼树。窑址北侧断面暴露文化层堆积厚度0.5～1米。窑址中部发现一座分室龙窑遗迹，坡度10～20°，前缓后陡，窑头朝南，窑顶坍塌，仅残存部分窑

◎ 鲎壳帽窑址采集的部分标本之一

◎ 鲎壳帽窑址采集的部分标本之二

◎ 鲎壳帽窑址采集的部分标本之三

◎ 鲎壳帽窑址采集的青花
鹭鸶纹盘底标本

◎ 鲎壳帽窑址（从西北向东南拍摄，2009年）

床和窑基，窑基残长8.75米、宽1.83米、残高0.1～0.3米，残存的窑床被砖砌的挡火墙隔成前、中、后三室，挡火墙下部可见7孔烟火道。该窑产品主要为青花瓷及少量白瓷，胎骨细白致密，瓷片标本中多见未烧成的次品。釉色有乳白、淡青或青灰色，内外施釉，多数碗内留有涩圈，圈足内一般无釉，器物外底及足端多有粘砂现象。器形以碗、盘、碟等为主。青花瓷装饰弦纹、花卉纹、禽鸟莲荷纹、排点纹、凤凰花卉纹、奔马纹和"福""禄""寿""玉"文字等，碗外壁常绘分栏式开光的莲荷纹，青花呈色青翠明快，次品则晦暗发黑。采用"M"形匣钵装烧。

鲎壳帽窑是迄今厦门发现的唯一的青花瓷窑址，其产品装饰风格与装烧工艺与漳州平和二垄窑、华安下东溪窑的同类青花瓷基本一致，即古陶瓷学术上的"克拉克瓷"。该窑位于宋代垄仔尾窑所在山体南面山麓的延伸山脚，西距苎溪不足1公里，水路运输便利，可通达杏林海湾和厦门港，是研究明末清初厦门港海外贸易中陶瓷商品外销的珍贵实例。

◎ 鲎壳帽窑址窑炉遗迹（1996年拍摄）

参考文献

1. 厦门市文物管理委员会、厦门市文化局编纂:《厦门文物志》,北京:文物出版社,2003年。

2. 厦门市文物管理委员会、厦门市文化局编纂:《凝固的岁月——厦门文物保护单位概览》,福州:福建美术出版社,2002年。

3. 庄景辉、贺春旎著:《集美学校嘉庚建筑》,北京:文物出版社,2017年。

4. 陈新杰著:《集美学村大观》,合肥:黄山书社,2021年。

5.《百年集大 嘉庚建筑》编写组编:《百年集大 嘉庚建筑》,厦门:厦门大学出版社,2018年。

6. 刘光瑞著:《厦门故迹寻踪》,福州:海峡文艺出版社,2018年。

7. 厦门市文化广电新闻出版局编著:《厦门市红色文化资源图录》,厦门:鹭江出版社,2018年。

8. 洪卜仁主编:《厦门城寨沧桑》,厦门:厦门大学出版社,2011年。

9. 洪卜仁主编:《厦门名人故居》,厦门:厦门大学出版社,2007年。

10. 林火荣、郑东主编:《凝固的旋律——集美特色侨房集萃》,厦门:厦门音像出版有限公司,2013年。

11. 李启宇著:《厦门史略》,福州:福建人民出版社,2008年。

12. 郑东著:《厦门陶瓷之路》,福州:海峡文艺出版社,2016年。

13. 厦门市集邮协会编:《邮说厦门》,厦门:鹭江出版社,2016年。

14. 厦门市政协文史和学习宣传委员会编:《厦门摩崖石刻》,福州:福建美术出版社,2001年。

15. 何丙仲编纂:《厦门碑志汇编》,北京:中国广播电视出版社,2004年。

16. 郑高萩主编:《灌口掌故大观》,北京:中国文联出版社,2004年。

17. 林得时编写:《走进深青》,内部读物,2012年。

18. 清康熙《大同志》,厦门市同安区地方志编纂委员会办公室整理,福州:海峡书局,2018年。

19. 清道光《厦门志》,厦门市地方志编纂委员会办公室整理,厦门:鹭江出版社,

1996年。

20.民国《同安县志》，厦门市同安区地方志编纂委员会办公室整理，北京：方志出版社，2007年。

后 记

　　集美历史悠久，古迹丰富，其中保留下来的先秦历史文物和华侨文化遗产、校园建筑最具特色。在2007—2011年第三次全国文物普查中，集美区人民政府根据国家文物普查总体部署，在省、市文物部门的指导下，高度重视，精心组织，成立由市、区文物、文史专家组成的文物普查队开展对全区逐乡、逐村的地毯式文物调查，新发现和登录大量文物点，全面了解和掌握了集美全区文物资源的种类、数量、分布及保存现状，建立起较详细的文物资料档案和数据，为集美区文物保护和利用奠定了基础条件，提供了重要依据。在调查中，集美报记者林小芬全程参与调查并报道，厦门日报、厦门晚报、海峡导报、东南快报和厦门电视台、集美广播电视台等多次现场采访、报道，起到了良好的社会宣传效果。集美区由于在第三次全国文物普查中工作出色，还被选派作为代表福建省唯二的基层文物普查单位接受国家文物局"三普办"专家组的实地调查阶段整体验收检查，获得充分肯定。

　　本书以2009年至2010年初在集美开展的第三次田野调查中录入的资料为基础，基本采用调查时采集的数据和当时拍摄的照片，在编写中参考和引用目前已公开出版和发表的专业书籍、地方文史研究资料等，其中有近年出版的庄锦辉老师新作《集美学校嘉庚建筑》和陈新杰老师大作《集美学村大观》，以及《百年集大　嘉庚建筑》《灌口掌故大观》等；厦门翰林文博建筑设计院有限公司协助补充资料并提供部分集美学村建筑绘图资料，陈新杰老师主要对集美学村有关章节进行了认真审阅。本书文物建筑平面图、文物分布简图除署名外，均由王蒙和王振扬绘制；采用的照片、考古线图和拓片除署名外，主要由郑东拍摄和绘制。在此对上述作者、学者及绘图者、拍摄者表示衷心的感谢。

　　参加第三次全国文物普查田野调查的集美普查队队员有郑东、林火荣、王蒙、王振扬和黄克现、洪剑阳，他们发挥团队协作精神，克服天气、路途、食宿等各种不便，付出了艰辛劳动。厦门市文物普查办领导张岩、陈娜和集美区文物普查领导小组领导张剑鸣、孙加庆、吴吉堂、唐金富以及各街镇文化站同志等给予了工作上的大力指导和协调，地方文史专家郑武成、陈海龙和文化干部王谦信、老教师白玉盛、文物保护热心者周育辉等给予了帮助和支持，在此一并致谢。

　　本书在编写中采用了大量实景图片及建筑平面示意图和遗址现状分布图，充实和丰富文物历史信息，力求真实、直观和多角度地体现文物的保存现状、风貌特色及其历史、艺术、科学、文化价值，增强观赏性、可读性和导览作用；其中建筑图纸能够较直观地体现建筑整体布局和特点，在一定程度上弥补了图片和文字说明的不足，是本书的特色，这些图纸大部分为文物普查时现场所绘，但由于受条件限制，也存在一些瑕疵。本书中除允恭楼群的明良楼、南侨楼群部分建筑和蔡虚台筑堤功德碑因特殊意义和文物价值加以收入外，所列条目均为已公布的不可移动文物。希望此书的出版有助于集美历史文物资源的保护和利用，也为当地的文物保护、研究和宣传提供有益借鉴。

　　本书经一年多来资料整理和补充基本成稿，但囿于调查走访、资料收集、研究深度以及编写水平等诸多不足，难免存在疏漏和谬误，还期望关心和热爱文物的专家、学者和读者不吝赐教指正，以求日臻完善。

编　者
2022年12月